Das Enneagramm der Liebe

Das Enneagramm der Liebe

Das Enneagramm als Leitfaden für Beziehungs- und Partnerschafts-Analysen

Klausbernd Vollmar

IRIS
Bücher & mehr

Auskünfte: **www.irisbuch.com**

Die erste deutsche Ausgabe erschien 1995 im Heinrich Hugendubel Verlag, München.

2. Auflage 2002

Umschlaggestaltung: Rufus Camphausen

ISBN 90-76274-38-X

Inhalt

Denn das Leben ist die Liebe,
Und des Lebens Leben Geist.
Goethe, West-östlicher Divan

Danksagung

Dieses »Liebes-Buch« widme ich Gunni, Hel, Barbara, Alison, Rosi-Rosi, Diane, Cal, Andrea und Karin – Frauen, mit denen ich Beziehungsfreuden und Beziehungsleiden geteilt habe. Ferner möchte ich mich bei Rainer Lange bedanken, der mein Einführungsbuch zum Enneagramm* besprach und dabei den Begriff »Vollmargramm« prägte, wodurch ich mich bestätigt fühle und von Gurdjieff, dem weisen Übervater, emanzipierte und mein eigenes System vertrat. Dennoch ist mein Denken von Gurdjieff und meiner englischen Gurdjieff-Gruppe beeinflußt. Zunehmend fasziniert mich aber auch der tibetische Buddhismus, dessen Lehre ich durch meinen Freund Michael Tschernow in praktischer Weise vermittelt bekomme. Durch diese Einflüsse entstand ein System, das ich als das intelligente Enneagramm bezeichne, das an der Betrachtung tibetischer Mandalas, an Gurdjieffs Lehre und nicht zuletzt an meiner eigenen Lebenserfahrung ausgerichtet ist.

Es sei dem Verleger Bruno Martin gedankt, Elinor und Kaye Hoffman, Dr. Kurt Hoffman und Fionn und Lis Rawnsley, da ich in Gesprächen mit ihnen verstand, daß die Typenlehre des Enneagramms vom Geist der Statistik, des Mittelwerts und somit der Entfremdung des Menschen geprägt ist. Es wurde mir durch die Auseinandersetzung mit diesen Freunden klar, daß das menschliche Wesen nicht durch Typenlehren und statistische Methoden zugänglich zu machen ist.

Herzlichen Dank möchte ich auch meinem Freund und Herausgeber Hajo Banzhaf aussprechen, der mich in meinen Bemühungen um eine eigene Position sehr unterstützt, und meiner Lektorin Kristin Bamberg, die mir einfühlsam hilft, meine Ansichten klarer und deutlicher zu vertreten.

Cley next the Sea, im März 1995 *Klausbernd Vollmar*

* Klausbernd Vollmar: Das Enneagramm. Praktische Lebensbewältigung mit Gurdjieffs Typenlehre, München 1993.

Einleitung

Die Vernunft ist gut,
aber besser ist die Liebe,
die uns der Vernunft entreißt.
[...]

Es kommt nicht darauf an, viel zu denken,
sondern viel zu lieben.
Darum tut das,
was am meisten Liebe in euch erweckt.
Teresa von Avila

Ich wollte schon seit langem ein Buch über Sexualität, Erotik, Liebe und Partnerschaft schreiben. Ich finde kein Thema so interessant, anziehend und widersprüchlich wie dieses. Aber wie kann man solch ein Buch schreiben, ohne daß es zu einem vordergründigen psychologisierenden Text verkommt oder zu einem »unanständigen« Buch wird?

Meine jahrelange Beschäftigung mit dem Enneagramm ließ die Idee entstehen, daß das Enneagramm als Karte des Bewußtseins mir die Möglichkeit gibt, meine Ideen über Liebe und Sexualität in übersichtlicher und sinnvoller Weise zu ordnen.

Es geht mir nicht um eine simplifizierende Populärpsychologie, sondern um meine persönlichen Ideen, Beobachtungen und Erfahrungen mit Sexualität, Liebe und Partnerschaft. Dazu kommt meine Erfahrung mit Klienten, die fast alle an Beziehungsproblemen leiden, und viele, teilweise nächtelange Gespräche über die Liebe und die Sexualität mit Freundinnen und Freunden und in Männer- und Therapiegruppen.

Dieses Buch ist ein praktisches Buch. Es kann Ihnen helfen zu verstehen, wie Sie in diese himmlische Verliebtheit oder jene Beziehungsmisere hineingekommen sind. Es gibt Ihnen konkrete Hinweise, wie Sie Ihre Situation verändern können.

Das Enneagramm ist ein hervorragendes Hilfsmittel, die gesetzmäßigen Abläufe in einer Beziehung zu beschreiben. Obwohl wir alle denken, unsere Beziehung sei einzigartig und einmalig, folgt jede Beziehung auch allgemeinen Gesetzen. Wer diese Gesetze kennt, der kann zum Schmied seines eigenen Glücks werden.

Bisweilen mag es klingen, als ob die Beziehungswirklichkeit scheußlich und von harter Arbeit geprägt ist. Liebe macht Spaß; Partnerschaft ohne Liebesarbeit vertreibt allerdings auf die Dauer allen Spaß, deshalb lohnt sich die Arbeit an einer Beziehung.

Dieses Buch will Ihnen helfen, eine glückliche, erfüllte und spannende Beziehung zu leben, bei der jeder Partner vom anderen lernt und sich beide Partner ergänzen. Sie werden erkennen, daß Sie selbst Ihr Glück verhindern und kein anderer. Diese Erkenntnis und das Lachen über unsere Beziehungsdummheit wird uns beziehungsfähig und glücklich machen.

»Das Enneagramm der Liebe« wird von so aufregenden Themen wie Liebe, Partnerschaft, Sexualität, Männlichkeit und Weiblichkeit handeln. Das sind Themen, die jeden von uns interessieren und uns berühren. Lassen Sie Ihre Emotionen beim Lesen dieses Buchs zu. Solch ein Buch soll und kann man nicht »cool« lesen.

Es geht mir keineswegs um objektive, wissenschaftliche Aussagen zum Enneagramm oder zum sozialpsychologischen Problem der Liebe. Das finde ich langweilig, und als Psychologe kann ich nur sagen, daß uns die wissenschaftliche Psychologie sehr wenig bei unserer alltäglichen Lebensbewältigung hilft.

Ich gehe in meiner Beschreibung der Situation zwischen Mann und Frau weitgehend von den konventionellen Geschlechterrollen aus, da wir, ob wir es wollen oder nicht, diesem Rollenzwang erliegen. Ich möchte das Rollenverhalten jedoch keineswegs befürworten. Männer und Frauen können ihre Rollen heute leichter als je zuvor ändern. Dennoch sind Generalisierungen wie »der Mann« und »die Frau« bisweilen unumgänglich, sie treffen aber nur in bezug auf unbewußtes Verhalten zu. Bewußt kann sich »der Mann« wie »die Frau« und umgekehrt verhalten. Trotz der Emanzipationsdebatte ist nicht zu übersehen, daß die Mehrheit der Frauen und Männer sich zunächst als weiblich oder männlich erlebt. Das hat neben allen

Einseitigkeiten auch eine gute Seite, weil Frauen und Männer so zu ihrer Geschlechtsrolle stehen und nicht ständig mit ihr hadern.

Männer und Frauen müssen und wollen über Liebe und Sexualität sprechen, zumal sie sich für diese Themen heutzutage zu wenig Zeit nehmen oder sie nur einseitig, oftmals pornographisch oder moralisch betrachten.

Nach den Zeiten des Tabuisierens wird all das freudig ausgeplaudert, was man besser für sich behält. »Das Enneagramm der Liebe« beschreibt das, was man wissen sollte, ohne das Mysterium der Sexualität und Liebe zu zerstören. Die großen Liebesbücher der Inder (»Kamasutra«), Chinesen (»Chin Ping Meh«), Perser (Nizamis Liebesromane) und Araber (»Tausendundeine Nacht«) waren auch keine ausplaudernden Aufklärungsbücher, sondern psychologische, spirituelle und rituelle Studien zu Liebe und Sexualität. Bitte verstehen Sie auch mein Buch in diesem Sinn.

In der Literatur spielt die Liebe fast immer eine Rolle – welches andere Thema gibt es, das die Gemüter derart bewegt wie Liebe und Leidenschaft? Ich erinnere nur an Goethes »Wahlverwandtschaften« und »Die Leiden des jungen Werthers«, ganz zu schweigen von der Literatur der Romantiker, die Liebe und Leidenschaft zum Zentralthema ihrer Werke werden ließen.

Der Aufbau dieses Buchs: Damit Sie sich im »Enneagramm der Liebe« besser zurechtfinden, sei im folgenden die Struktur dieses Buchs beschrieben. Die einzelnen Kapitel sind so aufgebaut, daß Sie diese unabhängig von den anderen Kapiteln und in abweichender Reihenfolge lesen können. Interessiert Sie beispielsweise zunächst, wie man Prozesse in Partnerschaften besser verstehen kann, lesen Sie sogleich das Kapitel »Neun Schritte zur vollendeten Partnerschaft«. Wollen Sie erfahren, wie Ihre Chancen mit den einzelnen Enneagramm-Typen aussehen, beginnen Sie mit dem Kapitel »Wer mit wem?« und sind Sie an Ihrer erotischen Ausstrahlung interessiert, schlagen Sie das Kapitel »Sexualität und Bewußtsein« auf.

Das erste Kapitel beschäftigt sich mit dem schwer faßbaren Phänomen der Liebe und versucht, Liebe gegen Verliebtheit abzugrenzen. In der Liebe und Verliebtheit prallen unterschiedliche Vorstellungen, Wünsche und Bedürfnisse von Mann und Frau aufeinander. Es ist uns viel zu selten bewußt, in welch unterschiedlichen Welten Männer und Frauen leben.

Das zweite Kapitel führt in das Enneagramm ein. Diese komprimierte Einführung ist speziell für jene Leser wichtig, die das Enneagramm noch nicht kennen. Aber auch Enneagramm-Kenner werden hier neue Ideen finden – vor allem die Unterscheidung zwischen starrer Typenlehre und dem Enneagramm als intelligenter Methode, dynamische Prozesse und besonders die eigene Entwicklung zu verstehen.

Das dritte Kapitel stellt die Verhaltensweisen der neun Enneagramm-Typen in Liebe, Sexualität und ihren Beziehungen dar. Die Beschreibung der neun Typen wird Ihnen helfen, sich selbst und Ihren Partner besser einschätzen und verstehen zu können. Aber nehmen Sie sich vor dem »Schubladen-Denken« in acht! Nur der unbewußte oder gestreßte Mensch lebt einseitig lediglich einen Typen.

Das vierte Kapitel beschreibt, was Sie mit Partnern verschiedener Enneagramm-Typen erleben können. Es geht um die »Chemie« der Beziehung. Sie bekommen eine Vorstellung davon, welche Typen harmonisieren und welche eine explosive Mischung ergeben.

Das fünfte Kapitel betrachtet den typischen Ablauf einer Beziehung und hilft damit, ein größeres Bewußtsein für die Beziehungsdynamik, in der man sich immer wiederfindet, zu schaffen. Die Einteilung eines Beziehungsablaufs in neun Schritte schafft ein klares Bewußtsein darüber, an welchem Punkt man steht und was dort zu erwarten ist. Es geht letztlich um die Erkenntnis allgemeiner Gesetzmäßigkeiten im individuellen Prozeß.

Das sechste Kapitel betrachtet unsere intensivste menschliche Kommunikationsform: die Sexualität. Hier kann das Enneagramm unter anderem ein Bewußtsein dafür schaffen, daß es unterschiedliche Ebenen der Sexualität gibt. Es wird das gesamte sexuelle Erfahrungsfeld von der ersten Begegnung mit der Sexualität bis hin zur Ehe oder festen Beziehung dargestellt, inklusiv aller dort zu erwartenden Krisen und Freuden.

Das Schlußkapitel faßt nochmals alle Ausführungen zusammen und präsentiert sie im Überblick.

Eine Liebesgeschichte zur Einstimmung
Zur Einstimmung gebe ich eine mir berichtete Liebesgeschichte wieder, die mir deutlich machte, wie das Enneagramm als Landkarte benutzt werden kann, sich im Dschungel der Liebe und Verliebtheit zurechtzufinden. Der Unmittelbarkeit wegen lasse ich den Betroffenen selbst berichten:

»Da mit ihr alles begann, nenne ich sie Eva. Eva sehnte sich nach einer Partnerschaft. Sie hatte immerhin schon zwei Ehen hinter sich gebracht und suchte nun etwas Langfristiges. Als sie darüber nachdachte, wurde ihr mehr und mehr klar, daß sie sich ändern müsse, sonst würde wieder alles den gleichen Gang gehen: Eine neue Ehe, eine neue Scheidung, und mit dem Nächsten würde es sicherlich trotz aller Hoffnungen nicht besser werden.

So beschloß Eva an sich zu arbeiten. Im Sommer fuhr sie mit ihrer Schwester nach Sedona. Von diesem Ort in Arizona sagt man, daß dort ausgesprochene Wünsche in Erfüllung gehen. Eva begann hier konkret anzusprechen, was sie sich von einer Beziehung erhofft und wie sie sich ihren Traummann vorstellt. Sie visualisierte die ideale Beziehung und den entsprechenden Partner und stellte sich die Situation vor, wie sie mit einem Liebesbrief um den entsprechenden Mann werben würde.

Dann stiegen in Eva jedoch unweigerlich Zweifel auf: Eva empfand sich als unattraktiv und ganz und gar nicht liebesfähig. ›Was soll das alles?‹ fragte sie sich. ›Ich bleibe lieber allein, das mit den Männern und dazu noch eine Beziehung ... das alles ist mir viel zu kompliziert!‹

Wieder zu Hause fuhr sie etwas lustlos zu einem meiner Fotografie-Kurse. Sie verliebte sich sofort in ihren ›Traummann‹. Da nützten alle Vorkehrungen gegen die Verliebtheit wenig, das Gefühl war stärker, und Eva wollte es auch nicht abwehren. Sie war fest entschlossen zu verführen und lud mich zum Mittagessen ein. Ich bemerkte nicht, was Eva wollte und widmete mich meiner Kamera. Nach dem Kurs fuhr ich weiter, Eva nach Hause. Und nun schrieb sie jenen wirkungsvollen Liebesbrief, der mir die Augen öffnete. Sie lud mich zu sich ein. Ich hatte jedoch keine Zeit, aber dann gab es eine Chance, sich zu sehen: Eine Fotoreportage über ihre Heimatstadt mit dem passenden Titel ›Die Stadt der Verliebten‹. Sie ›hexte‹, das heißt, sie visualisierte ganz kräftig, daß ich schnell zu guten Aufnahmen komme und so geschah es auch. Jetzt, nicht mehr ganz so unverhofft, wirkte die schicksalhafte Kraft der Liebe zwischen Eva und mir für ein Wochenende. Wir verabredeten, daß sie mich zu Hause besuchen würde, und als Eva im Winter kam, war das der Anfang einer schönen Beziehung.«

Lassen Sie mich den Ablauf dieser Liebesgeschichte unter dem Aspekt des Enneagramms genauer betrachten. Ich gehe dabei nicht davon aus, daß Sie die Zuordnung zwischen den Stufen dieser Liebesgeschichte und den Enneagramm-Punkten sogleich verstehen. Ich möchte Sie hier zunächst einmal neugierig machen, denn die Neugier ist eine hervorragende Motivation, sich ausgiebig mit dem Enneagramm zu beschäftigen und zu verstehen, wie auch Sie das Enneagramm in dieser und anderer Weise in bezug auf Ihre Beziehung erfolgreich anwenden können.

Was ich hier skizziere, wird in den einzelnen Kapiteln ausführlich dargestellt und erläutert. Wer allerdings seine Neugier gar nicht bezwingen kann, der möge erst das zweite Kapitel lesen, in dem die Grundlagen des Enneagramms erläutert werden.

Falls Sie Lust haben, lesen Sie sich diese Liebesgeschichte nochmals nach der Lektüre des Buchs durch, und Sie werden sicher viele neue Aspekte entdecken, wie das Enneagramm zum Verständnis der Situation und zum »Partnerfang« benutzt wurde.

Zurück zu Eva: Ihr vorhergehender Enneagramm-Zyklus war mit der zweiten Scheidung beendet, das heißt, ein Enneagramm war vollständig durchlaufen worden (jedem Enneagramm geht ein anderes Enneagramm voraus).

Jetzt begann ein neuer Zyklus. Dieser machte sich am Enneagramm-Punkt 1 mit der Sehnsucht nach einer neuen Partnerschaft bemerkbar (Enneagramm-Punkt 1: Unzufriedenheit mit der Situation). Dieser Partnerwunsch wurde ihr immer bewußter, und so überlegte Eva, wie sie ihr Ziel erreichen könne. Sie träumte von der

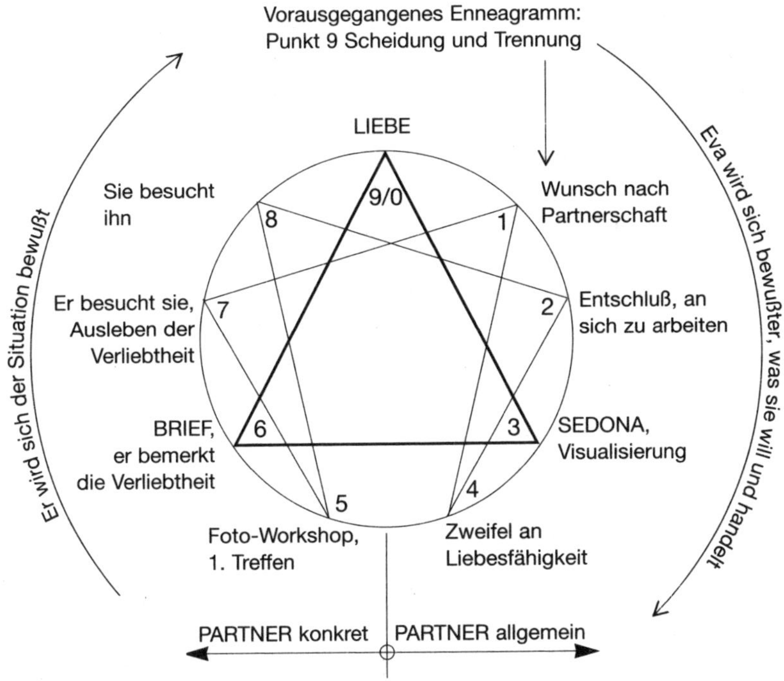

Abbildung 1: Evas Enneagramm der Liebe

idealen Liebe, malte sich diese so konkret wie möglich aus. Sie sah sogar voraus, daß zwei ältere Damen am anderen Morgen sich am Frühstückstisch über die Unruhe im Hotel mokieren würden. Genau das war der Beginn der unwiderstehlichen Verliebtheit am Enneagramm-Punkt 7 (Enneagramm-Punkt 7 ist durch eine innere Linie mit Enneagramm-Punkt 1 verbunden und charakterisiert die untere Stufe des Ziels).

Bis dahin war jedoch noch ein weiter Weg, und so mußte erst am Enneagramm-Punkt 2 der Entschluß gefaßt werden, an sich selbst diszipliniert und hart zu arbeiten (Enneagramm-Punkt 2 motiviert zur Selbsterkenntnis durch Leidensdruck). Eva sah ihre Selbstzweifel am Enneagramm-Punkt 4 (Punkt der emotionalen Zweifel) und diese spornten sie an, wirklich etwas zu tun, um ihr Ideal, die glückliche Beziehung, am Enneagramm-Punkt 8 (obere Stufe des Ziels) zu erreichen.

Am zweiten Enneagramm-Punkt konzentrierte sie sich fest auf die beiden Perspektiven des Enneagramms, die Enneagramm-Punkte 4 und 8 (die jeweils durch eine innere Linie mit Punkt 2 verbunden sind). Daraus zog sie Kraft und Motivation. Aber das alles geschah in der Vorstellung, und eigentlich wollte sich die Situation nicht so recht bewegen. Dazu bedarf es des Außenimpulses, der stets am Enneagramm-Punkt 3 eintritt. Eva war klar, daß sie alles vorbereitet hatte und allein nicht weiterkam. In Sedona begann unter Anleitung die regelmäßige Visualisierung, bei der sie sich im Detail auf das Erreichen ihres Ziels konzentrierte. Da spielte der Verführungsbrief am Enneagramm-Punkt 6 und das Treffen mit ihrem geliebten Fotografen auf heimischem Boden am Enneagramm-Punkt 9 eine wichtige Rolle.

Am Enneagramm-Punkt 4 traten, wie immer an diesem Punkt, der Zweifel und das Leiden auf; trotzdem, Eva ›blieb am Ball‹ und gelangte so zum Enneagramm-Punkt 5 (der Punkt der Ungeduld).

Dieser Übergang auf die linke Enneagrammseite brachte sie in Kontakt mit dem konkreten Partner. War die rechte Seite des Enneagramms von Vorstellungen vom Partner bestimmt, so wird die linke Seite des Enneagramms von dem konkreten Partner geprägt. Allerdings herrschte nicht gleich eitel Sonnenschein, sondern er war der fürchterliche Mann, der rein gar nichts bemerkte und sich unnahbar hinter der Kamera verschanzte.

Wenn man soweit gekommen ist und endlich sein Ziel erreichen will, muß man am Enneagramm-Punkt 6 seinen Mut zusammennehmen und etwas Drastisches tun, um die Situation endlich zu beenden. Das war der Verführungsbrief, auf den alle weiteren Schritte ohne große Schwierigkeiten folgten. Wie fast immer an Enneagramm-Punkt 6 wird durch eine mutige Handlung die Situation grundlegend verändert, so daß das Ziel schnell erreicht werden kann. Erst ab dem sechsten Enneagramm-Punkt nimmt der Partner an diesem Prozeß bewußt teil.

Wie nutzte Eva das Enneagramm?
Durch die Betrachtung des Enneagramms entstand in ihr ein Bewußtsein darüber, wo sie stand und wie sie diesen Standpunkt verändern konnte.

Sie konnte durch das Enneagramm den Prozeß des »Partnerfangs« im Überblick betrachten und daher zu exakten Visualisierungen gelangen, wie der »Traummann« zu bekommen sei.

Mit Hilfe des Enneagramms erkannte sie Blockaden aus ihrer Vergangenheit schneller und klarer und konnte sie umgehen, um nicht in Wiederholungen zu fallen.

Die Beschäftigung mit dem Enneagramm half Eva also, bewußt das Glück ihres Lebens zu planen. Das Enneagramm brachte ein höheres Bewußtsein ihrer Beziehungssituation und dort, wo ein höheres Bewußtsein herrscht, stehen die Chancen bestens, sein Schicksal zum Guten zu verändern.

Über die Liebe schreiben ...

Wirkliche Liebe tut weh, wirkliche Liebe entblößt dich vollkommen, wirkliche Liebe wird dich weit über dich selbst hinaustragen, und deshalb wird wirkliche Liebe dich zermalmen. Wenn Liebe dich nicht zerschmettert, dann ist es nicht Liebe.

Ken Wilber

Warum lieben wir? Warum verliebe ich mich in Emma und nicht in die schönere Frieda? Lieben wir auf Grund unseres Hormonspiegels?

Gegen diese Art der Fragen wehre ich mich. Mir kommt es vielmehr darauf an, die Geliebten und die Situationen und Stationen der Liebe so genau wie möglich zu beschreiben.

Mich interessiert also weniger das Warum – wenn ich teilweise auch darauf eingehen werde – als vielmehr die genaue Erkenntnis des Was: das heißt, wie eine Situation aussieht und beschaffen ist. Die Kenntnis, warum wir lieben, uns verlieben und uns von anderen angezogen fühlen, bringt uns nicht weiter. Wichtig ist, die eigene Situation besser zu erkennen und so zielgerichteter verändern zu können, wobei uns das Enneagramm sehr helfen kann. Daß viele unserer Beziehungsprobleme auf frühkindliche Erfahrungen und die Eltern zurückzuführen sind, ist jedem klar. Denn viele unserer Verhaltensweisen in Beziehungen sind von unseren Eltern geprägt, die uns das erste Modell eines Paares vermittelten – aber meistens waren unsere Eltern leider weitgehend gehemmt und verklemmt. Wir können uns oft schwer vorstellen, daß unsere Eltern miteinander sexuell verkehrten.

In der Lage zu sein, eine Beziehung einzugehen, hängt grundlegend mit der Emanzipation von den Eltern zusammen und für sich und sein Tun die Verantwortung zu übernehmen.

Liebe – was ist das?

Und ich sah, daß die Liebe so groß und grenzenlos war, daß ein Geschöpf sie niemals, niemals begreifen kann. Ja es erschien mir, daß niemand sie auch nur ein bißchen verstehen kann, wenn er sie nicht gekostet hat.

Maria Magdalena de Pazzi*

Selbst mit Hilfe des Enneagramms kann die Liebe niemals vollständig erfaßt werden. Obwohl die Liebe zweifelsohne erlebt und gelebt werden muß, hilft uns doch ein Nachsinnen über die Liebe, uns unsere Wiederholungen, Begrenzungen, Ängste und Hoffnungen bewußt zu machen.

Man benutzt heutzutage den Begriff »Liebe« äußerst inflationär. Vielleicht gebrauchen wir das Wort »Liebe« so vorschnell, weil wir Angst vor der Liebe haben. Diese Angst liegt darin begründet, daß wir liebend unsere Identität verlieren; das Ich löst sich auf. Deswegen bringt Liebe viele Probleme mit sich. Je wacher man ist, um so deutlicher wird einem, daß es Liebe nur im Moment gibt. Da man immer wieder erfahren muß, daß keine Beziehung die großen Liebeserwartungen erfüllen kann, beschwört man ständig die unsichere Liebe, indem man das Wort »Liebe« geradezu süchtig benutzt.

* Maria Magdalena de Pazzi (eigenlich Caterina de Pazzi, 1566–1607) war eine Karmeliternonne in Florenz, die Ekstasen und Liebesverzückungen seit ihrem zwölften Lebensjahr erlebte.

Es gibt wenige Worte in der deutschen Sprache, die so vielschichtig verwendet werden wie das Wort »Liebe«: Es ist das Codewort für ein komplexes zwischenmenschliches Phänomen. Liebe ist ist Selbsttäuschung, Illusion, Phantasie, aber auch einzige Wahrheit, wahre Ekstase, Leben, tiefes Vertrauen und dynamische gegenseitige Beeinflussung.

Es gibt nur eine Art der Liebe, sagen die Mystiker, aber es gibt unterschiedliche Intensitäten.

Liebe hängt immer mit konkreten persönlichen Bedürfnissen zusammen. Ich unterscheide vier Arten, die alle der Liebe verbunden sind. Diese vier Bedürfnisse treten bei jedem der neun Enneagramm-Typen – allerdings in unterschiedlichen Prioritäten – auf.

1. Physische Bedürfnisse, die dem Element Erde zugeordnet werden: Auf dieser Ebene drückt sich die körperliche Seite der Liebe aus, auf die besonders der dritte, siebte und achte Enneagramm-Typ stark reagieren. Die sogenannte Liebe auf den ersten Blick – die eher Verliebtheit als Liebe ist – entzündet sich stets an der physischen Ausstrahlung. Es ist das Aussehen des anderen, seine Stimme oder sein Geruch, seine Gestik und Haltung, die ausschlaggebend sind, daß man sich verliebt.

2. Emotionale Bedürfnisse, die dem Element Wasser zugeordnet werden: Hier besteht die Gefahr, hysterisch und launisch zu reagieren – ein klassisches Problem des vierten Enneagramm-Typs. Gerade in Beziehungen schaukeln sich Gefühle leicht gegenseitig hoch: Der eine klammert zum Beispiel, der andere entfernt sich.

3. Intellektuelle Bedürfnisse, die dem Element Luft zugeordnet werden. Die Überidentifikation mit dem Intellekt stellt ein klassisches Problem des fünften bisweilen auch des ersten Enneagramm-Typs dar. Auf dieser Ebene versuchen wir, die Herausforderungen der Liebe bewußt anzugehen.

4. Spirituelle Bedürfnisse, die dem Element Feuer zugeordnet werden und die wir meistens als starke Gefühle erleben. Hierzu gehört die bedingungslose Liebe wie beim Bodhisattva-Gelübde im tibetischen Buddhismus: Man wünscht sich, dem anderen zu helfen, auch wenn das ein persönliches Opfer bedeutet. »Wahre Liebe ist

niemals ohne Opfer«, betont Mutter Teresa. Das Ich muß geopfert werden und damit unsere negativen Haltungen, unser Beleidigtsein und unsere Launen. Die eigenen spirituellen Bedürfnisse zu leben heißt Bequemlichkeit und Zufriedenheit aufzugeben. Die Zufriedenheit gewinnen wir später auf höheren Stufen wieder zurück. Aus Angst vor Beziehungen, Trennungen und dem Alleinsein klammern wir uns an unser Ich.

In der Sufi-Tradition betonen viele Dichter und Lehrer immer wieder, daß eine enge Verbindung zwischen der Suche nach menschlicher Liebe und der spirituellen Suche besteht.

Ganz im Gegensatz dazu definiert das Brockhaus Konversationslexikon die Liebe in technisch distanzierter Weise. Diese Erklärung erfaßt den Sachverhalt der Liebe, geht aber zugleich auch daran vor, was Liebe subjektiv wirklich ausmacht.

»Liebe ist der Entschluß, das Ganze eines Menschen zu bejahen, die Einzelheiten mögen sein, wie sie wollen« schrieb der deutsch-französische Schriftsteller Otto Flake (1880–1963), der als Meister der Beschreibung psychologischer Probleme gilt.

Erste Annäherung an die Liebe

1. Die Liebe als Tat

Liebe ist aktives Verhalten und kein Zustand. Liebe will dem anderen wohltun, ihm helfen und ihn unterstützen. Der Liebende überwindet oder opfert dabei seinen eigenen Egoismus.

2. Liebe wünscht Ewigkeit

Liebe wünscht Dauer und Unvergänglichkeit. Man schwört sich bei Vollmond die »ewige Liebe« und unterschreibt seine Liebesbriefe mit »auf ewig Dein«. Die Hoffnung auf eine besungene »never ending love« drückt sich deutlich in der griechischen Mythologie aus: Der schlafende Jüngling Endymion wird von der Mondgöttin Selene geküßt. Das erfüllt ihn mit einer derartigen Glückseligkeit, daß er den Göttervater Zeus bittet, ewig in diesem Zustand leben zu dürfen. Zeus gewährt diese ungewöhnliche Bitte. Endymion lebt nun in ewiger Jugend, aber auch im ewigen Schlaf. Das zeigt, daß Glückseligkeit nur dann auf Dauer möglich ist, wenn man ewig jung und unbewußt (schlafend) bleibt.

Liebe läßt Grundsätze und anerzogenen Vorurteile hinter sich: Diese geben uns aber Beständigkeit, Liebe ist ständiger Wandel.

Diesen Wandel erleben wir konkret im Verlieben und Entlieben. Erst fließt uns die Liebe zu, dann wieder verlieren wir sie, genauso wie sich das Objekt unserer Liebe wandelt.

Die meisten Menschen in unserer Kultur sehen die Herausforderungen der Liebe als ein Problem: Sie verstehen nicht, daß Liebe eine Kunst ist, die erlernt werden muß. Lieben heißt, an sich selbst zu arbeiten.

Liebe und Verliebtheit

Das Phänomen der Verliebtheit kommt nur in bestimmten Kulturen und Epochen vor. Die klassische Periode der meist sehr »dramatischen« Verliebtheit war das Zeitalter der Romantik in Mitteleuropa.

Heute haben viele den Glauben an fast alle »höheren Werte« verloren und so bemühen wir uns, an die Liebe wie an ein schönes Märchen zu glauben. Ob es Verliebtheit oder Liebe ist, damit nehmen wir es nicht so genau. Die Hauptsache ist, der Begriff »Liebe« klingt an. Entwickelte sich in der Romantik die Liebe langsam, aber stetig zum Religionsersatz, so sind es heute Sexualität und Verliebtheit, von denen man sich die Erlösung erhofft.

Liebe bedeutet auch die Wandlung der eigenen Person und nicht die des Partners. Dazu kommt noch die Angst, von der Liebe überwältigt zu werden: Ein Teil unseres bisherigen Lebens muß in der Liebe aufgegeben werden, er stirbt ab. Darin liegt unsere Wandlung als Liebende. Liebe hat mit Selbsterkenntnis zu tun. Liebe ist *der* Weg zur Selbsterkenntnis, da der Partner stets unser Bild widerspiegelt.

Die Liebe wurde im Volksmund als »süße Krankheit« bezeichnet. Damit ist jedoch eher Verliebtheit als Liebe gemeint: Wir sprechen von der Liebe auf den ersten Blick und meinen Verliebtheit. Liebe braucht Zeit, Verliebtheit geht schnell. Verliebtheit hängt mit dem Wunsch nach möglichst sofortiger sexueller Befriedigung zusammen. Da wir uns aber diesen Wunsch nicht offen zugestehen, sprechen wir von Liebe.

In der typischen Verliebtheit kommt es zu einer Regression auf das Kleinkindverhalten: Die Verliebten sprechen eine Art Babysprache, sie halten Händchen, umarmen, küssen und beißen sich.

Liebe dagegen ist realistisch und erwachsen.

Wonach suchen Sie in der »Liebe«?

1. Nach dem einzig richtigen Partner?
2. Nach der sexuellen Anziehung und der totalen Befriedigung?
3. Nach vollständiger Erfüllung?
4. Nach höchster Harmonie?
5. Nach ständiger Verliebtheit?
6. Nach permanenter Nähe zu dem Partner?
7. So angenommen zu werden, wie Sie sind?

Immer wenn Sie eine dieser sieben Fragen mit »Ja« beantwortet haben, geht es Ihnen – sicherlich unbewußt – um Verliebtheit statt um Liebe. Machen wir uns nichts vor, wir alle sehnen uns nach der Einlösung aller dieser Punkte – aber genau sie sind es, die es uns schwer machen, wahre Liebe zu erleben und zu leben. Bei kurzen Affären kann man das Gefühl haben, daß alle diese sieben Punkte eingelöst werden. In einer langfristigen Beziehung finden Sie nur in seltenen Momenten einen oder bestenfalls zwei dieser Punkte eingelöst – behaupte ich mal.

Wirkliche Liebe dreht sich eher um gemeinsame Ziele als um solche Illusionen der Leidenschaft. Liebe fordert wechselseitiges Engagement. Der bloße Wunsch nach einer erfüllenden Beziehung genügt zur Verliebtheit, aber nicht zur Liebe. Fragen Sie sich, ob Sie bindungsbereit sind: Nur wenn beide Partner wirklich eine Bindung wollen, werden sie die Verantwortung für ihre Beziehung übernehmen.

Wie liebt man bedingungslos?
Bedingungslose Liebe ist Liebe ohne Erwartungen und ohne Spekulation auf Gegenleistungen.

Erwartungen hängen immer mit dem materiellen Alltagsleben zusammen. Wo diese aufgegeben werden, kann eine neue Kraft und Energie wirken, die uns für die Liebe frei macht. Liebe kann man weder kaufen noch erzwingen noch festhalten. Wahre Liebe ist die Fähigkeit, den anderen so zu nehmen, wie er ist. Dahin zu kommen ist ein langer Weg.

Im Gegensatz zur Verliebtheit pendelt die Liebe ständig zwischen den Polen Gewohnheit und Abstumpfung auf der einen Seite, Distanz und Austauschbarkeit auf der anderen Seite hin und her.

Liebe kann als treues Standhalten in der Beziehung angesehen werden. Dieses Durchhalten läßt die Verliebtheit zur Liebe werden.

Ist man verliebt, sollte man auf die Stimme seiner Vernunft hören. Verliebtheit ist ein schönes Gefühl der Torheit, das sich nicht entwickelt. Wirkliche Liebe entwickelt sich und entsteht nicht im Augenblick.

Die Liebe ist ein seit Jahrhunderten begangener Weg zur Minderung des Ich-Bewußtseins, Verliebtheit dagegen bläst das Ich-Bewußtsein auf. Das ist für mich der wichtigste Unterschied zwischen Liebe und Verliebtheit: Bei der Liebe gehe ich im anderen auf, bei der Verliebtheit nur in mir.

Verliebtheit	**Liebe**
Illusion und Phantasie	Arbeit und Bemühen
Idealisierung	Auseinandersetzung mit dem Schatten bei sich und dem Partner
tödliche Symbiose	Bindungsbereitschaft
Selbsttäuschung	bewußte Entscheidung und Auseinandersetzung mit sich und dem Partner
geschieht automatisch beziehungsweise fällt vom Himmel	bewußtes Opfer an Energie beziehungsweise wird entwickelt
romantisch, dramatisch	realistisch, erfüllend

Wir alle sind von der Liebe als Naturkraft, die blind und übermächtig wirkt, geprägt: Wer kennt nicht das Bild des putzigen Gottes Amor, der blind seine Pfeile abschießt?

Wurde man von Amors Pfeil getroffen, meint man den Partner seines Lebens gefunden zu haben. Doch sollte man, entgegen allen inneren Widerständen, eine Woche lang warten, bis man ihn wiedertrifft. Fragen Sie sich dann so objektiv wie möglich, wie er jetzt auf Sie wirkt.

Verlieren Sie niemals Ihre eigenen Prioritäten aus dem Auge. Behalten Sie einen klaren Kopf. Je bewußter Sie handeln, um so eher können Sie Verliebtheit und Liebe auseinanderhalten. Unterschätzen Sie die Gefahren der Verliebtheit nicht: Sie ist eine Kraft, die uns leicht ins Unglück stürzen kann.

Das alles klingt fürchterlich abgeklärt, doch ich möchte keineswegs gegen die Verliebtheit und für die Mühen der Liebe Stellung nehmen. Verliebtheit ist toll! Ich glaube, daß jeder Mensch in regelmäßigen Abständen seine gehörige Portion Verliebtheit benötigt. Ich glaube sogar, daß Verliebtheit physisch und psychisch heilt.

Verliebtheit und Liebe sind auch nur aus einer bestimmten Perspektive heraus Gegensätze. »Normalerweise« geht – zwar nicht ohne Krise – die Verliebtheit in die Liebe über. Und Liebe ist nicht nur all das, was Verliebtheit nicht ist: Mühe, Arbeit, Aushalten, Disziplin und ständiges Lernen. Liebe macht Spaß und ist erfüllend. Sie trägt immer einen Widerschein der Verliebtheit in sich. Glücklicherweise verliebt man sich auch während einer langfristigen Liebesbeziehung immer wieder in den Partner, so daß in einigen beglückenden Momenten die Grenze zwischen Liebe und Verliebtheit aufgehoben ist.

Liebe oder Sex – Die unterschiedlichen Welten von Mann und Frau

Männer lieben Frauen, weil diese so ganz anders sind; Frauen lieben Männer aus dem gleichen Grund. Fühlt nicht jeder tagtäglich, daß Frauen für Männer ein großes Geheimnis darstellen, und umgekehrt? Dennoch glaubt man heutzutage oft, daß es eine Gleichheit der Geschlechter gibt, und zwar in dem Sinne, daß sich Mann und

Frau weitgehend ähneln. Daß dies nicht der Fall ist, zeigen beispielsweise psychologische Untersuchungen über erotische und sexuelle Phantasien bei Mann und Frau. So erkannte die amerikanische Psychologin Nancy Friday, daß die Phantasien über Verlangen, Lust und Liebe bei Mann und Frau sehr unterschiedlich sind.*

Beginnen wir gleich mit einem Vorurteil: Männer wollen, daß die Frau sich – besonders in der Sexualität – unterzuordnen hat. Wie falsch diese Ansicht ist, zeigt schon ein Blick auf die typische Pornographie in Video und Buch, in der die Frau auf jedem Gebiet die Aktive ist. Das ist der Wunschtraum der Männer, den offen auszusprechen sie sich jedoch viel zu sehr scheuen. Es gehört zum Standard-Repertoire der sexuellen Phantasien von Männern, daß sie von Frauen aggressiv sexuell »angemacht« werden. Die »vergewaltigende« Frau tritt regelmäßig in sexuellen Männer-Phantasien auf. Sie nimmt dem Mann die Verantwortung in der Sexualität ab.

Bei Frauen dagegen kommt in sexuellen Phantasien und Träumen häufig die Vorstellung der Urmutter vor, die sich als fruchtbar, schützend und stark erlebt. Ist das diese starke und wilde Frau, auf die der Mann wartet?

Zweites Vorurteil: »Männer wollen immer nur das Eine.« Als Psychotherapeut bin ich vielmehr mit den Klagen konfrontiert, daß Männer *nicht* mehr wollen. Kürzlich faßte in einer Männergruppe ein gutaussehender und erfolgreicher Mann mittleren Alters die Situation unmißverständlich zusammen: »Die Frauen wollen immer nur das Eine und ich meine Ruhe.«

In der heutigen Zeit, nach den Erfahrungen der Frauenbewegung, wird der Mann oft als eine Art Defizitwesen betrachtet, das Beziehungsfragen, persönliche Bedürfnisse und Gefühle wenig interessiert. So werden die Männer als oberflächliche Beziehungsbanausen abgetan. Ich sehe den Mann keineswegs als einen Seelenkrüppel an. Diese Sichtweise ist Ausdruck eines einseitigen psychologischen Denkens, das dem Weiblichen entgegenkommt, den Mann jedoch nur unzureichend erfaßt.

* Vgl. dazu genauer: Nancy Friday: Die sexuellen Phantasien der Frauen, Reinbek 1993; Nancy Friday: Die sexuellen Phantasien der Männer, Reinbek 1993.

Der heutige Mann denkt und handelt nicht psychologisch, wie die Frau, sondern eher mythologisch. Die Welt bietet ihm kollektive Erklärungsmuster, wie wir unser Leben zu verstehen und zu bewältigen haben. Deswegen wirken Männer oft starr, moralisch und distanziert. Dieser Unterschied von Männern und Frauen zeigt sich besonders deutlich in der jeweiligen Partnerwahl, bei der Frauen psychologisch differenzierte Maßstäbe anlegen, Männer dagegen begutachten, ob die Partnerin schön, sexuell unverklemmt und intelligent ist. Frauen, die bei Männern heftige Gefühle auslösen, werden meistens nicht als Partnerin gewählt. Weil »der Mann« – bis auf die »Softies«, die als Reaktion auf die Frauenbewegung entstanden – nicht primär psychologisch denkt, nervt ihn die Frau mit ihrer »Psychologisiererei«. So beschränkt sich bei einem durchschnittlichen deutschsprachigen Ehepaar das persönliche Gespräch nach spätestens sechs Ehejahren auf sieben Minuten pro Tag (der statistische Trend in Mitteleuropa nähert sich zur Zeit der Fünf-Minuten-Grenze an).

Wenn die Verschiedenartigkeit von Mann und Frau geleugnet wird, bricht die Kommunikation ab, und man unterstellt sich gegenseitig nur zu leicht bösen Willen. Die gemeinsame Ebene zwischen Mann und Frau kann relativ leicht in der Erotik und der intellektuellen Sicht der Umwelt gefunden werden.

Die Liebe und das Enneagramm

Bevor ich mich dem Enneagramm zuwende, möchte ich hier schon einige wichtige Zusammenhänge zwischen der Liebe und dem Enneagramm aufzeigen.

Ich habe immer wieder betont, daß die Liebe eine aktive Haltung darstellt. Jede aktive Haltung führt zu einem bestimmten Prozeß, der aus verschiedenen Schritten besteht. Solch einen Prozeß wie den der Liebe kann man mit Hilfe des Enneagramms genau betrachten und darstellen. Das hat den Vorteil, daß man die einzelnen Stufen oder Schritte der Liebe unterscheiden und verstehen kann und zugleich sieht, wie die Liebe auf den verschiedenen Stufen dieses Prozesses unterschiedliche Bedürfnisse befriedigt. Unterschieden wir zu Beginn dieses Abschnitts die vier verschiedenen Erscheinungsformen der Liebe, die den Elementen entsprachen, so ordnen sich diese Qualitäten der Liebe harmonisch dem Enneagramm zu, indem die Qualität der Erde dem ersten, die Qualität des Wassers dem zweiten und die beiden Qualitäten Luft und Feuer dem dritten Tertial des Enneagramms zugeordnet werden können. Ferner drückt jeder Enneagramm-Typ auf seine spezifische Weise »Liebe« aus. Die mehr körperlich ausgerichteten Typen bleiben länger auf der rechten Seite des Enneagramms; die eher geistig oder spirituell ausgerichteten Typen streben dem dritten Tertial des Enneagramms auf der linken Seite zu. Auch die Trennung zwischen Liebe und Verliebtheit findet sich im Enneagramm wieder: Auf der rechten Seite des Enneagramms leben wir im Höhenflug der Verliebtheit und sehen letztlich nur uns selbst; auf der linken Seite des Enneagramms begreifen wir etwas von der überpersönlichen Macht der Liebe. Hier müssen wir unseren Egoismus aufgeben. Wenn Goethe sagte, daß die Liebe bildet, so ist mit dieser Bildung der Weg des Liebenden durch das Enneagramm gemeint, der egozentrisch beginnt, um durch neun Schritte zu einer überpersönlichen Haltung zu führen. Es geht dem Liebenden nicht mehr um das eigene Ich, sondern um den Partner.

Das Enneagramm kann dem Liebenden also verdeutlichen, wo er sich in seinem Prozeß befindet und welcher Schritt auf sein und seiner Geliebten Glück hin zu tun ist. Auf der einen Seite kann man im Prozeß der Liebe, der sich in einer Beziehung ausdrückt, eine erstaunliche Gesetzmäßigkeit von neun archetypischen Schritten oder Stufen erkennen, auf der anderen Seite erleben wir jede Liebe individuell und einmalig. Es ist wichtig, beide Gesichtspunkte einnehmen zu können, um der realen Liebe gerecht zu werden, die so komplex und zugleich auch klar strukturiert ist. Ihnen ist sicherlich schon aufgefallen, daß Ihr Partner oder Ihre Partnerin vergleichbare Erfahrungen wie Sie mit Liebesbeziehungen gemacht hat; das betont die Gesetzmäßigkeit der Liebeserfahrung, die durch das Enneagramm als Prozeßmodell beschrieben wird. Auf der anderen Seite sind auch viele Liebeserfahrungen Ihrer Partner ganz anders verlaufen als bei Ihnen. Diesen Aspekt betont die Typenlehre des Enneagramms, die davon ausgeht, daß jeder Enneagramm-Typ auf seine Weise liebt und deswegen ganz spezielle Erfahrungen macht, die andere Enneagramm-Typen nicht einmal erahnen können.

Mir ist kein Modell bekannt, das so präzise und anschaulich wie das Enneagramm die Komplexität der Liebe darstellen kann. Gerade wenn wir vor Verliebtheit völlig blind sind, hilft uns das Enneagramm zu sehen, mit welcher Wiederholung wir uns wieder unglücklich machen (Typenlehre) und wie wir solche unglücklichen Wiederholungen zu glücklichen Ereignissen verwandeln können (Prozeßmodell).

Wenn wir die Liebe als etwas Unstrukturiertes, Schicksalshaftes erleben, das über uns hereinbricht, so wirkt das Enneagramm wie eine Brille, die uns hilft, nicht unsere Orientierung zu verlieren.

Enneagramm und Bewußtsein

Liebesfähigkeit wird durch Bewußtsein und Aufmerksamkeit erlernt. Das Enneagramm kann dabei durch Bewußtmachung des normalerweise Unbewußten helfen. Ich sehe es als einen Wegweiser an.

Liebe und Beziehung erleben wir häufig als Chaos, das aus

heiterem Himmel ausbricht. Das Enneagramm entlastet uns dadurch, daß es dieses Chaos in seine Einzelteile zerlegt und uns aufzeigt, wie wir da hineingeraten sind, wie wir dieses Chaos auflösen können und welche Gesetzmäßigkeiten es aufweist.

Sowohl das starre Enneagramm der Typenlehre als auch das intelligente Enneagramm als prozeßanalytisches Modell scheint mir ein hervorragendes Hilfsmittel zu sein, die Vorgänge bei komplexen zwischenmenschlichen Situationen ins Bewußtsein zu heben. Mir kommt es hier darauf an, einen Bewußtseinszuwachs über das zu erreichen, was die Wechselfälle einer Beziehung ausmachen. Nur wenn wir uns bewußt sind, wie wir handeln und reagieren, können wir glückliche Beziehungen führen.

Den Begriff des »intelligenten« Enneagramms habe ich von dem Bennett*-Schüler Anthony G. E. Blake übernommen**, da er in Abgrenzung zur starren Typenlehre des Enneagramms die dynamische und prozeßorientierte Seite dieses kosmischen Diagramms gut charakterisiert. Aber ich werde auch auf die Typenlehre des Enneagramms unter dem Motto: »Sage mir deinen Enneagramm-Typ und ich sage dir, wie du liebst« eingehen. Im Mittelpunkt dieses Buchs steht jedoch ein integrativer Ansatz, der die Typenlehre mit der Dynamik des Prozeßmodells zu einer praktischen und erfolgreichen Anwendung des Enneagramms verbindet.

Das Enneagramm ist ein Modell, das neun grundlegende Verhaltensweisen des Menschen in ihrer Beziehung untereinander darstellt. Dabei zeigen seine inneren Linien, wie die neun Typen der Verhaltensweisen in Spannung oder Entspannung zueinander stehen.

Gleichzeitig ist das Enneagramm ein Modell, das neun Schritte aufzeigt, um bewußter und beweglicher zu werden. Diese neun Schritte zur größeren Bewußtheit sind für jeden Typ gleich.

* John Gondolphin Bennett (1877–1974) war einer der wichtigsten Schüler Gurdjieffs, der dessen Lehre in England verbreitete und originell weiterentwickelte. Er war einer der von Gurdjieff bestimmten Herausgeber von »Beelzebubs Erzählungen für seinen Enkel« (Gurdjieffs Hauptwerk).

** Anthony G. E. Blake: Das intelligente Enneagramm. Gurdjieffs Instrument der Wahrnehmung, Südergellersen 1993.

Die Typenlehre des Enneagramms geht davon aus, daß jeder Mensch als einer der neun Enneagramm-Typen sein Leben zu bewältigen sucht. Mein Ansatz geht dagegen davon aus, daß nur der unbewußte und der gestreßte Mensch die Verhaltensweise *eines* Enneagramm-Typs zeigt. Je bewußter eine Person lebt, desto größer ist ihr Repertoire an Verhaltensweisen. Die Verhaltensweise nur eines Enneagramm-Typs zu zeigen, bedeutet, mit Scheuklappen durchs Leben zu gehen – was oft geschieht, wenn man sich beispielsweise im Beziehungsstreß befindet. Wie man dieses begrenzte und begrenzende Verhalten ändern kann, das zeigt das Prozeßmodell des Enneagramms, indem es neun Schritte zur Veränderung erstarrter Verhaltensweisen aufzeigt, die jeder Typ durchlaufen muß, um seine Sichtweise um die eines anderen Typen zu erweitern. Je öfter man diesen Prozeß durchläuft, desto freier wird man, das heißt, um so mehr unterschiedliche Verhaltensweisen stehen einem zur Verfügung.

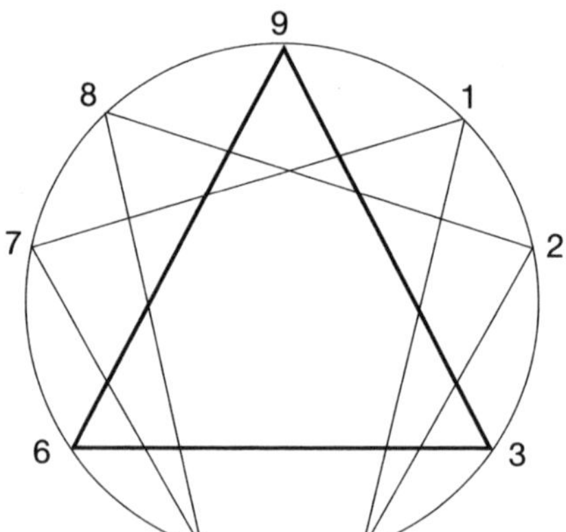

Abbildung 2: Das Enneagramm

Das Enneagramm als Typenlehre

Oscar Ichazo, ein zeitgenössischer chilenischer Psychologe, ordnete, durch Georg Iwanowitsch Gurdjieff (1866–1949) inspiriert, dem Enneagramm neun Persönlichkeitstypen zu. Er ging davon aus, daß unser Ich in neun verschiedenen Stärken, die zugleich auch seine größten Schwächen sind, gebunden ist. Dadurch entstehen neun grundsätzlich unterschiedliche Charakterstrukturen, die die Ursache unseres Leidens, unserer Verhärtungen und Einseitigkeiten darstellen.

Derartige Typenzuordnungen waren schon seit den antiken Ärzten Hippokrates (460–377 v.Chr.) und Galen (129–199 n.Chr.) verbreitet. Schon früh wurde die Schwäche solcher Typenlehren erkannt, daß der Mensch nämlich komplexer als *ein* Persönlichkeitstyp ist. Als Buddha beispielsweise von einem seiner Schüler befragt wurde, ob man die Menschen in bestimmte Kategorien und Typen einteilen könne, lehnte er diese Idee als viel zu undifferenziert und grob ab.

Gurdjieff, dessen Lehre und Praxis sehr dem tibetischen Buddhismus ähnelt, geht davon aus, daß der »normale« (im Gegensatz zum erleuchteten) Mensch gar keine feste und konstante Persönlichkeit besitzt. Wir sind als Menschen derart von unseren Konditionierungen und im Kopf ablaufenden Assoziationen abhängig, daß wir uns ständig ändern. Das gilt auch als eine der wichtigsten Einsichten des Buddha Shakyamuni, daß der Mensch ein höchst unbeständiges Ich besitzt. Der zeitgenössische tibetische Meister Chögyam Trungpa (1940–1987) sagt in Übereinstimmung mit Buddha, Gurdjieff und modernen amerikanischen Kommunikationstheoretikern wie Paul Watzlawik, daß unsere Persönlichkeit und unser Ich ein sich ständig wandelndes Gefüge aus psychisch-mentalen Elementen ist.

Anzunehmen, daß man eine feste Persönlichkeit besitzt, ist ein Zeichen der Unwissenheit und Illusion. Die Persönlichkeit und das Ich sind Erzeugnisse des sich stetig wandelnden Gefühls und Intellekts.*

* Vergleiche dazu genauer: Chögyam Trungpa: Spirituellen Materialismus durchschneiden, Zürich, München 1993 auch in: Samuel Bercholz/Sherab Chödzin (Hrsg.): Ein Mann namens Buddha, Bern, München, Wien 1994, S. 99–109.

In der Liebe tritt dieser Wandel ganz offen zutage: Zu Beginn ist man der besorgte, hilfreiche Liebhaber, der dem zweiten Enneagramm-Typ entspricht, und nach einiger Zeit der Beziehungswirklichkeit wandelt man sich beispielsweise zu Enneagramm-Typ 9, der relativ faul ist und seine Ruhe haben möchte, oder man wird zu Typ 8, der den Partner dominiert und sich diesen unterwirft.

Innerhalb der aufgezeigten Grenzen ist, trotz ihrer Schwächen, die Typenlehre konstruktiv anzuwenden. Es kann in bezug auf eine spezifische Situation wie die Partnerschaft und über kürzere Zeiträume ein mehr oder weniger konstanter Typ in fast jedem Menschen gesehen werden.

Folgende neun Typen werden nach der klassischen Typenlehre des Enneagramms unterschieden:

Enneagramm-Typ 1: der aggressionsgehemmte Idealist und Perfektionist,

Enneagramm-Typ 2: der hilfreiche und zugleich manipulierende mütterliche Typ,

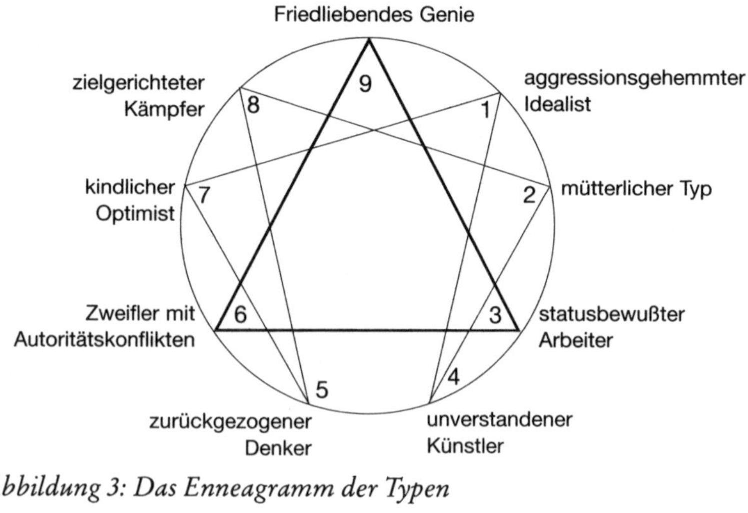

Abbildung 3: Das Enneagramm der Typen

Enneagramm-Typ 3: der statusabhängige Mensch und Workaholic, der sich oft selbst belügt,

Enneagramm-Typ 4: der klagende, unverstandene Künstler, der leicht dem Neid verfällt,

Enneagramm-Typ 5: der zurückgezogene Denker, der die Welt beobachtet und handlungsgehemmt ist,

Enneagramm-Typ 6: der ängstlich zweifelnde Mensch mit Autoritätskonflikten,

Enneagramm-Typ 7: der Optimist, der häufig gierig kindliche Reaktionen zeigt und das Leiden flieht,

Enneagramm-Typ 8: die Führerpersönlichkeit, die für ihre Ziele kämpft,

Enneagramm-Typ 9: das faule und friedliebende Genie.

Diese neun Typen sind durch die inneren Linien des Enneagramms miteinander verbunden. Man unterscheidet hierbei die Entlastungs- und die Streßrichtung im Enneagramm.

1. Die Entlastungsrichtung des Enneagramms
Der rigide Typ 1 findet seine Entlastung im lockeren Typ 7, der oberflächliche Typ 7 findet sie im tiefsinnigen Typ 5, der handlungsgehemmte Typ 5 findet sie im handlungsstarken Typ 8. Der auf egoistische Bedürfnisbefriedigung ausgerichtete Typ 8 findet seine Entlastung im sozialen Typ 2, der auf die Bedürfnisse seines Partners schaut, dieser findet die Entlastung wiederum im Typ 4, der weitgehend egozentrisch seinen Weg geht und der emotionale Typ 4 findet seine Ruhe im disziplinierten Typ 1.

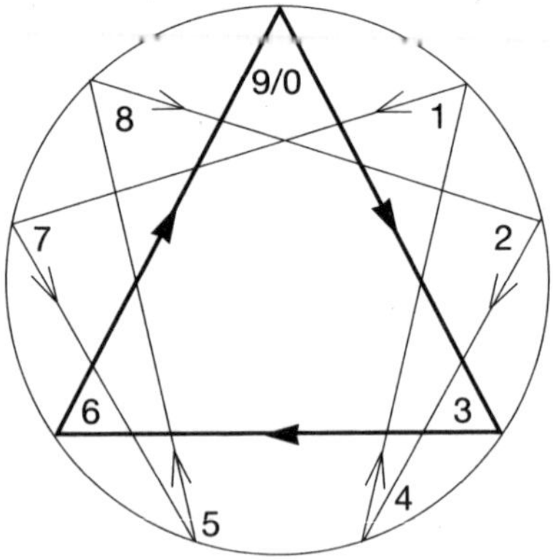

Abbildung 4: Die Entlastungsrichtung im Enneagramm

2. Die Streßrichtung im Enneagramm
Hier läuft die Bewegungsrichtung andersherum als bei der Entlastungsrichtung des Enneagramms:
Enneagramm-Typ 1 wird durch Enneagramm-Typ 4 gestreßt,
Enneagramm-Typ 2 wird durch Enneagramm-Typ 8 gestreßt,
Enneagramm-Typ 3 wird durch Enneagramm-Typ 9 gestreßt,
Enneagramm-Typ 4 wird durch Enneagramm-Typ 2 gestreßt,
Enneagramm-Typ 5 wird durch Enneagramm-Typ 7 gestreßt,
Enneagramm-Typ 6 wird durch Enneagramm-Typ 3 gestreßt,
Enneagramm-Typ 7 wird durch Enneagramm-Typ 1 gestreßt,
Enneagramm-Typ 8 wird durch Enneagramm-Typ 5 gestreßt,
Enneagramm-Typ 9 wird durch Enneagramm-Typ 6 gestreßt.

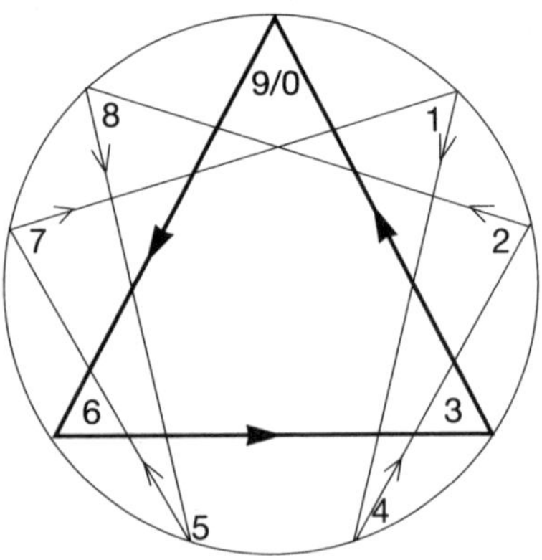

Abbildung 5: Die Streßrichtung im Enneagramm

Die Struktur des Enneagramms

Das Enneagramm ist ein Mandala, das sich aus einem Kreis, einem gleichseitigen Dreieck und einem unregelmäßigen Sechseck zusammensetzt.

Ziehen wir eine Linie durch die obere Dreiecksspitze und durch den Mittelpunkt des Kreises, so bildet diese Gerade die Symmetrieachse des Enneagramms.

Die rechte Seite des Enneagramms steht für Verliebtheit, Ideale und automatische Reaktionen, die linke Seite für konkrete Erfahrungen mit dem Partner und der Liebe. Der Übergang von der rechten zur linken Seite ist extrem schwierig, denn er stellt psychologisch gesehen, die Entwicklung vom kindlichen (regressiven) zum erwachsenen Verhalten dar. Gurdjieff sah den Übergang vom vierten zum fünften Punkt als den schwierigsten Schritt im gesamten Enneagramm an. Der Schritt von der Verliebtheit zur Liebe entspricht dem, was C. G. Jung als »die Nachtmeerfahrt des Helden« beschreibt. Dieser Übergang ist von Ängsten und dem Aufgeben (freiwilligen Opfer) idealistischer oder mechanistischer Vorstellungen geprägt.

Im Enneagramm ist die rechte Seite eher als die passive Seite anzusehen, sie kennzeichnet mit Vorbehalten die weibliche Seite. Weiblich ist diese Seite im Sinne des Archetyps der Anima. Die linke Seite des Enneagramms, die aktive Seite ist männlich im Sinne des Animus als dem männlichen Archetyp.

Der Kreis

Der Kreis repräsentiert die formlose Leere. Auf ihm liegen die neun Enneagramm-Punkte. Betrachtet man diese Punkte von 1 bis 9, so erkennt man die zeitliche und logische Abfolge eines Prozesses. An Punkt 1 leidet man beispielsweise an seiner Einsamkeit, an Punkt 2 versucht man potentielle Partner zu treffen, an Punkt 3 findet man einen Partner, um an den Punkten 4 und 5 Beziehungsschwierigkeiten zu meistern. An Punkt 6 söhnt man sich mit dem Partner aus und geht eine feste Beziehung ein. An Punkt 7 zieht man eventuell zusammen, und an Punkt 8 gründet man eine Familie – oder läßt sich wie auch immer auf jeden Fall vollkommen auf den Partner ein. Punkt 9 besitzt eine Sonderstellung, da er zugleich Punkt 0 ist: Er stellt einen Übergangspunkt dar, an dem man auf einer neuen Ebene – wie zum Beispiel derjenigen der festen Beziehung – wieder erneut die Punkte des Enneagramms durchläuft. Wenn man beispielsweise geheiratet hat, durchläuft man in seiner Ehe abermals die neun Enneagramm-Punkte.

Der Kreis als Symbol ganzheitlichen Denkens zeigt die Dynamik eines jeden Prozesses an, einmal mit und einmal gegen den Uhrzeigersinn. Betrachten wir die Punkte des Enneagramms von Punkt 9 rückwärts zu Punkt 1 hin, so gibt diese Blickrichtung die Technik der Visualisierung wieder. Bei der Visualisierung stellen wir uns zum Beispiel den idealen Partner im Detail vor und malen uns so konkret wie möglich aus, was wir alles mit ihm oder ihr erleben wollen. Wir gehen von unserem Ziel aus und betrachten dann die einzelnen Schritte, die zur Erlangung dieses Ziels notwendig sind.

Betrachtet man also den Kreis im Uhrzeigersinn, so kann man den logischen und zeitlichen Ablauf eines Prozesses analysieren. Betrachtet man den Kreis gegen den Uhrzeigersinn, erkennt man deutlicher die Zusammenhänge, die bedacht werden müssen, um sein Ideal zu erreichen.

Das Dreieck

Das Dreieck symbolisiert die allgemeinen kosmischen Gesetze, die in jedem Prozeß wirken.

Das Dreieck teilt jeden Prozeß in drei Abschnitte oder Tertiale auf: Die Enneagramm-Punkte 1 und 2 charakterisieren den Anfang, die Voraussetzungen für den Prozeß (zum Beispiel die körperliche Attraktion als Voraussetzung dafür, sich zu verlieben) oder seine Vorbereitung. An Enneagramm-Punkt 3, dem ersten Punkt des Dreiecks, kommt ein Impuls von außen, um den in Gang gebrachten Prozeß nicht wieder versanden zu lassen. Dieser Außenimpuls kann ein Therapeut, ein Lehrer oder ein Freund sein, aber auch ein wichtiger Traum, in dem die innere Stimme mit einem redet.

Sie kennen diese Situation: Man möchte einen Partner finden, weiß aber nicht wie. Man hat auch schon einiges versucht (Enneagramm-Punkte 1 und 2), bleibt aber erfolglos. Da kommt plötzlich eine Freundin, die einen mit einer Person bekannt macht, in die man sich sofort verliebt.

Den nächsten Abschnitt des Enneagramms bilden die Punkte 4 und 5, an denen die emotionale Auseinandersetzung mit der neuen Situation erfolgt. Unter Umständen findet man es doch zu schwierig, eine Beziehung aufzubauen und trennt sich wieder. Man fällt wieder auf Punkt 1 oder 2 zurück, was auch die Verbindungslinien von Punkt 4 aus anzeigen. Das ist die Gefahr des ewigen Kreislaufs oder der Neurose. Denn nach Sigmund Freud ist die Neurose nichts anderes als eine ewige Wiederholung von Verhalten, das uns unglücklich macht.

Bleiben wir trotz der Auseinandersetzung mit dem Partner zusammen, so kommt an Punkt 6, dem zweiten Dreieckspunkt, abermals ein Impuls von außen. Ein Freund, ein Buch, ein Workshop oder Therapeut hilft uns, unsere Beziehungsschwierigkeiten deutlicher zu sehen und aufzulösen, auf daß wir im dritten Abschnitt des Enneagramms unsere Beziehung genießen können.

Am dritten Dreieckspunkt, Enneagramm-Punkt 9 oder 0, gehen wir auf eine neue Ebene über. Vielleicht heiraten wir oder arbeiten zusammen, auf jeden Fall kommt eine neue Qualität ins Spiel.

Die Dreieckspunkte 3 und 6 bezeichnen also die Außenimpulse oder den Übergang zu einer neuen Qualität. Der Dreieckspunkt 9 stellt den kurzen Moment des Übergangs zu einem weiteren Enneagramm dar.

Das erste Tertial des Enneagramms wird von dem Wunsch nach Veränderung geprägt, das zweite von der emotionalen Krise und das dritte Tertial bildet das sogenannte Zielfeld.

Jeder Prozeß braucht zwei Außenimpulse, um auf sein Ziel hin ablaufen zu können.

Das Sechseck

Das Sechseck zeigt uns die Gesetzmäßigkeiten eines individuellen Prozesses an. Markieren die Dreieckspunkte die wesentlichen Einschnitte, die jeder in unserer Kultur erlebt (beispielsweise die Entscheidung für eine Beziehung, Zusammenleben, Ehe), so geben die

Sechseckspunkte die individuellen Erfahrungen an, die mit diesen Entscheidungen verbunden sind.

Die jeweils zwei Verbindungslinien, die von jedem der Enneagramm-Punkte dieses Sechsecks ausgehen, symbolisieren die Perspektiven, die wir an diesem Enneagramm-Punkt einnehmen können. Wir haben Enneagramm-Punkt 4 betrachtet und dabei festgestellt, daß am vierten Enneagramm-Punkt die Perspektiven rückwärtsgerichtet sein können: Man fällt leicht in alte, gewohnte Verhaltensweisen zurück. Diese Wiederholungsschleife hängt mit unserem Sicherheitsdenken zusammen, denn mit dieser Wiederholung verbleibt man auf der rechten Seite des Enneagramms und ändert nicht seine Sicht- und Verhaltensweisen. Aus der Sicht der Typenlehre bleibt man also an die starre Verhaltensweise eines Enneagramm-Typs gebunden und reichert seinen Horizont nicht um die Verhaltensweisen anderer Enneagramm-Typen an. Letztlich springt man am Übergang von 4 nach 5 ins Ungewisse: Ich gebe meine automatisierten Verhaltensweisen auf, um zu einer neuen Sicht- und Verhaltensweise zu gelangen. Hält man die Spannung am Punkt 4 aus, die in jeder Beziehung auftritt, kommt man zu Punkt 5, dessen Perspektiven auf das Ziel ausgerichtet sind. Hier kann man sich von seinem Ideal motivieren lassen. Man erkennt, daß man dieses Ideal wirklich erreichen kann.

Beginnt man seine Reise in die Beziehungswirklichkeit an Punkt 1, sieht man zum einen die unterste Stufe seines Ziels (Enneagramm-Punkt 7), die einen motiviert, etwas zu tun, und zugleich ahnt man, daß es emotionale Auseinandersetzungen geben wird (Enneagramm-Punkt 4). Am zweiten Enneagramm-Punkt kann man sein Ziel schon wesentlich deutlicher fassen (Enneagramm-Punkt 8), und es bleibt die Ahnung um die emotionale Herausforderung bestehen (Enneagramm-Punkt 4). Hat man die untere Stufe seines Ziels an Enneagramm-Punkt 7 erreicht, so hilft es, sich an die Überwindung der emotionalen Probleme an Punkt 5 zu erinnern und zugleich blickt man in die Zukunft, auf den neuen Prozeß, der mit dem Enneagramm-Punkt 1 des neuen Enneagramms wieder einsetzen wird. An Enneagramm-Punkt 8 sieht man im Überblick die höchste Stufe des Anfangs (Enneagramm-Punkt 2) und des zweiten Feldes (Enneagramm-Punkt 5). Man hat also das vollkom-

Die Charakterisierung der Elemente des Enneagramms	
Enneagramm-Punkte 1 bis 9	natürlicher, logischer, zeitlicher Ablauf eines Prozesses
Enneagramm-Punkte 9 bis 1	Prozeß der Visualisierung eines Ziels
Dreieckspunkte Enneagramm-Punkte 1, 3, 9/0	Außenimpulse neue Ebene oder Qualität allgemeine Gesetzmäßigkeit
Sechseckspunkte	Stufen des individuellen Prozesses
Enneagramm-Punkt 1	der Anfang des Prozesses
Enneagramm-Punkt 2	erste Auseinandersetzung mit dem Problem
Enneagramm-Punkt 4	emotionale Spannung, Frustration, Gefahr des Rückfalls
Enneagramm-Punkt 5	das Ziel zieht einen an, man weiß noch nicht, wie man hinkommt
Enneagramm-Punkt 7	das Ziel ist erreicht
Enneagramm-Punkt 8	man hat sich dem Ziel verschrieben
Enneagramm-Punkte 4 und 5	das sogenannte Krisen- oder emotionale Feld
Enneagramm-Punkte 7 und 8	das sogenannte Zielfeld
Wiederholungsschleife	1 → 2 → 3 → 4 → 1 → 2 → 3 → 4 usw. oder 1 → 2 → 3 → 4 → 2 → 4 → 2 → 4 usw.
Linien im Enneagramm	Wiedergabe der möglichen Perspektiven, auch innere Gesetzmäßigkeiten eines Prozesses
rechte Seite des Enneagramms	passive Reaktionen, Verliebtheit, Automatismen in der Beziehung, kindliches Verhalten (Regression)
linke Seite des Enneagramms	aktives Handeln, konkrete Erfahrungen mit dem Partner, erwachsenes Verhalten, Liebe

mene Bewußtsein darüber erreicht, wie man zu seinem Ziel gelangt ist. Zugleich weist die Perspektive auf den Enneagramm-Punkt 2 auch auf den zukünftigen Prozeß hin. Der Enneagramm-Punkt 8 ist ferner – liest man das Enneagramm gegen den Uhrzeigersinn – von der konkreten Visualisierungen des Ziels gekennzeichnet.

Die Zahl Neun – das Symbol der Vollendung

Das Enneagramm erklärt also das Erreichen eines Ziels mit neun gesetzmäßigen Schritten. Für mich stellen diese neun Schritte neun Archetypen dar, mit denen man jegliche Wirklichkeit erfassen kann. Die Kreativität in der Anwendung des Enneagramms liegt darin, wie man einen Prozeß in diese neun Stufen unterteilt. Dabei helfen die Dreieckspunkte, an denen der Prozeß eine neue Qualität oder neue Ebene erreicht. Zunächst versuche ich diesen Dreieckspunkten bestimmte Stufen eines Prozesses zuzuordnen, und danach ergibt sich die Abfolge der restlichen sechs Punkte ganz selbstverständlich und problemlos.

Man könnte auch sagen, daß in neun Schritten die *Coniunctio* oder die Verschmelzung (*Coagula* der Alchimisten) erreicht wird – oder mit anderen Worten: Neun Schritte sind zum Entstehen einer Ganzheit nötig.

Das Gesetz der Sieben

Das Enneagramm beruht auf dem Gesetz der Oktave und dem Gesetz der Drei. Beide stellen allgemeine kosmische Gesetze dar, denen jeglicher Prozeß auf der Erde folgt. Wahrscheinlich liegt das daran, daß die Wahrnehmung dieser beiden Grundgesetze unserer Gehirnstruktur entspricht.

Das Gesetz der Sieben stellt die Struktur der Veränderung in einer Beziehung dar. Die Enneagramm-Punkte 1, 2, 4, 5, 7, 8 und 9/0 geben die Oktave wieder, die jedem Prozeß oder jeder Beziehungsstruktur zugrunde liegen. Nach sieben Schritten erreicht die Oktave wieder ihren Ausgangspunkt – allerdings auf einer neuen Ebene. So erreicht auch das Enneagramm im achten Schritt wieder den Punkt 1 eines neuen Enneagramms.

Die beiden Enneagramm-Punkte 3 und 6 zeigen die Außenimpulse an, die auf diese Oktave wirken. In der Musik entsprechen diese beiden Punkte den Halbtonschritten in der Tonleiter.

Das Gesetz der Drei

Das Gesetz der Drei symbolisiert die Kraft, die hinter allen Veränderungen steht. Würde es an den beiden Enneagramm-Punkten 3 und 6 keine Außenimpulse geben, würde der Prozeß oder die Beziehung erstarren oder sich auflösen. Enneagramm-Punkt 9/0 zeigt an, daß eine Oktave nicht nach ihren sieben Schritten zum Stillstand kommt, sondern daß jeder Prozeß sich weiterentwickeln möchte und sich auf einer neuen Stufe fortsetzt.

Die drei Enneagramm-Punkte 3, 6 und 9/0 entsprechen einer höheren Energie, denn an diesen drei Punkten ist ein Prozeß für Außeneinflüsse offen und hier ist jede Beeinflussung eines Prozesses möglich.

Daß man jeglichen Prozeß archetypisch unter dem Aspekt der Drei sinnvoll betrachten kann, zeigt unsere Einteilung der Zeit in Vergangenheit, Zukunft und Gegenwart, der zugleich die drei Nornen der germanischen Mythologie entsprechen wie auch die Dreiheit (Trinität) der Götter in fast allen Weltreligionen.

Die Dreiheit drückt sich ferner in Gurdjieffs Lehre von den drei Zentren des Menschen aus, die den drei Enneagramm-Abschnitten zugeordnet werden können:

1. das Körperzentrum, das dem ersten Enneagramm-Abschnitt (Punkte 1 und 2) entspricht,
2. das emotionale Zentrum, das dem zweiten Enneagramm-Abschnitt (Punkte 4 und 5) entspricht und
3. das Bewußtseins- oder Kopfzentrum, das dem letzten Enneagramm-Abschnitt (Punkte 7 und 8) entspricht.

Für die im nächsten Kapitel aufgeführten Übungen ist es wichtig zu verstehen, daß man nur durch den Körper in sein Inneres gelangt.

Das bewußte Wahrnehmen des Körpers und des Atmens bewirkt eine Innenschau und dadurch eine tiefe Selbsterkenntnis. Durch diese Wahrnehmung unserer Körperempfindungen gelingt es uns, Körper, Gefühl und Bewußtsein (Geist) miteinander zu verbinden und somit achtsam in jedem Prozeß die drei Enneagramm-Abschnitte wahrzunehmen.

Alles fließt – die Dynamik des Enneagramms

Das Enneagramm ist deswegen so gut geeignet, Liebe und Beziehungen zu betrachten, da es sich in dauernder Bewegung befindet, genauso wie Liebe und Partnerschaft sich ständig verändern.* Daß diese Veränderung nicht zufällig, sondern gesetzmäßig verläuft, zeigt uns die Oktave und das Gesetz der Drei im Enneagramm. Die geometrische Struktur des Enneagramms läßt uns die einzelnen Schritte einer Beziehung oder eines Prozesses und deren Bedingtheiten deutlicher wahrnehmen. Das kosmische Symbol des Enneagramms hilft uns somit, ein höheres Bewußtsein über unsere Beziehungen, unsere Sexualität und die Gesetzmäßigkeiten der Liebe zu entwickeln.

Wenn man beginnt, in den Kategorien des Enneagramms konkret zu denken, bemerkt man zum einen, wie sich alles in unserem Leben permanent einer bestimmten Gesetzmäßigkeit folgend verändert, und zum anderen, auf welcher Stufe dieser Entwicklung man gerade steht. Der Weg von Punkt zu Punkt hat, ähnlich dem Lauf der Sonne durch den Tierkreis, seine feste Ordnung im Enneagramm. So kann das Enneagramm die Frage nach dem nächsten sinnvollen Schritt, der jetzt zu tun ist, beantworten, da es die Ordnung von Abläufen und Prozessen verdeutlicht.

Eine der größten Hilfen des Enneagramms besteht darin, daß es uns Wiederholungen in unserem Leben bewußt macht. Und gerade in Beziehungen fallen wir unbewußt in Wiederholungen, die uns unglücklich werden lassen. Das zeigt sich besonders deutlich, wenn

* Blake meint, angelehnt an Gurdjieff, daß es sich beim Enneagramm um ein Perpetuum mobile handelt. Vgl. Anthony G. E. Blake: Das intelligente Enneagramm, S. 134.

man eine neue Beziehung beginnt. Man meint, mit dem neuen Partner würde alles anders, findet sich aber bald in einer Situation wieder, die man schon aus der letzten Beziehung kennt. Das Enneagramm schärft unsere Aufmerksamkeit für das, was wir tun und wie wir uns verhalten, so daß die Wahrscheinlichkeit unproduktiver Wiederholungen mit jeder Anwendung geringer wird. Die Arbeit mit dem Enneagramm führt uns zu einer aufmerksamen Selbstbeobachtung und richtet dabei unsere Wahrnehmung auf das aus, was wir normalerweise übersehen.

Die Enneagramm-Typen in Liebe, Sex und Partnerschaft

Manche Menschen halten das, was sie 30 Jahre lang falsch gemacht haben, für Erfahrung.

Mulla Nasrudin

Jeden interessiert brennend, wie er mit anderen Menschen und speziell seinem Partner zurechtkommt. Bekomme ich ein neues Enneagramm- oder Astrologie-Buch in die Hand, so lese ich sofort nach, wie mein Typ charakterisiert wird und was dort über meine Partner steht. »Passen wir zusammen oder nicht?« lautet die bange Frage.

Obwohl es klar ist, daß Liebe und Beziehung durch stetige Arbeit aufrechterhalten wird, so suchen wir doch immer den Partner, der einfach und pflegeleicht zu lieben ist: den Märchenprinzen oder die Prinzessin unseres Herzens.

Dieses Kapitel gibt Hinweise, wie die verschiedenen Enneagramm-Typen ihre Erotik, Sexualität und ihre Partnerschaft ausleben. Es dokumentiert bestimmte Sicht-, Denk-, Fühl- und Reaktionsgewohnheiten, die sich zu einer Charakterstruktur verdichten, die wir als Enneagramm-Typ bezeichnen. Nach der wissenschaftlichen Psychologie stellen die neun Enneagramm-Typen jeweils eine neurotische Lebensform dar. Nach den folgenden Charakterisierungen der einzelnen Typen können Sie sich und Ihren Partner leicht zuordnen. Dabei kann es jedoch vorkommen, daß sich die Eigenschaften mehrerer Typen mischen. Seien Sie froh, das bedeutet nämlich, daß Sie nicht in der Verhaltensweise eines Typs erstarrt sind. Nur einen einzigen Enneagramm-Typ zu leben, bedeutet, auf der rechten Seite des Enneagramms in einer ewigen Wiederholungsschleife gefangen zu sein. Man geht im Prozeßmodell von Enneagramm-Punkt 1 über die Punkte 2 und 3 zu 4, um dann wieder gemäß der inneren Linien des Enneagramms auf Punkt 1 oder 2 zurückzufallen. Man wagt also nicht den Schritt von Punkt 4 zu 5, was stets mit einem Wechsel des Enneagramm-Typs verbunden ist. Bleiben Sie nur auf der rechten Seite des Enneagramms, werden sie stets automatisch die Verhaltensweisen Ihres Enneagramm-Typs wiederholen. Wechseln Sie jedoch von der rechten auf die linke Seite des Enneagramms, werden Sie Ihre Wiederholungen mehr und mehr aufgeben und damit Ihren Enneagramm-Typ verlassen, um neue Verhaltensweisen zu erlernen. Genaueres dazu finden Sie im Kapitel über das Prozeßmodell des Enneagramms.

Erschrecken Sie nicht, wenn Ihnen Ihr Typ zu einfach oder zu negativ dargestellt erscheint. Bedenken Sie, daß wir uns bisweilen unglaublich undifferenziert verhalten. Das ist ein wesentlicher Aspekt von Menschlichkeit.

Jeder Typ kommt in zwei polaren Ausprägungen vor:

1. als verzauberter Typ, der sich unbewußt und undifferenziert verhält und

2. als befreiter Typ, der bewußt und differenziert seiner Umwelt gegenübertritt. Dieser Typ kommt seltener vor als der verzauberte Typ.

Ferner macht es einen großen Unterschied, ob der entsprechende Enneagramm-Typ von einer Frau oder von einem Mann gelebt wird. Das hängt mit unserer Sozialisation und der Erwartung der Gesellschaft zusammen.

Die Typenlehre ist also nicht so eindeutig, wie sie sich häufig präsentiert. Gleiche Enneagramm-Typen können sich stark unterscheiden. Deswegen sollten Sie die starren Typenzuordnungen relativieren.

Das Problem mit den Typen

Die Typenlehre des Enneagramms stammt von Oscar Ichazo, Gurdjieff selbst hat sich wenig um sie gekümmert. Sie stellt Ichazos Vereinfachung, aber auch geniale psychologische Anwendung von Gurdjieffs Idee des Hauptcharakterzugs eines Menschen dar. Dieser Hauptcharakterzug ist unsere größte Stärke und zugleich auch unsere größte Schwäche. Vermittelt durch den Jesuitenpater Bob Ochs wurde die Typenlehre in den achtziger Jahren zuerst in den USA und dann vor allem in Deutschland bekannt. Zuvor war die Lehre des Enneagramms einschließlich der Typenlehre nur persönlich weitergegeben worden.

Das hat seinen Sinn, denn immer wieder treffe ich in meinen Enneagramm-Workshops auf Teilnehmer, die zwar alle möglichen Enneagramm-Bücher studiert haben und dennoch mit diesem Modell nicht zurechtkommen. Eine persönliche Einführung hilft, das Enneagramm differenziert zu verstehen.

Die Schwächen der Typenlehre

Gurdjieff beharrte immer wieder darauf, daß wir keine Erkenntnis gewinnen würden, wenn wir das Enneagramm zur Klassifizierung von Typen benutzen. Im Grunde ist die Typenlehre eine Degenerierung des eigentlichen, dynamischen Enneagramms. Das Enneagramm kann vieles erklären, so auch psychologische Typen, aber seine Stärke liegt in der Erklärung von Prozessen. Anthony Blake charakterisiert das Enneagramm der Typen als »eine »Flachland«-Perspektive, als ob wir nur in zwei Dimensionen statt in drei lebten.«*

Es besteht in dieser Anwendung des Enneagramms die Gefahr, daß wir mechanisch versuchen, den anderen schnell einzustufen, um ihn auf einen Typ festzulegen. Das kann für jede zwischenmenschliche Beziehung sehr hinderlich sein. Das intelligente Enneagramm dagegen zeigt nicht nur Fixierungen, sondern auch Entwicklungen und größere Zusammenhänge auf.

Zunächst möchte ich betonen, daß man grundsätzlich alle Enneagramm-Typen in sich vereinigt. Deswegen geht es mir bei den vielen unterschiedlichen Enneagramm-Tests** oftmals so, daß ich

* Anthony Blake: Das intelligente Enneagramm, S. 297.

** Die wichtigsten Enneagramm-Tests: Marcus Becker: Der Enneagramm-Typentest. In: Ebert/Rohr und andere (Hrsg.): Erfahrungen mit dem Enneagramm, S. 335–354; Don Richard Riso: Discovering Your Personality Type.

mich in zwei oder gar drei Typen erkenne. Das Ideal liegt meines Erachtens darin, daß wir nach dem Durchleben vieler Enneagramm-Typen in die Mitte des Enneagramms gelangen, von der aus wir alle Typen ohne Fixierung im Überblick betrachten und je nach der Situation leben können.

Besonders deutlich wird der Wechsel des Enneagramm-Typs bei der Initiation, wie sie in früheren Gesellschaften durchgeführt wurde: Das Kind trug bis zur Initiation einen bestimmten Namen, der im Grunde auch mit seinem Typ verbunden war. Die Initiation wurde als neue Geburt angesehen. Die alte Persönlichkeit und somit der alte Typ starb und ein neuer wurde geboren, was sich auch stets durch eine neue Namensgebung zeigte. Besonders bei Pubertätsriten, wie sie teilweise noch heute von den Aborigines in Australien durchgeführt werden, wird deutlich, daß der alte kindliche Enneagramm-Typ stirbt, um einem neuen erwachseneren Enneagramm-Typ Platz zu machen.

Die Einheit des Bewußtseins ist eine Illusion; das Ich des Menschen wechselt in der gleichen Geschwindigkeit wie seine Gedanken und Gefühle. In Wirklichkeit ist der Mensch ein unbeständiges Wesen. Glücklicherweise sind die meisten von uns nicht derart erstarrt, daß sie nur das Verhaltensspektrum eines einzigen Typs besitzen. Je unbewußter eine Person lebt, desto deutlicher und stabiler zeigt sie jedoch die Eigenschaften eines bestimmten Enneagramm-Typs. Die klassische Typenlehre nach Ichazo baut letztlich auf den unbewußten Menschen auf.

In verschiedenen Situationen repräsentiert man jeweils einen anderen Enneagramm-Typ, da man normalerweise nicht nur unbewußt und mechanisch lebt. So kann ich zum Beispiel im handwerklich praktischen Bereich eher faul und bequem wie Enneagramm-Typ 9 sein, in meinem Beruf jedoch ehrgeizig und aktiv wie Typ 3

The Enneagramm Questionnaire, Boston, New York, London 1992; Magaret Frings-Keyes: Enneagramm und Partnerschaft. Ein Arbeitsbuch für Einzelne, Paare und Gruppen, München 1993, S. 23–31; Klausbernd Vollmar: Das Enneagramm, S. 249–265, und Klausbernd Vollmar: Das Arbeitsbuch zum Enneagramm. (Testfragen finden Sie dort nach der Beschreibung eines jeden Typs).

und in meinen Beziehungen ein mütterlich fürsorglicher Typ, der den Partner durch seine Zuwendung manipulieren möchte, wie der zweite Enneagramm-Typ.

Welchen Enneagramm-Typ ich verkörpere, hängt unter anderem damit zusammen, wieviel Erfahrungen ich in dem entsprechenden Bereich sammeln konnte und welches Bewußtsein ich in verschiedenen Situationen habe. In unserem Beispiel ist das Bewußtsein im praktischen Bereich geringer als im Beruf und in der Partnerschaft, in der ich wach bin, um den Partner von mir abhängig zu machen. Ein bestimmter Bewußtseinsstand in bezug auf eine Situation kann ebenso die Ebene bestimmen, auf der wir unseren Enneagramm-Typ ausleben, wie er uns auch zu Reaktionsweisen eines anderen Enneagramm-Typs bringen kann. Wer in seiner Arbeitswelt weitgehend wie Typ 3 reagiert, kann beispielsweise in privaten Situationen blauäugig, optimistisch und entspannt wie Typ 7 reagieren, der jeglicher Spannung aus dem Weg geht. Verändert sich jedoch durch Therapie oder innere Arbeit das Bewußtsein in bezug auf Beziehungen, kann Typ 7 seinen Egoismus ablegen und fürsorglich wie Typ 2 oder hochsensibel wie Typ 4 sein.

Ferner ist zu beachten, daß sich die Struktur eines Enneagramm-Typs in Männern und Frauen unterschiedlich äußert: Typ 3 kann als Mann seine imagebewußte ganz Seite ausleben und wird dabei als erotisch stimulierend erlebt. Lebt jedoch eine Frau diesen Enneagramm-Typ ebenso aus, wird sie dadurch enterotisiert wahrgenommen, was dazu führt, daß Frauen ihre Typ-3-Eigenschaften meist verstecken, während Männer sie stolz zeigen.

Welche Eigenschaften eines Enneagramm-Typs man auslebt, hängt unter anderem auch davon ab, mit welchem Partner man zusammenlebt. Wenn der eine Partner in der Beziehung einige Eigenschaften eines bestimmten Enneagramm-Typs auslebt, so sind diese Verhaltensweisen für den anderen Partner bereits besetzt, und er wird wahrscheinlich die Rolle übernehmen, die jenes Verhaltensmuster seines Partners ausgleicht – sonst käme es in der Beziehung schnell zum Chaos. Wenn also beispielsweise der eine Partner die lockere, naiv leichte Seite des siebten Enneagramm-Typs zeigt, ist die Wahrscheinlichkeit sehr groß, daß das den anderen Partner zu einem eher ernsteren und tiefsinnigen Verhalten bringt, wie es vielleicht einem Typ 5 entspricht. Die Verhaltensweisen von Partnern gleichen sich aus, wobei die Gefahr besteht, daß der »stärkere« Partner durch sein Verhalten den Verhaltensspielraum des »schwächeren« beschneidet.

Die Stärke der Typenlehre

Es ist offenkundig, daß eine starre Typenlehre weder eine differenzierte psychologische noch eine spirituelle Dimension aufweist. Dennoch kann uns die Typenlehre des Enneagramms weiterhelfen, wenn wir sie nicht dogmatisch anwenden. Dazu gehört die alltägliche Beobachtung und Erkenntnis, daß *alle* Typen sich untereinander mischen können und daß man nur in bestimmten Situationen und für einen begrenzten Zeitraum wie ein bestimmter Enneagramm-Typ reagiert.

Wenn wir die Liebe und die Sexualität betrachten, können wir annehmen, daß über einen absehbaren Zeitraum das betreffende Individuum sich nicht grundlegend ändern wird. Daß das dennoch aufgrund äußerer Ereignisse geschehen kann, lasse ich hier außer acht.

Man ist also nicht nur ein einziger Typ, dennoch tendiert man oftmals in Partnerschaften über begrenzte Zeiträume zu der Reaktionsweise eines bestimmten Enneagramm-Typs.

Eine dynamischere Typenlehre hat den Vorteil, daß sie hilft, Menschen und speziell Partner in einer Beziehung leichter zu verstehen. Jedoch sollten wir uns ständig bewußt sein, daß eine Typenlehre nur ein Modell ist, das uns hilft zu erkennen, wer wir sind. Ein Modell ist weder die Wirklichkeit noch die Wahrheit! Die Qualität eines Modells wie das des Enneagramms liegt in seinem Nutzen für den Anwender. Beim Enneagramm sehe ich seinen Nutzen darin, daß es komplexe Erscheinungen wie Verhaltens- und Sichtweisen eines Menschen übersichtlich ordnet und uns somit den Blick für etwas öffnet, was wir sonst nicht so leicht erkennen würden.

Sehen Sie die Beschreibung der neun Typen des Enneagramms als neun grundlegende Bausteine an, die ein komplexes Wesen wie den individuellen Menschen besser verstehen lassen. Es gibt viele Arten der Zusammensetzung dieser neun Bausteine, manchmal tritt der eine Typanteil, manchmal der andere mehr zutage. Ich würde die neun unterschiedlichen Typen des Enneagramms als »Verhaltens-« oder »Charakter-Atome« ansehen.

Das Enneagramm gibt nicht nur neun Persönlichkeitstypen, sondern auch neun verschiedene Sichtweisen des anderen und einer beliebigen Situation wieder. Wenn Sie beispielsweise sich selbst oder Ihren Partner als Typ 3 ansehen, vergegenwärtigen Sie sich immer, daß Sie beziehungsweise er zugleich auch die Aspekte der anderen Typen aufweist. Diese Haltung ist nicht nur realistischer, sondern gibt einem selbst und dem anderen mehr Freiheit und legt ihn nicht sofort in eine enge Kategorie fest.

Die Typenlehre des Enneagramms kann uns so die Augen darüber öffnen, wie wir wirklich im alltäglichen Leben reagieren. Diese Selbsterkenntnis ist ein wichtiger Schritt, aber nur der erste. Der Mensch kann sich erst dann wirklich erfahren, wenn er erkennt, wie das Typische ihn besonders in der Liebe und der Sexualität einengt und beschneidet. Der Blick auf die anderen acht Typen zeigt ihm, welche großen Spielräume und Freiheiten das Leben bietet, und er beginnt den Weg der stetigen Wandlung zu gehen. Er probiert andere Verhaltensweisen im Bett und in der Beziehung aus und wiederholt nicht immer die gleiche Anmache, die gleichen Reaktionen und verliert nicht immer wieder in der gleichen Situation seine Gelassenheit.

In folgenden Situationen reagieren wir am häufigsten als eindeutiger Typ:

1. in Gefahr und Not,
2. unter Streß,
3. wenn wir schlafen, das heißt, wenn wir unaufmerksam sind und
4. in kurzen Zeiträumen (je länger der Zeitraum, desto eher zeigen wir die Verhaltensweisen verschiedener Typen).

Nach diesen Vorüberlegungen können wir viel Nutzen aus der Betrachtung der neun Eneagramm-Typen für unser Thema ziehen.

Drei Gruppen von Liebhabern und Geliebten

Die einzelnen Enneagramm-Typen werden nach der Tradition Ichazos in drei Gruppen eingeteilt:

1. Die Typen 2, 3 und 4, die aus ihrem Gefühlszentrum heraus leben: das Ausleben des weiblichen Archetyps, der Anima, nach Carl Gustav Jung.

Diese drei Typen orientieren sich an Beziehungen, sind feinfühlend und beschäftigen sich mit ihren Gefühlen. Sie sind oftmals zugleich unbewußte Manipulatoren.

Leider sind unsere Gefühle meistens mit dem Negativen beschäftigt. Das können Sie an sich selbst beobachten, wenn Sie einen Tag lang so bewußt wie möglich wahrnehmen, welche Gedanken in bezug auf Partnerschaft und Liebe durch Ihren Kopf gehen. Enneagramm-Typ 2 wird mit aller Macht versuchen, seinen Partner von sich abhängig zu machen und jede Selbständigkeit des Partners als Bedrohung erleben. Typ 3 versucht sich vorzumachen, daß er gar keinen Partner braucht, es sei denn, dieser bewundert ihn und spornt ihn zu großen Leistungen an. Typ 4 meint ständig, daß ihn sein Partner nicht genügend liebt und daß dieser gar nicht erfassen kann, wie einzigartig er ist. Er fühlt sich unverstanden und meint, daß die Beziehung mit anderen Partnern einfacher wäre.

Solche negativen Gedanken werden ohne Unterlaß von unseren Gefühlen produziert. Wir können nur dann aus dieser Negativität aussteigen, wenn wir lernen, diszipliniert durch Meditation oder Aufmerksamkeitsübungen unsere Gefühle zu beherrschen. Das ist eine wichtige Aufgabe für diese drei Enneagramm-Typen, die so leicht zum Opfer ihrer Gefühle und Launen werden. Die unterschiedlichen Launen und Gefühle dürfen jedoch keineswegs unterdrückt werden, sie sollen aber bewußt betrachtet werden, ohne sie immer gleich zu äußern. Das spontane Ausdrücken von Launen und Gefühlen, das unsere Zeit so hochlobt, führt nämlich dazu, immer wieder, ganz automatisch und unbewußt, in die gleichen Verhaltensweisen zu fallen. Die Wiederholung des immer Gleichen macht uns jedoch nicht glücklich, sondern im höchsten Maße von äußeren Situationen abhängig. Wir verlieren uns dabei selbst aus dem Auge und sehen uns besonders in Beziehungen ständig in den gleichen Situationen. Leider lehnen wir jede Verantwortung für diese von uns geprägten Situationen ab und schieben die Verantwortung für unsere gescheiterten Beziehungen auf den Partner. Meistens sprechen wir dann von den fürchterlichen Frauen, die so kompliziert sind, daß sie einem den letzten Nerv rauben, oder von den unsensiblen Männern, die sowieso immer nur das Eine wollen und egoistisch sind.

Übung 1:
Meditation zur Förderung der Achtsamkeit

Bei dieser Aufmerksamkeitsübung steht die Konzentration und das Bewußtmachen unserer mechanisch ablaufenden Gefühle im Vordergrund.

Setzen Sie sich auf den Boden oder auf einen harten Stuhl. Sitzen Sie auf dem Stuhl, lehnen Sie sich nicht an, sondern halten Sie Ihren Rücken möglichst gerade, da Ihre Körperhaltung einen Ausdruck Ihrer Geisteshaltung darstellt.

Schließen Sie Ihre Augen und konzentrieren Sie sich zunächst Schritt für Schritt von den Zehen bis zum Kopf auf Ihre Empfindungen. Sie nehmen diese wahr, ohne sie zu verändern oder zu bewerten. Diese Konzentration auf Ihre Empfindungen bringt Ihren Geist zur Ruhe. Die Ruhe des Geistes werden Sie als tiefe innerliche Ruhe erleben. Natürlich werden Sie zu Beginn immer wieder abschweifen und daran denken, was Sie Tante Emma zum Geburtstag schenken können und daß Sie eigentlich Ihre Zeit mit nutzlosem Sitzen vertun. Solche Gedanken sind normal. Sie nehmen diese einfach wahr, ohne sich mit ihnen zu identifizieren. Ihr gewohnheitsabhängiges Ich kann diese Disziplin nicht ertragen, was sich in Ablenkungen und Ärger zeigt. Lassen Sie sich nicht ärgern und ablenken!

Wenn Sie eine tiefe Ruhe in sich spüren, bleiben Sie bewegungslos wie eine Statue aufrecht sitzen und beobachten den Strom Ihrer Gefühle, ohne sich von ihm mitreißen zu lassen. Nehmen Sie einfach die Bewegungen in Ihrem emotionalen Zentrum wahr, ohne diese zu bewerten oder gar verändern zu wollen. Wenn Sie ruhig und ungerührt sitzen, so distanzieren Sie sich auch innerlich mehr und mehr von diesem Gefühlsstrom. Das lehrt Sie, nicht nur bewußt und produktiv mit Ihren Gefühlen umzugehen, sondern auch bewußt auf diese zu achten.

Diese Bewußtseinsübung sollte nach der Tradition der Gurdjieff-Arbeit aufmerksam, absichtslos (im Sinne von intentionslos) und akzeptierend (ohne das Beobachtete ändern zu wollen) durchgeführt werden.

Zu Beginn des Übens werden Sie immer wieder abschweifen und in die Unbewußtheit – bisweilen sogar in den Schlaf – abgleiten. Machen Sie sich nichts daraus, üben Sie einfach weiter. Sie werden nach ein bis zwei Monaten des regelmäßigen Übens von etwa einer Viertelstunde pro Tag bemerken, daß Sie Ihr Leben und speziell Ihr Beziehungsleben viel positiver gestalten können. Meistens macht sich das durch ein Glücksgefühl bemerkbar. Ihr Leben scheint sich müheloser zu gestalten, und Sie haben das Gefühl, im Fluß zu sein. Setzen Sie jetzt diese Übung weiter fort, wird in Ihnen eine Art magnetisches Zentrum entstehen, das das Liebesglück anzieht.

Übung 2: Visualisierung eines Ziels

Die drei Enneagramm-Typen 2, 3 und 4 können leichter als die anderen sechs Typen ihre Ziele visualisieren.

Um sein Ziel visualisieren zu können, muß man zunächst möglichst genau wissen, was man will. Dazu kann man das Enneagramm benutzen, indem man dort, wo man gerade steht, den Punkt 1 annimmt. Von diesem Punkt aus schaut man auf Punkt 7 und bekommt so eine erste Ahnung seines Ziels. Das heißt, lassen Sie Ihren Vorstellungen freien Lauf und phantasieren Sie sich Ihr Ziel, sei es die 1001-Nacht-Atmosphäre mit Ihrem Märchenprinzen oder die kühnen Abenteuer mit einer wilden Frau. Es ist wichtig, sich bei dieser Phantasie nicht zu kontrollieren. Haben Sie Ihre kühnsten Träume betrachtet, begeben Sie sich zum zweiten Enneagramm-Punkt, an dem Sie die konkrete Ausprägung Ihres Ziels am Punkt 8 sehen können. Das geschieht dadurch, daß Sie beschließen, etwas zu tun, um Ihre Situation auf Ihre Wünsche und Phantasien hin zu verändern, und daß Sie für Ihre Wünsche und Phantasien Verantwortung übernehmen, indem Sie Ihre kühnsten Vorstellungen mit der Realität in Übereinstimmung bringen. Opfern Sie dabei so wenig Kühnheit wie möglich!

Jetzt gelangen Sie zu einem Bild, das Sie täglich mindestens einmal für zwei bis drei Minuten in tiefer Entspannung mit geschlossenen Augen visualisieren.

Die Visualisierung kurz vor dem Einschlafen ist besonders wirkungsvoll.

Bei der Visualisierung lernen Sie, Ihre Aufmerksamkeit ruhig und zielgerichtet auf einem Bild ruhen zu lassen. Versuchen Sie im Laufe Ihrer Übungspraxis, Ihr Gefühl immer ruhiger und konzentrierter auf Ihrem Vorstellungsbild zu halten. Wandern Sie sozusagen in Ihrem Vorstellungsbild herum und lassen Sie Ihren inneren Blick auf allen möglichen Details ruhen und bauen Sie sich damit eine konkrete Vorstellungswelt auf.

Bedenken Sie stets, was Sie im Detail visualisieren, kann Realität werden.

Das sind die beiden wichtigsten Übungen für die drei emotional geprägten Enneagramm-Typen. Für sie ist es notwendig, sich mit ihren Gefühlen auseinanderzusetzen, da wir zwar körperlich und geistig (intellektuell) in unserer Gesellschaft gefördert werden, jedoch keine Gefühlsbildung bekommen. Keiner hat uns jemals gesagt, wie wir angemessen mit unseren Emotionen umgehen können. Aus diesem Grund stehen wir unseren Gefühlen und denjenigen unseres Partners oftmals naiv und staunend gegenüber. Diesen emotionalen Enneagramm-Typen hilft besonders die strukturierende und disziplinierende Wirkung der Übungen, da sie dazu neigen, den weiblichen Archetyp auszuleben und dabei in Gefahr geraten, sich zu verströmen.

2. Die Typen 5, 6 und 7, die aus ihrem Denkzentrum heraus leben: das Ausleben des männlichen Archetyps, des Animus, nach Carl Gustav Jung.

Für diese drei Enneagramm-Typen wird ein Mensch durch die Information, die er besitzt, oder durch sein Verhalten, das vorgibt, über den Dingen zu stehen, interessant. Besonders in Konflikten reagieren diese Typen intellektuell und unpersönlich. Sie sind häufig zurückhaltend. Am deutlichsten finden wir diese Zurückhaltung beim Enneagramm-Typ 5 ausgeprägt, dem es äußerst schwer fällt, einem Partner auch nur in Andeutungen zu zeigen, daß er sich für ihn oder sie interessiert. Der Enneagramm-Typ 7 wirkt dagegen auf dem ersten Blick ganz anders: Er geht als »magisches Kind« auf den anderen zu und kann leicht kommunizieren. Eine oberflächliche Freundschaft wird leicht hergestellt, aber vor einer tieferen Bindung hat er wie kein anderer Enneagramm-Typ große Angst. Das bedeutet aber keineswegs, daß er sich nicht nach solch einer Beziehung sehnt. Für ihn gilt als Wegweiser der beliebte Spruch aus der Gestaltpsychologie der sechziger Jahre: »Wo die Angst ist, geht's lang«. Typ 6 ist treu und haßt wie Typ 5 emotionale Verwicklungen und den Aufruhr der Gefühle. Am liebsten geht er eine Beziehung ein, bei der der andere ihm sagt, wo es langgeht, und für die er nicht kämpfen muß. »Bloß keine emotionalen Entscheidungen!« lautet seine Devise, und er versucht krampfhaft, »cool« zu bleiben, was einer Beziehung nicht zuträglich ist. Aber gerade durch seinen emotionalen Rückzug provoziert er emotionale Verwicklungen nach der Devise »Was man am meisten befürchtet, das zieht man an«.

Diesen drei Enneagramm-Typen hilft es zu erkennen, daß ihre verinnerlichten intellektuellen Konzepte sie hindern, sich ein glückliches Beziehungs- und Sexualleben zu schaffen. Um von diesen starren Konzepten wegzukommen, müssen sie lernen, ihre innere Stimme zu beherrschen, weil diese ihnen ständig Angst vor zu großer Nähe macht. Typ 2, 3 und 4 leben häufig eindimensional den männlichen Archetyp, der alles kontrollieren möchte und Angst vor dem Loslassen zeigt. Für sie ist es wichtig, mit Hilfe meditativer Techniken das Loslassen zu lernen.

Übung 1:
Kontrolle des inneren Monologs

Vorbemerkung
Wenn Sie diese Zeilen lesen, mag es sein, daß in Ihrem Kopf sogleich Bewertungen, Kritik und Einordnungen ablaufen, die Sie von der Konzentration auf diesen Text weglocken. So ähnlich verhält es sich mit den Enneagramm-Typen 5, 6 und 7, bei denen stets der Kopf »Stop!« sagt, wenn die Gefühle sich weiter einlassen möchten. Die folgende Übung zeigt Ihnen, wie dieser innere Monolog zu beherrschen ist.

Nehmen Sie sich vor, jeden Morgen gleich nach dem Aufstehen, wenn der Kopf noch nicht voller Gedanken ist, sich drei bis maximal fünf Minuten mit geraden Rücken auf einen Stuhl zu setzen. Sie schließen Ihre Augen und konzentrieren sich mit all Ihrer Kraft auf Ihre Hände. Spüren Sie in Ihre Hände hinein, als ob sie diese von innen fühlen. Gleichzeitig atmen Sie ruhig und regelmäßig.

Sie werden bemerken, daß Sie einige Zeit des regelmäßigen Übens benötigen, um sich auch nur für fünf Atemzüge ohne abzuschweifen Ihrer Hände bewußt zu sein. Lassen Sie sich davon nicht abschrekken. Sie bemerken beim Üben erst das Ausmaß, mit dem Ihr innerer Monolog Sie tyrannisiert. Das schafft eine Motivation, diszipliniert weiterzuüben.

Je öfter Sie diese Übung regelmäßig jeden Morgen machen, desto eher werden Sie bemerken, daß der innere Monolog in den Hintergrund tritt und in glücklichen, kurzen Momenten verschwindet, wenn Sie sich ganz auf Ihre Hände konzentrieren. Diese Konzentration entzieht ihm die Energie, die er benötigt, um unkontrolliert zu plappern. Das heißt, wenn Sie diesem inneren Gerede nicht mehr zuhören, wird es wegen Energiemangel versiegen.

Haben Sie diese Morgenübung mehrere Monate lang durchgeführt, nehmen Sie sich neue Ziele vor. Konzentrieren Sie sich zum Beispiel jeden Morgen beim ersten Bissen Ihres Frühstücks auf Ihren Mund. Jeden Abend beim Sonnenuntergang sind Sie sich ebenfalls so bewußt wie möglich. Sie machen sich beispielsweise klar, wie Sie gerade Ihren Körper halten und was Sie in ihm wahrnehmen und spüren. Später können Sie sich dann vornehmen, daß Sie jedesmal, wenn Sie sich mit Ihrer Freundin oder Ihrem Freund treffen, sich Ihrer Körperempfindungen bewußt werden.

Diese Übung kann besonders gut während der Liebe angewandt werden, da diese drei Typen dazu neigen, die wunderbaren Empfindungen nicht wahrzunehmen. Sie sind leider meistens nicht in Ihrem Körper zu Hause und sich deswegen nicht richtig ihrer selbst bewußt, weshalb Sie die Tiefen der sexuellen Freuden nicht erleben können.

Übung 2:
Die Arbeit mit Mantras

Um den inneren Monolog als »ständigen Bewerter« in uns zu stoppen, benutzt man im tibetischen Buddhismus Mantras. Das sind spezielle Formeln, die monoton in einem bestimmten Rhythmus gesprochen oder gesungen werden und unser Denken gegen negative Gedanken abschirmen. Wir sollten solche Mantras, die in unserem Kulturbereich den Litaneien und Gebeten wie beispielsweise dem »Ave Maria« ähneln, besonders dann innerlich sprechen, wenn wir uns in kritischen Situationen befinden und unser Kopf uns zu altbekannten, unbewährten mechanischen Reaktionsweisen verführen möchte. Wenn Sie zum Beispiel an Ihre Freundin denken und dabei aus Ihrem Inneren Gedanken hochsteigen, die Ihnen Angst machen, da Sie Ihnen sagen, daß gerade diese Freundin Sie binden möchte und überhaupt nicht die Richtige für Sie ist, dann sollten Sie sofort ein Mantra still im Inneren laufen lassen. Das Mantra vertreibt solche mechanischen Gedanken.

Zwei Mantras kann ich Ihnen empfehlen, die beide Ihr Herz öffnen und alle störenden Gedanken verscheuchen werden:

»Om mani padme hum« (tibetisch »Om mani peme hung« ausgesprochen)

»Aditya hridayam punjam saru shatru benam shenam« (dieses Mantra wird ausgesprochen, wie es geschrieben wird)

Das erste Mantra ist ein klassisch buddhistisches Mantra, das auch das Mantra des Mitgefühls genannt wird. Mit diesem Mantra zieht man nach tibetischer Vorstellung den Segen aller Buddhas auf sich und speziell denjenigen von Avalokiteshvara (tibetisch: Chenresi oder sPyan-ras-gzigs), dem Buddha, der einem das Herz(-Chakra) öffnet. Dieses Mantra besitzt viele Übersetzungen, wobei zu betonen ist, daß der Klang eines Mantras für dessen Wirkung wesentlich ist; sein Inhalt ist zweitrangig. Eine der vielen Übersetzungen lautet: »Gelobt sei das Juwel in der Lotosblüte«. Diese Aussage hat viele Bedeutungen, von der höchsten spirituellen bis zur konkreten sexuellen.

Das zweite Mantra bedeutet: »Dem scheint immer die Sonne, der die Sonne in seinem Herzen trägt.«

Ich bin mir sicher, daß Sie mit diesen Übungen Ihre Beziehungswirklichkeit und Ihre Gefühle produktiv ändern können. Wichtig ist einzig, diese Übungen regelmäßig einmal pro Tag durchzuführen. Gelingt Ihnen das, ist das alleine schon eine große Leistung. Bewerten Sie dabei nicht, ob Sie heute gut oder schlecht waren; solche Übungen sind in einem Bereich jenseits jeglichen Leistungsdrucks angesiedelt.

3. Die Typen 8, 9 und 1, die aus ihrem Bewegungszentrum heraus leben: sogenannte triebhafte Menschen, die schnell handeln.

Obwohl diese Typen instinktorientiert reagieren und ihnen die Sexualität wichtig ist, übersehen sie häufig die Wichtigkeit von Gefühlen und Beziehungen. Sie sind eher handlungs- statt seinsorientiert. Enneagramm-Typ 8 steht meistens derart unter einem Zwang, sich durchsetzen zu müssen, daß er für die zartere Ebene der Beziehungen weder Zeit hat noch Interesse zeigt. Wenn er in einer Beziehung lebt, so ist diese häufig rein sexuell ausgerichtet. Typ 9 vermag sich mit emotional jedem zu binden und durch diese Beliebigkeit wirkt seine Partnerauswahl bisweilen etwas zufällig. Letztlich geht es Typ 9 nicht um Gefühle, sondern viel mehr um sexuelle Befriedigung. Typ 1 sieht, übertrieben ausgedrückt, vor lauter Korrektheit gar nicht, daß es in Beziehungen um Gefühle geht. Gefühle sind für den ersten Enneagramm-Typ etwas Beängstigendes, da sie nicht in sein Ordnungsschema hineinpassen und dieses noch dazu zu sprengen drohen.

Für diese drei Enneagramm-Typen ist es notwendig, sich ihren Gefühlen zu öffnen. Gelingt ihnen das nicht, sind sie ständig unzufrieden. Sie finden sich leicht in Situationen wieder, in denen sie von ihrem Partner – aus ihrer Sicht – ganz unvorhergesehen verlassen werden, und ihnen ist nicht klar, warum ihnen das immer wieder geschieht. In der Erklärung ihrer Situation kann man nur schwer die Projektion übersehen: Es sind die Frauen beziehungsweise Männer an allem schuld, da diese nur berechnend durchs Leben gehen.

Übung:
Das Horchen auf das Gefühl

Vorbemerkung
Wenn wir – wie üblich in der heutigen Zeit – schnell von einem Termin zum anderen und von einer Arbeit zur nächsten hetzen, ist kein Platz für die zarte Stimme des Gefühls. Je schneller wir leben, umso unbewußter leben wir. Der erste Schritt zur Annäherung an unser Gefühl besteht in der Verlangsamung unseres Lebenstempos. Wenn wir bewußt unser Tempo herabsetzen, können wir unser Leben nicht nur erkennen, sondern es auch verändern. Leben wir gehetzt, gestaltet sich unser Leben mechanisch. Sagt der Volksmund, man solle in problematischen Situationen zunächst einmal innehalten und dreimal durchatmen, hat er die große Chance der Langsamkeit erfaßt.

Um mit Ihrem Gefühl in Kontakt zu treten, sollten Sie zunächst bewußt Ihren Lebensfluß durch Pausen unterbrechen. Nehmen Sie sich vor, nach jeder Arbeitseinheit für ein bis zwei Minuten innezuhalten und auf Ihr Inneres zu horchen. Sitzen Sie einfach bewegungslos und nehmen Sie alle Bewegungen in Ihrem Inneren wahr, ohne diese verändern zu wollen. Wenn Ihnen das zur Angewohnheit geworden ist, haben Sie den wichtigsten Schritt zur Wahrnehmung Ihrer Gefühle getan.

Der nächste Schritt besteht darin, daß Sie jeden Abend vor dem Schlafengehen den vergangenen Tag rückwärts durchgehen und sich all Ihrer Gefühle bewußt werden, die Sie an diesem Tag ausgedrückt oder unterdrückt haben. Diese Übung sollten Sie nicht im

Bett liegend durchführen, weil Sie leicht dabei einschlafen. Ideal wäre es, wenn Sie sich in einem Meditationssitz auf den Boden setzen würden oder mit möglichst geradem Rücken, ohne sich anzulehnen, auf einem harten Stuhl. Wie gesagt, die Körperhaltung spiegelt unsere Bewußtseinshaltung wider!

Wenn Sie sich für diese Übung drei bis höchstens fünf Minuten Zeit nehmen, ist das ausreichend. Die Erfahrung zeigt, daß Sie, wenn Sie zu lange solche Übungen durchführen, meist viel abgelenkter und unbewußter sind, als wenn Sie diese Übung zügig und konzentriert durchführen.

Nach zwei bis drei Monaten regelmäßigen Übens werden Sie Ihre Gefühle nicht mehr mißachten können und bewußter mit ihnen umgehen.

Reaktionsweisen der Enneagramm-Typen in Liebe, Sex und Partnerschaft

Im folgenden beschreibe ich kurz drei grundsätzlich unterschiedliche Reaktionsweisen in Beziehungen, die bei allen Enneagramm-Typen zu finden sind. Jede Partnerschaft, die Sie eingehen, kann unter einer dieser drei Reaktionsweisen gesehen werden.

Betrachten Sie die Geschichte Ihrer Partnerschaften, werden Sie feststellen, daß Sie eine deutliche Tendenz zu einer dieser drei Reaktionsweisen zeigen. Diese drei Reaktionsweisen überlagern die neun Enneagramm-Typen und färben deren Ausdruck von Liebe, Sexualität und Partnerschaft.

Bedenken Sie bei der Betrachtung dieser drei Reaktions- und Betrachtungsweisen von Beziehungen, daß Ihr Partner die Beziehung nicht unbedingt mit den gleichen Augen sieht wie Sie. Häufig kommt es in Beziehungen für beide Partner unverhofft zu Konflikten, da jeder selbstverständlich annimmt, daß der andere die Beziehung genauso wie er selbst empfindet und erlebt. Beide Partner leben nicht selten in zwei verschiedenen Beziehungswirklichkeiten. Deswegen ist die Kommunikation in Beziehungen so wichtig. Es hilft sicherlich, wenn Sie sich mit Ihrem Partner über die Reaktions- und Sichtweisen Ihrer Beziehung regelmäßig unterhalten. Dazu ordnen Sie beide zunächst Ihre Beziehung einer dieser drei typischen Reaktionsweisen zu.

Auch wenn die Zuordnung übereinstimmen sollte, hilft es, sich über die Befürchtungen zu unterhalten, die mit solch einer Sicht- und Reaktionsweise verbunden sind.

Stimmt die Zuordnung nicht überein, hilft es Ihnen wahrscheinlich weiter, wenn Sie sich über Ängste in bezug auf die unterschiedliche Einschätzung Ihrer Beziehung mit Ihren Partner unterhalten. Hierbei sollen speziell Verlassens- und Einengungsängste angesprochen werden, wobei Frauen öfter von Verlassensängsten, Männer häufiger von Einengungsängsten geplagt werden. Neben dem Beziehungsgespräch kann es auch helfen, wenn sich die Partner regelmäßig ihre Träume erzählen. Dabei ist es nicht nötig, diese Träume zu deuten, sondern es geht vielmehr darum, die »Räume« wahrzunehmen, in denen sich der Partner jede Nacht aufhält. Ich kann Sie beruhigen: Eine unterschiedliche Einschätzung der Beziehung ist normal, und diese vor dem Partner und sich selbst zuzugeben, kann der Beziehung nur dienlich sein.

Sexuelle Sicht- und Reaktionsweise

Der Blick wird von beiden Partnern auf die Sexualität gerichtet, die als Gradmesser der Beziehungsqualität angesehen wird. Keiner hat das Gefühl, der andere möchte mehr, als man zu geben bereit ist, und keiner fühlt sich von den Ansprüchen des anderen überfordert. Es ist ein allgemeiner Grad an Übereinstimmung vorhanden, der die Partnerschaft problemlos macht. Die sexuelle und erotische Spannung wird in einer solchen Beziehung häufig so lange ausgereizt, bis es zu Wiederholungen und somit auch zunehmend zur Langeweile kommt.

Ich habe aber auch Beziehungen erlebt, die mit der Zeit immer noch aufregender wurden. Allerdings zeigt die Erfahrung, daß aufregende und problemlose Beziehungen dieser ersten Kategorie selten länger andauern als die eher »normalen« Beziehungen, in denen sich Routine und Aufregung ablösen.

Oftmals löst sich für den Partner, der die Beziehung wie hier beschrieben erlebt, eine Beziehung unerwartet und plötzlich auf.

Solche Trennungen sind für den Partner, der verlassen wird, äußerst schwierig, da er das Gefühl hat, die Beziehung nicht ausgekostet zu haben. Hat man das Gefühl, eine Beziehung in allen ihren Möglichkeiten ganz ausgelebt zu haben, kann man sich viel leichter trennen. Hat man jedoch das Gefühl, eine Beziehung biete einem noch weitere Möglichkeiten und Steigerungen, kann man sich nur äußerst schwer und schmerzhaft vom Partner lösen. Man klammert sich dann oft erst recht an die Beziehung und je fester man klammert, umso mehr entgleitet einem der Partner.

Konkurrenzgeprägte Sicht- und Reaktionsweise

Der Blick wird zumindest von einem Partner darauf gerichtet, daß er in dieser Beziehung auch ja nicht zu kurz kommt.

In dieser Konstellation denkt einer immer, in den Bereichen Emotionalität und Sexualität zu kurz zu kommen oder nicht verstanden zu werden, der andere fühlt sich permanent überfordert und oft ausgenutzt. Der Partner, der die geringeren Bedürfnisse zeigt, weist häufig eine Tendenz zur Verallgemeinerung auf. Solch ein Partner liebt es beispielsweise, sich hinter Sprüchen wie: »Die Männer sind unsensibel und sexuell wenig phantasievoll« oder »Alle Frauen sind zickig und falsch« zu verstecken. Dem anderen Partner scheint in Reaktion darauf gerade das Bedürfnis, das bei ihm nicht befriedigt wird, etwas ganz Besonderes und Unverzichtbares zu sein. In solch einer Beziehung gibt es eine permanente Spannung und sehr leicht kommt es zu Machtspielen. Sexualität und Emotionalität werden nicht mehr als Quelle der Freude erlebt, bei der man sich am anderen erfreut, und so kommt es schnell und leicht zur Trennung, die aber absurderweise dennoch sehr dramatisch sein kann.

Sieht einer der Partner die Beziehung wie hier beschrieben, so kann die Situation durch gemeinsame Gespräche oder in hartnäckigen Fällen auch mit professioneller Hilfe durch einen Psychotherapeuten geändert werden. In fast jeder Beziehung gerät einer der Partner ab und zu in die Situation, daß er sich unbefriedigt oder ausgenutzt vorkommt. Die »normale« Reaktion auf diese Situation besteht darin, den in der Beziehung nicht gelebten Teil mit einem

Liebhaber beziehungsweise einer Geliebten zu leben. Das kann zunächst eine »exklusive« Beziehung entlasten und wieder zu einer Annäherung der beiden Partner führen, langfristig kann jedoch der Dritte emotional und sexuell so attraktiv werden, daß man den ursprünglichen Partner verläßt. Hinzu kommt fast immer das Problem der Eifersucht. In »inklusiven« Beziehungen dagegen verläßt man den Partner nicht, sondern wendet sich der Arbeit am Geistesgift der Eifersucht zu und bleibt mit beiden Partnern zusammen.

Inklusive Beziehungen sind solche Beziehungen, bei denen man nicht den einen Partner wegen des anderen verläßt. Das sogenannte Fremdgehen führt zu einem offenen und größeren Beziehungsgeflecht.

Die bürgerliche Moral spricht in diesem Fall schnell von Betrug. Aber wer betrügt hier wen? Wenn in einer Beziehung Grundbedürfnisse wie Emotionalität und Sexualität nicht hinreichend befriedigt werden, wird der eine Partner ständig um die Befriedigung dieser Bedürfnisse betrogen. Daß er sich dann auf die Dauer einem anderen Partner zuwendet, hat weniger mit Betrug als mit einer »gesunden Überlebensstrategie« zu tun.

Grundsätzlich ist davor zu warnen, sich zu schnell aus einer Beziehung zu trennen. Gerade die Auseinandersetzung mit seinen eigenen Problemen in der Beziehung und denen des Partners kann mehr Selbsterkenntnis und Weisheit bringen, als viele Stunden Meditation und Psychotherapie. Auf der anderen Seite ist es allerdings immer schwer zu sagen, wann sich die Arbeit an der Beziehung noch lohnt oder, wie das »I Ging« es ausdrückt, wann sie »die Arbeit am Verdorbenen« darstellt. Das Wichtigste ist jedoch, daß man sich entscheidet und nicht, wie in solchen unbefriedigenden Beziehungen häufig, unentschlossen wie ein Blatt im Wind hin- und hergetrieben wird. Heimliche Zweit- und Drittbeziehungen halte ich für die destruktivste Lösung in dieser Lage.

Reife Sicht- und Reaktionsweise

Der Blick wird von den Partnern auf die Sicherheit und Ruhe in der Beziehung gerichtet.

Bei diesen Paaren findet der sexuelle Austausch ab und zu statt, er ist aber nicht sehr aufregend. Da die sexuelle Beziehung als solche als nicht so wichtig angesehen wird, gibt es keine Spannungen in der Beziehung. Andere Werte halten die Beziehung aufrecht und sind für beide Partner gleichermaßen wichtig. Meist werden derartige Beziehungen, die bisweilen einen eigenartigen Schwester-Bruder-Charakter aufweisen, durch eine starke emotionale Bindung zusammengehalten. Man sorgt für einander und hat im Idealfall den Zustand der bedingungslosen Liebe erreicht. Aus einer solchen Beziehung trennt man sich meistens nicht mehr.

Es handelt sich hierbei um die vielbeschworene reife Beziehung, die aber meiner Meinung nach erst im fortgeschrittenen Alter zu genießen ist.

Ich kenne ein älteres Ehepaar – beide Partner sind um die siebzig Jahre alt –, das eine derartige Beziehung lebt. Es ist für mich geradezu heilsam, mich in ihrer Umgebung aufzuhalten. Sie zeigen mir, was man in seiner Beziehung durch Bewußtheit erreichen kann. Beide Partner sind durch eine Bewußtseinsschulung gegangen, die es ihnen ermöglicht hat, dieses Beziehungsideal zu leben. Ohne eine derartige Bewußtseinsschulung lebt man wahrscheinlich zu unbewußt in seinen Beziehungen, was oftmals bedeutet, daß man unkontrolliert projiziert und nicht mehr zwischen sich und dem anderen unterscheiden kann.

Man kann allerdings auch jede Beziehung selbst zur Bewußtseinsschulung nutzen: Wenn Sie sich regelmäßig jeden Abend darüber klar werden, wie Sie sich in Ihrer Beziehung gefühlt und was Sie mit dem anderen erlebt haben, ist das schon ein großer Bewußtseinsschritt. Die nächste Stufe bestände darin, sich in Konfliktsituationen in der Beziehung seiner selbst bewußt zu sein. Sie bemerken, wie Aggressionen in Ihnen aufsteigen, aber Sie leben sie nicht aus. Sie identifizieren sich nicht mehr mit diesen Gefühlen. Das ist eine hohe Form von Bewußtheit in Beziehungen, die eine große Disziplin voraussetzt.

Diese drei Sicht- und Reaktionsweisen in Beziehungen entsprechen den drei Schockpunkten oder Enneagramm-Abschnitten. Die drei Schockpunkte des Enneagramms (Enneagramm-Punkte 3, 6 und 9) nehmen auf, was Platon schon in seinem Dialog »Der Staat« beschreibt, nämlich die allgemeine Dreiteilung der Phänomene. Auf den Menschen bezogen unterscheidet er:

Unterleib	Begehren
Brust	Wille
Kopf	Vernunft

Wobei Gurdjieff allerdings den Willen und die Vernunft dem Geist oder dem Bewußtsein und damit dem Kopf zurechnet und der Brust das Gefühl (Emotion) zuschreibt.

Die erste Sicht- und Reaktionsweise entspricht dem Begehren. Hier reagieren wir mit der »Intelligenz« unseres Unterleibs. Die zweite Sicht- und Reaktionsweise entspricht dem Willen, denn bei ihr müssen wir uns ehrlich mit unseren eigenen Bedürfnissen und deren Befriedigung auseinandersetzen. Es geht hier um den Willen zur Verweigerung als auch um den Willen, befriedigt zu werden. Da diese Ebene der Brust zugeordnet wird, also jenem Körperbereich, in dem das Herz und somit das Gefühl angesiedelt wird, kommt es leicht zu emotionalen Konflikten. Die dritte Sicht- und Reaktionsweise in Beziehungen entspricht der Vernunft. Diese vom Kopf als Symbol des Bewußtseins gesteuerte Vernunft läßt ein weises Ideal der Beziehung leben, zu dem wir allerdings erst im Alter bereit sind.

In diesen drei Abschnitten strebt man folgenden Zielen zu:

Unterleib, Begehren	Mäßigung
Brust, Wille	Mut
Kopf, Vernunft	Weisheit

In jeder der drei Beziehungsarten, die den drei Enneagramm-Abschnitten zugeordnet sind, sollte man folgende Aufgaben lösen: Im ersten Abschnitt sollte man der Mäßigung zustreben, denn schon nach Epikur (341–271 v. Chr.), dem griechischen Philosophen des Genusses, liegt die höchste Befriedigung in der Mäßigung. Von dem niemals vollständig zu befriedigenden Körper abhängig zu sein, macht nicht glücklich. Im zweiten Abschnitt des Enneagramms heißt es Mut zu zeigen, da sowohl die Verweigerung der Befriedigung des anderen als auch die Einforderung der eigenen Befriedigung Mut erfordert. Weil dieser Mut oftmals nicht aufgebracht wird, kommt es in diesem Enneagramm-Abschnitt so häufig zu destruktiven Verwicklungen. Der dritte Enneagramm-Abschnitt strebt der Weisheit zu, was aus der Beschreibung der abgeklärten Altersbeziehung sofort einsehbar ist.

Die drei Arten eine Beziehung zu leben
die erste (sexuelle) Sicht- und Reaktionsweise erster Enneagramm-Abschnitt erster Schockpunkt, Enneagramm-Punkt 3 die befriedigte Beziehung Begehren Unterleib Streben nach Mäßigung erzeugt höchste Befriedigung
die zweite (konkurrenzgeprägte) Sicht- und Reaktionsweise zweiter Enneagramm-Abschnitt zweiter Schockpunkt, Enneagramm-Punkt 6 die unbefriedigte Beziehung Wille (zur Verweigerung/befriedigt zu werden) Brust sich zu verweigern und die Einforderung von Befriedigung verlangt nach Mut
die dritte (reife) Sicht- und Reaktionsweise dritter Enneagramm-Abschnitt dritter Schockpunkt, Enneagramm-Punkt 9 die abgeklärte Beziehung Vernunft (Bewußtsein) Kopf Streben nach Weisheit

Die Liebesfähigkeit der einzelnen Enneagramm-Typen

Welchem Enneagramm-Typ Sie entsprechen und welchen Enneagramm-Typ Ihr Partner verkörpert, können Sie mit Hilfe der folgenden Beschreibungen herausfinden.

Ich möchte Sie nochmals daran erinnern, daß Sie wie auch Ihr Partner ohne weiteres im Laufe einer Beziehung den Typ ändern können. Es ist ganz und gar nicht produktiv, wenn Sie Ihren Partner nach diesen neun Beschreibungen einordnen und ihn einzig unter dieser Perspektive betrachten. Damit zwängen Sie ihn in eine Schublade, aus der er nur schwer herauskommt und in der er sich einschlossen fühlt.

Normalerweise sieht man sich selbst äußerst individuell und lehnt jede Einordnung als beleidigend ab. Andere legt man jedoch sehr schnell auf einen bestimmten Typ fest.

Wenn Sie die folgenden Typenbeschreibungen lesen, seien Sie sich bewußt, daß glücklicherweise kein Mensch ausschließlich den Charakter eines bestimmten Typs einlöst, sondern daß diese Typen eher wie neun Archetypen zu sehen sind, die sich untereinander mischen können. Die Archetypen und die vier Funktionen nach C.G. Jung (Denken, Fühlen, Empfinden, intuitiver Zugang) sind auch niemals eindeutig bestimmbar, obwohl beispielsweise die eine oder andere Funktion mehr gelebt wird. Sie können allerdings Tendenzen zur Reaktionsweise eines bestimmten Typen bei fast jedem Menschen ausmachen, wenn Sie ihn in seiner Beziehung über kürzere Zeiträume betrachten.

Die folgenden neun Typenbeschreibungen sollen Ihnen helfen, sich selbst und Ihren Partner besser zu verstehen und Ihre Ansichten und Verhaltensweisen zu relativieren. Es gibt neun grundlegende Verhaltensweisen in Beziehungen, von denen keine besser als die andere ist. Jede hat ihre Stärken und Schwächen und ein voll entwickeltes Individuum kann im Idealfall bewußt jede dieser neun Verhaltensweisen zeigen.

Ich habe im folgenden die Verhaltensweisen der neun Enneagramm-Typen weitgehend auf die Bereiche von Liebe, Sexualität und Partnerschaft bezogen. Bei jedem Typ werden zuerst dessen sexuelle Ausdrucksformen und dann dessen Verhaltensweisen in Beziehungen ausführlich geschildert, danach lesen Sie über seine Verführbarkeit und um die Typenbeschreibungen plastischer werden zu lassen, finden Sie berühmte Persönlichkeiten aufgeführt, die einen Typ deutlich verkörperten. Versuchen Sie einmal, alle Ihre Liebes- und Sexualpartner einem dieser neun Typen zuzuordnen. So werden die Typen konkret und zum Leben erweckt.

Erschrecken Sie nicht, wenn diese neun Enneagramm-Typen oftmals negativ beschrieben werden. In dieser Art der Beschreibung scheint der Geist Gurdjieffs durch, dem es darum ging, den Menschen ungeschminkt zu zeigen, wo sie einseitig und mit Scheuklappen reagieren. Was nutzt das zwar modische, aber doch sehr platte positive Denken, wenn es uns nicht dazu aufrüttelt, uns zu ändern, um dadurch in mehr Freiheit zu leben.

Enneagramm-Typ 1

Sexualität

Diesem Enneagramm-Typ fallen Zärtlichkeiten wie Streicheln und Ankuscheln nicht leicht. Er reagiert meistens sexuell verklemmt, und er ist moralisch und kontrolliert, da er Angst vor seinen Trieben hat. Im Extremfall ist er zwanghaft, wozu auch gehört, daß er äußerst treu ist und die bedingungslose Treue auch von seinem Partner erwartet. Wenn er mit einem Partner zusammenlebt, läßt er diesen nicht mehr so leicht los, da ihm bewußt ist, wie schwer es ihm fällt, einen Partner für sich zu gewinnen. Dieses zwanghafte Verhalten von Typ 1 wird in unserer Gesellschaft auch noch auf andere Weise kollektiv ausgelebt, indem nämlich Frauen und Männer vor lauter Arbeit keine Zeit mehr für einen oder gar mehrere Geliebte haben. Sie rationalisieren diese Situation mit moralischen Argumenten.

Der erste Enneagramm-Typ vergißt über seine Arbeit die Sexualität. Wie beim Typ 3 kommt bei ihm die Arbeit vor der Sexualität.

Typ 1 hat große Probleme mit spontaner Sinnesfreude. Er ist wenig leidenschaftlich. Er sucht im Bett wie im Leben Stil und

Vollkommenheit. Für Partner, die von kühner Leidenschaft und wilder Sexualität überfordert werden, ist er der richtige Liebhaber. Ist die Beziehung langfristig harmonisch, kann Typ 1 sich in die Sexualität fallen lassen, allerdings wird er sich bei den ersten Unstimmigkeiten wieder scheu zurückziehen.

Beziehung

Die absolute Stärke des ersten Enneagramm-Typs liegt darin, daß er leicht verzeihen kann. Das hängt damit zusammen, daß er sich selbst und die Beziehung nicht so wichtig nimmt, was sehr entlastend wirkt. Außerdem möchte Typ 1 stets die Form wahren, und es ist nicht edel, dem Partner lange zu schmollen und etwas nachzutragen. Die meisten Partner des ersten Enneagramm-Typs wissen diese Eigenschaft sehr zu schätzen und sind – nicht zuletzt deswegen – gern mit ihm zusammen. Außerdem ist Typ 1 in der Beziehung ehrlich und frei von manipulativen Spielen.

Eine weitere positive Seite von Typ 1 besteht in seiner absoluten Loyalität und Verläßlichkeit. Er ist oftmals ein guter Familienvater oder eine gute Mutter, die auf ihre Partner und andere Familienmitglieder durch ihre Klarheit inspirierend wirkt.

Erstaunlicherweise schafft Typ 1 tiefe Bindungen, obwohl er sich ungern in Abhängigkeiten begibt. Ist die Bindung jedoch schwierig oder kommt es zur Trennung, kann er in großes Selbstmitleid und abgrundtiefe Hoffnungslosigkeit verfallen.

Ein Problem in der Beziehung stellt sein erstaunlich kontrolliertes Innenleben dar, das ihn abstoßend und kalt wirken läßt. Der erste Enneagramm-Typ muß sein Innenleben derart kontrollieren, da er häufig vom starken Ärger heimgesucht wird. Das ist das Los dessen, der alles perfekt machen möchte: Er ärgert sich über seine eigene Unvollkommenheit und diejenige der Welt. Diesen Ärger muß er unterdrücken, da er sonst befürchtet, Liebe und Zuneigung zu verlieren. Deswegen zeigt er ständig das gleiche ungerührte Gesicht (Pokerface).

Typ 1 kann schlecht trösten, da er vom Partner erwartet, daß dieser sich zusammenreißt. Er vermag sich oft gar nicht vorzustellen, wie andere ihr Innenleben derart unzureichend kontrollieren können, daß sie traurig, niedergeschlagen oder gar verzweifelt sind. An dieser kontrollierten Haltung des Typ 1 kann man, speziell als sein Partner, leicht verzweifeln – zumindest dann, wenn man in der Beziehung Leidenschaft erwartet.

Typ 1 legt insgesamt ein rührend unbeholfenes und hölzernes Verhalten in seinen Liebes- und Beziehungsangelegenheiten an den Tag. Seine Liebe hat etwas Primanerhaftes. Die Liebe mit all ihren unvorhersehbaren Emotionen und Verwirrungen ist nicht gerade seine Welt. So ist er bei der Partnerwahl fast immer passiv. Er bemerkt es sehr spät, wenn man sich in ihn verliebt. Es bedarf schon eines dicken Straußes roter Rosen und einer riesigen Valentinskarte mit tausend roten Herzchen, um dem männlichen oder weiblichen Typ 1 klar zu machen, daß man ihn liebt.

Sind Sie aber einmal zu ihm durchgedrungen, können Sie ihn zu einem aufregenden Liebhaber »erziehen«. Gerät nämlich der erste Enneagramm-Typ an einen Partner, der ungehemmt und gefühlsoffen ist, ist er geradezu gierig, von diesem Partner zu lernen. Wenn Typ 1 auch in emotionalen Situationen erstaunlich gehemmt ist, so ist er doch zugleich bereit, diese Hemmung abzulegen; er weiß nur meist nicht, wie er das machen kann. Dabei muß sein Partner ihm helfen. Wenn es einem Menschen Spaß bereitet, sich den idealen Liebhaber zu erziehen, sollte er nach einem Typ 1 Ausschau halten.

Allerdings darf man beim Typ 1 nicht zu forsch vorgehen, das würde ihn zutiefst erschrecken. Er zeigt sich zwar selbst in Gefühlsangelegenheiten erstaunlich lernfähig, aber die Kehrseite ist, daß man sich nur schlecht von ihm trennen kann, da er sich an seine Partner anzuklammern pflegt. So ist Typ 1 zum Beispiel nicht für einen »one-night stand« zu haben.

Was einem beim ersten Enneagramm-Typ zur Weißglut bringen kann: Der unbewußte Typ 1 weiß selbst im ungeeignetsten Moment eine vernünftige Antwort, und er ist abschreckend besserwisserisch. Er weiß, wie alles zu sein hat. Dieser Enneagramm-Typ teilt die Welt in richtig und falsch, gut und böse ein. Zwischentöne sind ihm weitgehend unbekannt. Er hat dazu noch Schwierigkeiten, lustig und vergnügt zu sein. Das raubt ihm nicht nur viel Energie, sondern läßt ihn in der Beziehung leicht mäkelig und furchtbar nervig erscheinen. In dunklen Zeiten ergeht er sich in wildesten Katastrophen-Phantasien. Dabei ist eine seiner beängstigendsten Vorstellungen, daß seine Beziehung zerbricht.

In Beziehungskrisen reagiert Typ 1 mit depressivem Rückzug wie Typ 4, der seinem Streßpunkt entspricht (vgl. S. 147). Kann Typ 1 seinem Anspruch an Perfektion nicht mehr nachkommen, zieht er sich niedergeschlagen und selbstzweifelnd zurück, nachdem er sich an seinem Partner mit besserwisserischer Kritik abreagiert hat. Ungelöste Beziehungsschwierigkeiten erträgt dieser Enneagramm-Typ nicht und sie drängen ihn sofort dazu, im Sinne seines Streßpunkts zu reagieren. Typ 1 hat seinen eigenen Idealen nicht entsprochen, da er die vollkommene Beziehung nicht schaffen konnte.

In einer harmonischen Beziehung, die seiner Moral- oder Ordnungsvorstellung entspricht, zeigt jedoch Typ 1 einen erstaunlichen Optimismus und eine Lebensfreude, wie wir sie nur von Typ 7, seinem Entlastungspunkt, her kennen. Typ 1 kann nur richtig entspannen, wenn seine Beziehung »gut läuft«. Die größte Lernaufgabe für Typ 1 besteht darin, sich in der Beziehung fallen zu lassen und jegliche Kontrolle aufzugeben.

Die Griechen* sahen die Eigenschaften von Typ 1 im Bild des Gottes Apollon. Dieser bei ihnen so beliebte Gott steht für klare Definitionen und Ordnung, er ist der Gesetzgeber und der Verfolger. In seinem Tempel zu Delphi stand neben dem bekannten »Erkenne dich selbst« auch der Satz »Nichts im Übermaß«, der als das Motto von Typ 1 gilt. Eine ausführlichere Inschrift dieses Tempels kann geradezu als Charakterisierung des ersten Enneagramm-Typs angesehen werden:

* Die hier angeführten Zuordnungen zu den griechischen/römischen Göttern unterscheiden sich von meinem ersten Enneagramm-Buch (Das Enneagramm), in dem ich eine von diesem System leicht abweichende Typenlehre vertrat. Die hier verwendete Typeneinteilung, die ich zuerst in »Das Arbeitsbuch zum Enneagramm« entwickelte, verbindet die starre Typenlehre nach Oscar Ichazo mit Einsichten der modernen Psychologie und Psychotherapie und stellt eine Erweiterung meiner ersten Typeneinteilung dar. Ferner ist zu betonen, daß das System der griechischen/römischen Götter nicht vollständig und teilweise auch nur für Teilaspekte auf die Enneagramm-Einteilung in neun Typen zu beziehen ist.

Zügele dein Temperament
Das Maß steht am höchsten
Verabscheue Hochmut
Halte deine Zunge im Zaum
Fürchte die Autorität
Beuge dich vor dem Göttlichen
Sonne dich nicht in deiner Stärke...

Da Apollon von der Angst vor Nähe geprägt ist, sind seine Liebesbeziehungen wie auch die von Typ 1 häufig unglücklich. Es ist erstaunlich, daß gerade der deutsche Philosoph Friedrich Nietzsche (1844–1900) das Prinzip Apollons verwarf, obwohl sein Leben von unglücklichen Liebesbeziehungen geprägt war.

Die ideale Verbindung für Typ 1 ist der zweite Enneagramm-Typ, der Typ 1 leicht auflockert und ihn mit seinen Gefühlen in Verbindung bringen kann. Die größte Lernaufgabe für Typ 1 stellt der vierte Enneagramm-Typ dar, der ihn bestens ergänzt. Allerdings jagt Typ 1 die Gefühlsabhängigkeit von Typ 4 einen solchen Schreck ein, daß beide Typen sich meiden, bevor sie überhaupt erahnen, was sie voneinander lernen könnten.

Heilend wirkt der siebte Enneagramm-Typ auf Typ 1, dessen ansteckende Leichtigkeit Typ 1 aus seinem Gefängnis der Schwere befreien kann. Die Gefahr besteht jedoch, daß Typ 1 den Typ 7 als nicht ernstzunehmenden, oberflächlichen Menschen ablehnt und Typ 7 den Typ 1 meist gar nicht wahrnimmt oder ihn als erstarrten Biedermann abtut.

Typische Vertreter der sexuellen Verhaltensweise des ersten Enneagramm-Typs sind der dänische Märchendichter Hans Christian Andersen (1805–1875) und der deutsche Philosoph Friedrich Nietzsche. Beide Männer lebten die dunkle, verzauberte Seite dieses Enneagramm-Typs aus.

Hans Christian Andersen trat derart gehemmt Frauen gegenüber auf, daß er zeit seines Lebens niemals sexuellen Kontakt hatte. Den beiden Frauen, die der Dichter näher kennenlernte, Riborg Voigt und Jenny Lind, konnte er wegen seiner Kontrolliertheit und seiner starken Hemmungen nie seine Liebe offenbaren.

Friedrich Nietzsche hatte als junger Mann wenige sexuelle Erfahrungen mit Prostituierten. In autobiographischen Passagen seines Werks deutet er an, daß er sich Frauen gegenüber so gehemmt fühlte, daß er sich auf die Onanie beschränkte.

Besonders deutlich zeigte sich Nietzsches Angst vor Frauen bei seinem vergeblichen Bemühen um die Holländerin Mathilde Trampedach (1876), der er nach ein paar Tagen einen derart formalen und leidenschaftslosen Antrag machte, daß sie ihn ablehnte.

Im Alter von 38 Jahren trifft Nietzsche seine große Liebe, die zwanzigjährige Lou Andreas-Salomé. Er pflegte mit dieser klugen russischen Schriftstellerin einen ganz und gar kontrollierten und intellektuellen Kontakt, da er sich nie traute, seine sexuellen Gefühle für sie zu äußern. Als Nietzsche Gefühle für Lou Andreas-Salomé unterstellt wurden, trennten sich beide im Streit; das war das Ende von Nietzsches Beziehungen zu Frauen.

Wie man das Herz des ersten Enneagramm-Typs gewinnt

Dem männlichen oder weiblichen Typ 1 müssen Sie unmißverständlich klarmachen, daß Sie an ihm interessiert sind. Subtile Andeutungen bemerkt er nicht; er benötigt den berüchtigten Wink mit dem Zaunpfahl. Der schon erwähnte dicke Strauß roter Rosen wird seine Wirkung tun.

Achten Sie allerdings bei Ihrer Verführung immer darauf, daß Sie Typ 1 nicht erschrecken. Mit einer positiven, fröhlichen und unbeschwerten Haltung wird es Ihnen gelingen, Typ 1 aufzulockern. Wenn er Sie mag, was er Ihnen nach einigen inneren Kämpfen eindeutig zeigen wird, können Sie ihn zu dem Liebhaber erziehen, den Sie sich wünschen. Falls Sie seine regelmäßigen Anfälle von Besserwisserei lässig übergehen können, ohne sich davon angegriffen zu fühlen, mag für Sie Typ 1 sogar der Partner fürs Leben sein, mit dem man problemlos das Familienleben genießen kann.

Enneagramm-Typ 2

Sexualität

Der zweite Enneagramm-Typ ist im Alltagsleben wie auch in seiner Sexualität auf andere ausgerichtet, was ihn leicht von der eigenen Befriedigung abhalten kann. Er neigt zu »einseitiger« Intimität, indem er liebend gern andere zu Offenheit und Hingabe bringt, sich selbst aber nicht gehen läßt. Er braucht die Kontrolle über die sexuelle Situation, um den Partner wirklich tief zu befriedigen und so von sich abhängig machen zu können. Sein oft uneingestandenes Ziel ist die sexuelle Hörigkeit des Partners. Wird Typ 2 begehrt, fühlt er sich anerkannt, was sein höchstes Ziel ist.

Das ist aber nur die eine Seite des sexuellen Spiels. Auf der anderen Seite verselbständigt sich dieser (unbewußt) berechnende Liebesdienst am anderen und zeigt oft eine Tendenz zur Unterwerfung und zum Masochismus. Die bedingungslose Hingabe kann zunächst als äußerst befriedigend für Typ 2 erlebt werden, dann allerdings schnell in Haß umschlagen. Der zweite Enneagramm-Typ erträgt es freilich nicht sehr lange, von seinem Partner abhängig zu sein, weil er doch den Partner von sich abhängig machen wollte. Er haßt den anderen, da er ihn befriedigt, und damit Typ 2 sein Ziel vergessen ließ, nämlich dem anderen zu dienen. Wer den Dienst des Typ 2 nicht verlangt, der hat mit starken negativen Emotionen zu rechnen. Typ 2 ist verführerisch, aber zugleich erschreckend gefühlskalt, indem er die Kontrolle über die sexuelle Situation behält. Kontrollverlust macht ihm Angst, und er befürchtet, den Partner zu verlieren. Diese Unsicherheit von Typ 2 resultiert aus einem Mangel an Selbstwertgefühl. Sie kann jedoch gemindert werden, wenn man Typ 2 sehr viel Zärtlichkeit gibt.

Durch meist verhaltenen Exhibitionismus gelingt es dem zweiten Enneagramm-Typ sehr leicht, andere Menschen schnell zu verführen und sexuell zu faszinieren.

Die wenigsten Menschen dieses Enneagramm-Typs leben jedoch diese Seite ihrer Sexualität aus, aber ihre Phantasien werden häufig von solchen Vorstellungen beherrscht.

Beziehung

Typ 2 lebt seine verführerische Seite am liebsten in einer festen Beziehung oder Ehe aus. Dieser Enneagramm-Typ kann besonders starke und mächtige Partner anziehen und diese physisch und psychisch unterstützen. Typ 2 liebt es und ist stolz darauf, die Bedürfnisse solcher Partner befriedigen zu können, deswegen erlangt er oft eine große Macht. Er ist ein charmanter Manipulator in der Beziehung und vermag Herzlichkeit zu vermitteln und es dem anderen behaglich zu machen. Typ 2 zeigt sich stets einfühlsam, warmherzig und hilfsbereit. Er gibt sich gern unbeschwert, ist gutgläubig und sieht nur das Gute im anderen. Typ 2 will durch dieses Verhalten Liebe gewinnen, was ihm auch meistens gelingt, da er sensibel für die Bedürfnisse anderer ist.

Falls die Partnerin oder der Partner Ihnen vorgibt, Sie wie ein Gott zu verehren und Ihnen einreden möchte, daß sie das Sagen haben, machen Sie sich am besten schnell aus dem Staub. In kürzester Zeit werden sie nämlich ganz vereinnahmt werden.

Im buddhistischen Sinn ist Typ 2 auf Bindung (Anhaftung) aus, die Buddha als die Wurzel allen Leidens ansieht. Der buddhistische Gelehrte Sogyal Rinpoche warnt eindringlich davor, Anhaftung im Sinne von Besitzergreifen und Liebe miteinander zu verwechseln.

Menschen vom Typ 2 beeinflussen gern das Leben anderer und versuchen diese eng an sich zu binden. Darin sind sie erstaunlich erfolgreich, weil sie als Berater zugleich freundlich und sensibel auftreten und dem Partner das Leben spürbar erleichtern. Sie trösten, helfen und ermutigen und versuchen damit, vom anderen Besitz zu ergreifen. Diese Haltung ist bei ihnen stark ausgeprägt, da sie sich nur vollständig fühlen, wenn sie vom anderen gemocht werden. Trotz aller Berechnung, Diplomatie und Manipulation tragen sie jedoch ihr Herz auf der Zunge und sind in Beziehungen offen.

Es wäre verkürzt, Typ 2 nur als den Manipulator zu sehen. Dieser Enneagramm-Typ ist in seinen Gefühlen und seinem Denken auch von hohen Idealen inspiriert. Er möchte das Ideal der bedingungslosen Liebe verwirklichen und dem Partner jeden Wunsch von den

Augen ablesen. Dazu bringt er sehr viele Qualitäten bereits mit: Er kann sich geduldig auf andere konzentrieren und sich in die Lage selbst schwieriger Partner einfühlen und mit deren Problemen konstruktiv umgehen. Das höchste Ideal dieses Typs ist die Liebe.

Die Zentrierung auf den Partner hält ihn von der notwendigen Selbsterkenntnis ab. Sein Drama liegt darin begründet, daß er nicht richtig bedingungslos lieben und helfen kann, weil er sich selbst nicht genügend erkannt und somit befreit hat. In der Liebe besteht die große Falle für Typ 2 darin, daß er sich selbst verleugnet, um zu gefallen und anzukommen.

Viele Groupies gehören Typ 2 an, denn der zweite Enneagramm-Typ wird von Macht und Erfolg sexuell angezogen.

Zwischenmenschliche Beziehungen sind ihm sehr wichtig, und er setzt all seine Diplomatie ein, um gute Beziehungen aufrechtzuerhalten. In Konflikten ist er der hervorragende Vermittler und Überredungskünstler. Allerdings werfen diese Enneagramm-Typen besonders ihrem Partner schnell Egoismus vor, da sie in der Tiefe ihrer Seele darum wissen, daß ihre eigene Motivation zum konstruktiven Verhalten in der Partnerschaft stark vom Egoismus geprägt ist. Dieser Egoismus zeigt sich erst eindeutig, wenn sie sich von ihrem Partner vernachlässigt oder abgelehnt fühlen. In diesem Fall können sie erstaunlich böse und feindselig werden, was sich bis zur Rachsucht steigern kann.

Verliebt sich Typ 2, kann sich sein Partner sehr geschmeichelt fühlen: Er ist sicherlich attraktiv. Der irisch-englische Schriftsteller George Bernard Shaw (1856–1950) beschreibt in seinem Stück »Pygmalion« den Schatten von Typ 2, der sich keineswegs scheut, seinen Partner zu einem schönen Ausstellungsstück zu gestalten. Typ 2 braucht in der Liebe permanente Anerkennung. Bekommt er sie, honoriert er das als ein traumhafter Liebhaber und idealer Partner.

Besonders Männer mit einem Mutterkomplex suchen immer wieder Partnerinnen, die charakteristische Typ-2-Eigenschaften aufweisen und von denen sie erschreckend schnell abhängig werden.

Viele Frauen haben heute das klassische Typ-2-Verhalten aufgegeben, um sich selbst statt dem Partner die Bedürfnisse zu erfüllen. Dadurch wird die konventionelle Beziehung und Ehe stark erschüttert, denn nach der landläufigen Auffassung von einer Beziehung sind Typ-2-Eigenschaften die besten, die man für eine Beziehung mitbringen kann. Dennoch halte ich es für falsch, die Eigenschaften von Typ 2 zu belächeln. Immerhin besitzt der zweite Enneagramm-Typ eine sehr wichtige positive Eigenschaft, nämlich anderen dienen zu können.

In einem Zeitalter, in dem Emanzipation und Egoismus häufig miteinander verwechselt werden, ist es äußerst wichtig, die Tugend des Dienens anzuerkennen, da sie wie keine andere unseren Egoismus relativiert. Wenn wir häufiger von unserem Ich und dessen Vorteilen absehen können, werden wir eine größere Chance haben, in unseren Beziehungen glücklich zu werden. Daß Typ 2 dieses Dienen nicht selbstlos durchführt, sollte uns nicht stören, denn er ist immerhin auf dem richtigen Weg, von dem andere Enneagramm-Typen wie zum Beispiel der egoistische Typ 3 weit entfernt sind.

Freilich muß Typ 2 lernen, seine Bedürfnisse zu äußern, auch wenn er Angst hat, daß der Partner sie nicht anerkennt und daß es unverschämt ist, diese Bedürfnisse zu äußern. Die deutliche Äußerung seiner emotionalen und sexuellen Bedürfnisse, die Typ 2 oftmals erst erkennen muß, braucht nicht im Widerspruch zu seiner angestrebten ichvergessenen Haltung des Dienens zu stehen.

In Krisensituationen in der Beziehung wird Typ 2 aggressiv wie Typ 8, der seinen Streßpunkt darstellt (vgl. S. 151). Da er sich unverstanden und zu kurz gekommen fühlt, hält er dieses Verhalten für Notwehr. Wie Typ 7 möchte auch Typ 2 jeden Beziehungskonflikt vermeiden oder ihn sofort klären, da er keine Spannung aushält. Typ 2 fällt sofort in eine tiefe Beziehungskrise, wenn er meint, die Zuwendung seines Partner läßt nach. Beginnt die Krise, wird Typ 2 zunächst dem Partner selbst dort helfen wollen, wo dieser wirklich keine Hilfe braucht. Die Ablehnung der Hilfe läßt Typ 2 unweigerlich von seinem Streßpunkt aus reagieren. Verläuft seine Beziehung jedoch harmonisch, zeigt Typ 2 die Individualität und die Selbstachtung von Typ 4, der seinen Entlastungspunkt darstellt (vgl. S. 150).

Der weibliche Archetyp von Typ 2 wird durch die griechische Götttin Demeter (römisch: Ceres) symbolisiert. Sie ist offen für das Du, schenkt Wärme und Geborgenheit und möchte dafür anerkannt und geliebt werden. Demeter gilt als die Göttin der Mütterlichkeit, die ihrem Kind seelische Nahrung gibt.

Als Idealpartner von Typ 2 bietet sich der Enneagramm-Typ 3 an, der Typ 2 lehrt, sich selbst zu lieben und ihm den Halt und das Selbstbewußtsein gibt, das er braucht. Typ 3 ist in solchen Beziehungen stets der gestreßte Partner, um den sich Typ 2 bestens kümmern kann.

Auch Typ 4 ergänzt Typ 2 gut, da er ihn zur Selbstliebe ermuntert, die für Typ 4 selbstverständlich ist.

Die typischen Verhaltensweisen des zweiten Enneagramm-Typs lebte die französische Schriftstellerin George Sand (1804–1876) aus. Obwohl sie eine Feministin war, durchschaute sie nicht, wie sehr sie selbst die konventionelle Frauenrolle spielte. George Sand wurde nicht nur von vielen Zeitgenossen eine inzestuöse Beziehung zu ihrem Sohn Maurice nachgesagt, sondern sie pflegte alle Frauen und Männer ihrer Umgebung durch massive Bemutterung zu manipulieren. In dieses Bild paßt auch, daß sie fast ausnahmslos jüngere Liebhaber hatte wie beispielsweise Jules Sandeau (sieben Jahre jünger), mit dem sie an einem Buch arbeitete, Frédéric Chopin (sechs Jahre jünger) und den Graphiker Alexandre Damien Manceau (dreizehn Jahre).

Wie man das Herz des zweiten Enneagramm-Typs gewinnt

Populäre Enneagramm-Strategen behaupten, daß der Weg zum Herzen und ins Bett von Typ 2 über den Ausspruch »Ich brauche dich!« ginge. Wenn Sie das Herz eines weiblichen oder männlichen Typ 2 gewinnen wollen, dann hilft es, wenn Sie ab und an den Hilflosen spielen. Machen Sie aber deutlich, daß es sich hierbei um ein Spiel handelt, sonst drängt Sie Typ 2 unbarmherzig in die Rolle des Hilflosen. Wenn Sie jedoch unbeschwert mit Ihrer alltäglichen Hilflosigkeit umgehen können, sprechen Sie die spielerische Seite von Typ 2 an, und helfen ihm damit, seine Tendenz zum Helfersyndrom zu mildern. Sind Sie an einer langfristigen Beziehung mit Typ 2 interessiert, versuchen Sie ihn auf möglichst humor- und verständnisvolle Weise zu etwas mehr Selbsterkenntnis zu verführen. Und vergessen Sie nie, Typ 2 braucht immer wieder die Sicherheit, daß Sie ihn lieben und daß Sie seine Zuwendung genießen.

Enneagramm-Typ 3

Sexualität

Menschen vom Typ 3 wollen körperlich begehrenswert sein und zeigen oft exhibitionistisches Verhalten, das sie im Gegensatz zu Typ 2 phantasievoll ausbauen und genießen können. Der heiße Flirt an öffentlichen Plätzen, aufreizende Kleidung und Telefonsex bereiten ihnen Spaß – sei es nun in der Vorstellung oder auch real.

Der Exhibitionismus stellt ein ausgeprägtes Typ-3-Verhalten dar, das dem Partner viel Lust und Freude bereitet. Oftmals sind wir jedoch zu gehemmt, diesen »unangepaßten« Gelüsten nachzugehen.

Allerdings kann sich in einer längeren Beziehung mit Typ 3 ein sensibler Partner als ein Lustobjekt fühlen. Der dritte Enneagramm-Typ wird eine Objektbeziehung, die nicht emotional belastet ist, genießen. Er liebt oft ohne tiefere Gefühle, eine Haltung, die Gurdjieff für unbewußtere Menschen empfiehlt, um unselige Verwicklungen zu vermeiden. Als besondere Komponente kommt bei Typ 3 noch ein leicht sadistischer Zug hinzu. Partner von männlichen oder weiblichen Typen 3 finden diesen Hauch von Sadismus aufregend und genau das ist es, was sie – meist unbewußt – anzieht und fasziniert. Im Gegensatz zu den anderen Enneagramm-Typen, die ebenfalls eine sadistische Seite besitzen, ist diese beim Typ 3 keineswegs verdrängt, sondern im Gegenteil, er erfreut sich an ihr und geht spielerisch mit ihr um. Das ist ein Zeichen seines hohen Bewußtseins in der Sexualität.

Sein körperliches Selbstbewußtsein zeigt sich in einer starken sexuellen Ausstrahlung, die von emotionaler Intensität geprägt ist. Im Grunde verkörpert Typ 3 das sexuelle Prinzip, das in der klassischen Astrologie dem triebhaften und magischen Skorpion zugesprochen wird. Speziell den Frauen des Enneagramm-Typs 3 liegt die Männerwelt zu Füßen, was sie ausgiebig genießen. Paradoxerweise zeigt Typ 3 eigentlich gar kein großes Interesse an der Sexualität, da für ihn andere Bedürfnisse, beispielsweise gesellschaftliche Anerkennung und Erfolg, im Vordergrund stehen. Aber gerade weil die Sexualität keine Priorität für ihn besitzt, zeigt er eine gewisse Leichtigkeit in der Sexualität. Er überbewertet den sexuellen Bereich nicht.

Typ 3 kann sich jeder Situation im Bett anpassen, und er beherrscht ausgefallene Sexualtechniken, mit denen er seine Partner verblüfft und verwöhnt. Er mag sich an der Liebe erfreuen, schauspielert aber oft und verfängt sich dabei in Selbsttäuschungen. Häufig fehlt es ihm an wahrem Einfühlungsvermögen, was er durch sexuelle Techniken und Raffinessen wettzumachen sucht. Sexuell läßt sich Typ 3 immer auf das ein, was gerade verlangt wird und in ist. Typ 3 macht besonders im Bett seinem Symboltier, dem Chamäleon, alle Ehre. Tantra, Tao Yoga der Liebe oder ganz naiv kuschelig, alles kann Typ 3 bieten und sich dabei erstaunlich schnell auf seinen Partner einlassen. Speziell in der Sexualität sind die dritten Enneagramm-Typen die Magier, die ihre Partner unwiderstehlich verzaubern. Typ 3 wünscht sich jeder als Sexualpartner.

Typ 3 und Typ 7 sind die Narzißten des Enneagramms. Wir finden bei Typ 3 sowohl die verzauberte als auch die befreite narzißtische Seite. Der verzauberte Narzißt pflegt seine Gefühle von seinem Körper abzuspalten und seinen Körper dadurch nur an der Oberfläche wahrzunehmen. Er ist der Workaholic und der gestreßte Manager, der vor lauter Arbeit seinen Körper gar nicht mehr beachtet. Der befreite Narzißt dagegen liebt seinen Körper; er läuft Gefahr, von den (sexuellen) Bedürfnissen seines Körpers abhängig zu werden.

Beziehung

Verkörperte Typ 2 charakteristisch weibliche Verhaltensweisen, so drückt Typ 3 ein typisch männliches Verhaltensprogramm (in Männern und Frauen) aus. Er vermag sich gut selbst darzustellen und hat so große erotische und sexuelle Chancen, sowie Aussichten auf eine gutfunktionierende Beziehung. Sein hohes Bedürfnis nach Anerkennung und Bewunderung prägt seine Beziehungen, da er sich vollständig mit seinem Image identifiziert. Wollen Sie ihn nicht gebührend und ständig anerkennen, lassen Sie lieber die Finger vom Typ 3. Ohne sein tägliches Maß an Bewunderung zieht er sich nämlich sofort zurück. Er ist dann leicht verletzlich. Er kann nur sehr schwer Kritik ertragen, die er als emotionaler Typ gleich persönlich nimmt. Das große Problem in der Beziehung mit ihm besteht darin, daß er meistens seine Sensibilität unterdrückt und sie hinter einer Maske versteckt. Im Jungschen Sinn liebt es Typ 3 wie kein anderer, seine Persona (Charaktermaske) der Umwelt zu präsentieren und damit nicht nur den Partner sondern auch sich selbst über seine wahren Gefühle zu täuschen. Der dritte Enneagramm-Typ ist zwar extravertiert, aber zugleich – nicht zuletzt wegen seiner Maske – unnahbar. Er meidet enge persönliche Beziehungen. Er weiß um seine Tendenz zur Bindungsunfähigkeit und sucht pflegeleichte Beziehungen. Hat er diese gefunden, spielt er sich und seinem Partner gern und oft die Rolle des Bewunderungswürdigen vor. Auch wenn Sie das alles durchschauen, werden Sie zunächst einmal auf den Typ 3 fliegen: Als Mann wirkt er ausgesprochen charmant und männlich, Frauen vom Typ 3 wirken atemberaubend verführerisch und weiblich. Die dritten Enneagramm-Typen betören Sie sofort durch ihre ansteckende Begeisterung und Kommunikationsfähigkeit. Aber Achtung: Wenn Sie zu Beginn glauben, er wäre die Erfüllung aller ihrer Träume, werden sie bald eines Besseren belehrt – aber warten Sie ab, Typ 3 besitzt auch Qualitäten, die Sie bei anderen Enneagramm-Typen vermissen werden.

Typ 3 ist in Beziehungen nicht gerade einfach: Besonders unbewußte Menschen von Typ 3 stellen an ihre Partner hohe Ansprüche. Je erfolgreicher ihr Partner ist, umso mehr Respekt und Anerkennung bekommt er von ihm. Letztlich will der dritte Enneagamm-Typ seinen Partner immer zum Ruhm führen. Beziehungen mit Typ 3 sind auch deswegen schwierig, da sie Probleme nicht angehen und vor sich herschieben. Sie sind stets mit etwas anderem – meistens mit ihrer Karriere – beschäftigt.

Jeder von Ihnen kann die Eigenschaften von Typ 3 leicht in sich aufspüren. Fragen Sie sich, wieviel Zeit Sie sich für Ihre Beziehung nehmen. Ich unterstelle Ihnen, daß Sie sich, wie fast jeder in unserer Kultur, viel zu wenig Zeit für Ihre Beziehung nehmen. Typ 3 in uns meint für sein Privatleben keine Zeit zu haben. Miteinander zu reden oder gar miteinander zu schweigen, kommt ihm als Zeitverschwendung vor. Miteinander zu schlafen paßt noch so gerade in seinen Terminplan, aber alles andere ist Luxus. Und weil man sich einfach keine Zeit nimmt, scheitern so viele Beziehungen. Das liegt zum großen Teil daran, daß die Typ-3-Eigenschaften von einem negativen Mutterkomplex erzeugt werden. Besonders Männer mit einem solchen Mutterkomplex pflegen in die Welt der Leistungen zu fliehen, um ihr geschädigtes Selbstbild wieder aufzupolieren. Da sie immer noch vergeblich auf den Segen der Mutter warten, erkämpfen sie sich ihre Daseinsberechtigung durch Karriere und Leistung. Ferner wurden Menschen von Typ 3 durch den negativen Mutterkomplex zu Menschen, die sich nur schwer an andere Personen binden können, da sie nur selten die Zuneigung ihrer Mutter spürten.

Sprechen Sie beim Typ 3 niemals Fehler oder Mißerfolge an, die verdrängt er lieber oder münzt sie in Erfolge um. Eigentlich achtet der dritte Enneagramm-Typ sowieso nur darauf, was bei anderen gut ankommt und verdrängt Kritik sofort. Typ 3 fürchtet nichts so sehr wie die Ablehnung. Das läßt die Beziehungen mit ihm kompliziert werden. Außerdem vermischt er oftmals Privatleben und Beruf und versucht den Partner für gemeinsame Aufgaben zu gewinnen. In solch einer Situation müssen sie aufpassen, nicht vom Typ 3 ausgenutzt zu werden. Seien Sie vorsichtig, Typ 3 ist gerissen! Zeigen Sie sich aber verletzlich, können Sie mit Leichtigkeit Typ 3 zu einer Öffnung veranlassen, und er wird zu einem aufmerksamen Partner, der sich sogar bisweilen für seine Beziehung einsetzt.

Krisen in seiner Beziehung treiben Typ 3 dahin, zunächst dem Partner etwas zu bieten, was diesen nicht interessiert, um sich dann passiv, stur und lustlos wie Typ 9 zu verhalten, der seinen Streßpunkt darstellt (vgl. S. 152). Wenn Typ 3 Mißerfolge erlebt und nicht mehr ankommt, wird er passiv und gibt all seine Bemühungen auf. In diesem Fall zeigt er bisweilen sogar depressive Tendenzen. Erfreut sich Typ 3 an seiner Beziehung, kann er das konstruktive, sich selbst in Frage stellende Verhalten des Typs 6 zeigen, der seinen Entlastungspunkt bildet (vgl. S. 153).

Wenn auch der dritte Enneagramm-Typ grundsätzlich ein männliches Rollenverhalten lebt, finden wir ihn dennoch im weiblichen Archetyp der Artemis oder der römischen Göttin Diana widergespiegelt. Dieser Archetyp der selbständigen und unabhängigen Frau bietet die Identifikationsgrundlage für den weiblichen Typ 3. Diese Frauen sind wie Artemis eins mit ihrer Natur, das heißt, eins mit sich selbst. Sie lassen sich bei ihren Plänen und Zielsetzungen wenig beeinflussen und erst recht nicht entmutigen. Auch wenn manche Männer sie als spröde Individualistinnen ablehnen, stört sie das wenig. Sie sind sich ihres besonderen Zaubers bewußt. Artemis ist die Frau, die wegen ihrer Eigenständigkeit von den Männern geachtet, manchmal auch gefürchtet wird.

Beim Mann finden wir die Eigenschaften von Typ 3 im griechischen Göttervater Zeus beziehungsweise im römischen Jupiter ausgedrückt. Zeus steht für Kontrolle, Macht und Entschlossenheit, wobei er jedoch weder allmächtig noch allwissend ist. Wenn wir nach Status und Macht über andere streben, dann wirkt Zeus in uns. Von allen Olympiern hatte Zeus die meisten Liebschaften. Er hatte mindestens dreiundzwanzig Affären mit weiblichen Gottheiten, Titaninnen, Nymphen und sterblichen Frauen. Damit entspricht er dem Sexualverhalten von Typ 3.

Der Idealpartner des dritten Enneagramm-Typs ist Typ 6, der ihm hilft, sein wahres Selbst zu entdecken oder Typ 1, dessen Ideale dem egoistischen Typ 3 eine neue Perspektive bieten. Allerdings nimmt Typ 3 häufig die Typen 6 oder 1 gar nicht wahr und selbst wenn er sie bemerkt, lehnt er diese beiden als langweilig und zu wenig abenteuerlich ab. Typ 6 und 1 brauchen schon eine enorme sexuelle

Ausstrahlung und müssen sehr erfolgreich sein, um von Typ 3 beachtet zu werden.

Als bestes Beispiel für einen männlichen Typ 3 kann der amerikanische Filmschauspieler James Dean (1931–1955) angesehen werden. James Dean, von dem man nie so recht wußte, ob er homo- oder heterosexuell war, verhielt sich weitgehend asexuell. Seine Filmrollen und Autorennen waren ihm wichtiger als die Sexualität. Dennoch wurde er zu einem männlichen Sexsymbol, das Männer und Frauen gleichermaßen erotisch fanden. Man weiß, daß James Dean mit sehr vielen, meist älteren Frauen sexuell verkehrt hat. Als sexueller Kultfigur sagte man ihm auch masochistische Gelüste nach, was sich aber als falsch herausstellte.

Es ist bezeichnend für Dean als Typ 3, daß er zeit seines Lebens und erst recht nach seinem Tod sehr viele sexuelle Projektionen auf sich zog und daß er als sexbesessener Mensch angesehen wurde.

Eine ganz andere Spielart von Typ 3 finden wir bei der amerikanischen Blues- und Rock-Sängerin Janis Joplin (1943–1970). Die besonders durch das Woodstock-Festival bekannt gewordene Sängerin prahlte immer wieder, mit Tausenden von Männern teilweise im halböffentlichen Raum sexuell verkehrt zu haben. Für sie wurde, wie viele ihre Liebhaber berichten, der multiple Orgasmus zu einem Zwang. Hierin zeigt sich eine typische Eigenschaft des unbewußten Typs 3, daß ihm nämlich die Sexualität zu einem Leistungssport verkommt. Typ 3 ist, wie sich am Beispiel von Janis Joplin deutlich zeigt, gar nicht so sehr an der Sexualität, sondern an der Leistung und dem mit der sexuellen Kraft verbundenen Prestige interessiert. So gab Janis Joplin nicht ohne Stolz zu, daß sie sich ihre Karriere »erschlafen« hat.

Wie man das Herz des dritten Enneagramm-Typs gewinnt

Machen Sie sich nur an Typ 3 heran, wenn Sie sich selbst für attraktiv und ganz unwiderstehlich halten. Ein männlicher oder weiblicher Typ 3 wird Sie sonst gar nicht erst wahrnehmen. Wenn Sie Ihrem erwählten Typ 3 noch zeigen, wie toll Sie ihn finden, können Sie ihn erstaunlich leicht verführen. Auf jeden Fall ist Typ 3 immer dann der Richtige, wenn Sie sich einmal einen guten Liebhaber oder eine erfahrene Geliebte gönnen wollen. Für eine langfristige Beziehung ist Typ 3 nicht so leicht zu haben. Da müssen Sie ihm schon etwas bieten, das er nicht so leicht erreichen kann. Sind Sie für Typ 3 nützlich, kann er Ihnen sogar treu bleiben. Das Allerwichtigste bei der Werbung um einen Typ 3 und in der Beziehung mit ihm ist jedoch die Devise: Kritisiere ihn niemals! Mit Kritik werden Sie ihn sofort vertreiben.

Enneagramm-Typ 4

Sexualität

Der vierte Enneagramm-Typ ist leidenschaftlich mit einem Hang zur exzessiven Sexualität. Er liebt romantische Verführungen, das heißt, er wird selbst gern verführt und hat auch Spaß daran, andere zu verführen. Er ist ein Künstler der subtilen Verführung im Gegensatz zu Typ 3, der als mächtiger Verführer wirkt.

Dieses Bedürfnis nach romantischer Verführung läßt den männlichen Typ 4 leicht homosexuell wirken, auch wenn er es keineswegs ist.

Männliche und weibliche Typen 4 weisen einen Hang zum Anklammern auf, der Typ 3 zutiefst erschreckt. Typ 4 eignet sich wie Typ 1 nicht für einen »one-night stand«, er will sexuelle Erlebnisse, die er tief genießen und immer weiter ausbauen kann. Aber dennoch ist er keineswegs so konventionell wie Typ 1. Er haßt nämlich im Leben wie in der Sexualität das Gewöhnliche. Auch im Bett spielt er den speziellen Partner, der meist hochsensibel ist und sich zugleich ganz auf die Körperlichkeit einlassen kann – wenn man ihm das Gefühl des Besonderen vermittelt. Dem vierten Enneagramm-Typ müssen Sie immer wieder zeigen, daß er ein ganz außergewöhnlicher und besonderer Mensch ist. Außerdem braucht er die ständige Bestätigung, daß er geliebt wird, denn er kann sehr leicht in Depressionen fallen und sich sexuell unattraktiv und abstoßend finden.

Ich konnte beobachten, daß gerade beim vierten Enneagramm-Typ die Frauen die Männer wegen ihrer sexuellen Freiheit beneiden. Die Männer dieses Typs zeigen oft ein ungewöhnliches Sexualverhalten oder leben zumindest in ihren Phantasien sexuelle Verhaltensweisen aus, die Freud viel zu moralisch als Perversitäten bezeichnen würde.

Beziehung

Eine Beziehung mit Typ 4 ist nicht einfach. Er ist häufig launisch, und als sein Partner weiß man nie, woran man ist: Gerade war er noch zärtlich, in der nächsten Sekunde ist er sauer. Als Partner eines Typs 4 muß man die Stärke besitzen, dessen Launen nicht persönlich zu nehmen. Gelingt es einem, kann man mit dem männlichen oder dem weiblichen Typ 4 eine ungeahnte Gefühlstiefe erleben. Typ 4 ist der Seelenführer in Beziehungen, der einem die Tiefen seiner emotionalen Seite zeigen kann. Mit Typ 4 zusammenzuleben braucht viel Toleranz und starke Nerven. Menschen vom Typ 4 ziehen ihren Partner immer wieder an sich, um ihn gleich darauf wegzustoßen. Ihre Aufmerksamkeit wird von der Erinnerung und der Hoffnung auf die Zukunft angezogen, so daß sie das Vergangene oder Zukünftige idealisieren, das Gegenwärtige jedoch als fade empfinden. Sie stürzen ihre Partner aus der Ekstase in die Verzweiflung.

Der vierte Enneagramm-Typ lebt in einer eigenen Welt voller Romantik und Leidenschaft. Hier haben wir den Gefühlsmenschen, der sein Gefühl überbetont, empfindlich, überdreht und leicht reizbar wirkt. Dieser Partner nimmt alles persönlich, das hängt mit seinem unseligen Stolz zusammen. Sie finden bei ihm einen dramatischen Tiefgang und eine Vielfalt von Gefühlen wie bei keinem anderen Partner. Mit einem Typ 4 wird eine Beziehung niemals langweilig: Er ist erstaunlich offen und trotzdem geheimnisvoll, sensibel, exzentrisch und gefühlsstark. Obwohl Menschen des Enneagramm-Typs 4 launisch sind, sind sie erstaunlich zuverlässig.

Beziehungen sind für sie entweder heiß oder kalt, ein Mittelmaß gibt es selten für sie. Sie finden das Mittelmaß langweilig. In der Welt der Gefühle, in der sie zu Hause sind, geht es auf und ab; ihr Lebensgefühl gleicht dem einer Achterbahnfahrt. Dazu gehört auch, daß sie nie lange in eine Person verliebt sind, da nach kurzer Zeit alle Mängel des Partners gesehen werden. Darin gleichen sie dem Typ 1, für den jedoch die desillusionierte Sicht des Partners keine dramatischen Konsequenzen hat.

Menschen von Typ 4 fürchten sich vor den Anforderungen in persönlichen Beziehungen. Sie leben in der permanenten Angst vor Ablehnung und sehen ihr Leben als eine Kette von Enttäuschungen an. Oftmals meinen sie, alle Menschen seien glücklicher und besser als sie. Sie fühlen sich unverstanden und fliehen bei Partner-Konflikten in ihre Phantasiewelt. Durch einfühlsame Gespräche läßt sich Typ 4 allerdings nur zu gern wieder aus seiner Welt herauslokken, denn er liebt es, sich wieder zu vertragen. Es ist wichtig für ihn, seinen Schmerz und seine Trauer nicht zu verdrängen oder zu überspielen. Denn gerade Schmerz und Trauer können für Typ 4 zu einem Verbündeten auf seiner Suche nach der wahren Liebe werden.

Personen vom Typ 4 schrecken vor drastischen Veränderungen nicht zurück, indem sie plötzlich und unverhofft den Partner verlassen, da er ihren hohen Ansprüchen nicht mehr genügt. Typ 4 handelt erst und denkt später, was ihm selbst und auch seinem Partner das Leben nicht gerade leicht macht. Sie beenden auch eine Beziehung, wenn sie meinen, nicht mehr im Mittelpunkt der Aufmerksamkeit des Partners zu stehen. Typ 4 achtet argwöhnisch darauf, die Nummer eins in der Beziehung zu sein. Er kann da sogar auf seine Kinder eifersüchtig sein. Bekommen diese Menschen in der Beziehung nicht genügend Aufmerksamkeit, hängen sie sich zunächst an den Partner und versuchen zu dessen Lebenszentrum zu werden.

Ist der Partner in dieser Situation bereit, dem Typ 4 seine freie Zeit zu lassen, die er dringend braucht, um sich seiner Innenwelt zu widmen, und kann er sich ihm liebevoll zuwenden, wird er eine sehr glückliche und niemals langweilige Beziehung mit ihm leben.

Diese Enneagramm-Typen wollen ihren Partner oft – bewußt oder unbewußt – auf die Probe stellen: »Zeige, daß du meiner würdig bist«. Es ist allerdings ein Spiel mit dem Feuer, bei dem sie das Risiko eingehen, den Partner zu verlieren. Typen 4 fühlen sich jedoch trotz dieses Risikos innerlich dazu gezwungen, dieses Spiel zu spielen. Sie sind nämlich davon überzeugt, immer nur das Beste zu verdienen. Sie halten sich für etwas Besonderes und für attraktiv; sie geben aber auch Unsummen für ihr Aussehen aus, auf das sie großen Wert legen.

Wird Typ 4 von seinem Partner verlassen, sieht er sofort das Gute an ihm und die Kritikpunkte werden sogleich vergessen (verdrängt). Der romantische Dichter Alfred de Musset (1810–1875), in dessen Werk die Liebe im Mittelpunkt steht, scheint die Typ-4-Eigenschaften in jedem von uns sehr gut durchschaut zu haben, wenn er schreibt: »Die Liebe – oh, wie seltsam! – Lebt, wenn sie hungert, stirbt, wenn man sie nährt.«

In der Beziehungskrise reagiert Typ 4 wie sein Streßpunkt Typ 2: Er klammert und kümmert sich übertrieben um seinen Partner, was diesen nun endgültig verjagt. Verstärkend kommt noch dazu, daß Typ 4 durch seine hohe Sensibilität in dieser Situation einzig das Falsche und Unvollkommene sieht. Geht es ihm jedoch in der Beziehung gut, zeigt Typ 4 Eigenschaften seines Entlastungspunkts, dem Typ 1: Er besitzt feste Prinzipien, von denen er aus sicher handelt und sich auch auf die schmerzhaften Erfahrungen des Partners einlassen kann.

Typ 4 kann gut mit Beziehungsphantasien arbeiten, er muß sich jedoch dazu zwingen, zum einen im Positiven zu bleiben und zum anderen sie auch zu verwirklichen. Typ 4 kann einen Menschen zum Idealpartner hochstilisieren, ohne auf ihn zuzugehen. Wenn der andere ihn nicht bemerkt, ist das eben sein Pech – aber häufig zieht Typ 4 die Partner an, die er begehrt.

In der griechischen Mythologie wird dieser Enneagramm-Typ durch Persephone (römisch: Proserpina) symbolisiert, die die Göttin des emotionalen Schattens, aber auch der Fruchtbarkeit ist.

Daß Liebesverhältnisse sich für den vierten Enneagramm-Typen meist etwas komplizierter gestalten, zeigt auch folgende Auseinandersetzung zwischen Persephone und Aphrodite: Beide Göttinnen waren nämlich in den schönen Knaben Adonis verliebt, weshalb sie so zerstritten waren, daß das Göttergericht einberufen werden mußte. Es entschied weise, daß Persephone sich im Winter an

Adonis erfreuen dürfe und Aphrodite im Sommer. Es handelt sich hier offensichtlich um einen Vegetationsmythos.

Als männlichem Gott entspricht Typ 4 dem griechischen Poseidon (römisch: Neptun), dem Herrscher des Wassers. Er ist das Symbol der unbewußten Kräfte in uns und verkörpert unsere Emotionalität, von der Typ 4 so abhängig ist. Poseidon ist wie Typ 4 hochgradig emotional und zeigt ungezügelte Gefühle und Launen. Wie Typ 4 verliebt sich Poseidon auch relativ leicht. Ferner steht Poseidon für den Bereich der Illusion und Phantasie, aber auch den der Imagination.

Typ 4 weiß sich wegen seiner Phantasien oft nicht zu helfen, die überhandnehmen und die er nicht mehr kontrolliert, sondern die ihn kontrollieren. Die Imagination ist wichtig – gerade auch in Beziehungen –, aber Typ 4 wird nur glücklich, wenn er es lernt, seine Imaginationen bewußt zu kontrollieren und zu lenken. Gelingt ihm das nicht, verfällt er leicht in depressive Stimmungen.

Typ 4 muß ferner lernen, daß das Gewöhnliche und Normale beruhigend und schön ist – das Leben muß nicht immer hochdramatisch und aufregend sein. Es ist leichter und energiesparender, »normal« als dramatisch zu leben.

Buddhistische Meditationsformen können Typ 4 und dessen Partner helfen, da sie einen Weg weisen, sich mit den eigenen Gefühlen nicht zu stark zu identifizieren, um so nicht nur ruhiger, sondern auch meditativer zu werden, wodurch Typ 4 sich selbst findet.

Den Enneagramm-Typen 1 und 2 erscheint Typ 4 oft als zu hysterisch und unberechenbar, als daß sie sich auf ihn wirklich einlassen wollen. Sie lehnen diesen Typ vielfach brüsk ab und bewundern ihn zugleich im geheimen.

Hilfreich für Typ 4 wirkt der dritte Enneagramm-Typ, der ihn erdet und ihm hilft, seine Ideen umzusetzen. Auch der erste Enneagramm-Typ kann Typ 4 helfen, seine Kreativität in die rechten Bahnen zu lenken, wobei Typ 4 Typ 1 die Leidenschaft zeigen kann.

Eine typische Vertreterin der befreiten Eigenschaften des vierten Enneagramm-Typs in der Liebe ist die amerikanische Schriftstellerin Gertrude Stein (1874–1946). Sie galt als Außenseiterin und exzentrische Künstlerin, die die Kritiker trotz hohen Lobs nicht so recht verstanden. Gertrude Stein fühlte sich zeitlebens unverstanden. Bekannt wurde sie durch ihren Salon in Paris, in dem Pablo Picasso und sein Freundeskreis ein- und ausgingen. 1907, nachdem sie ihre lesbischen Tendenzen akzeptiert hatte, traf Gertrude Stein ihre große Liebe Alice B. Toclas, mit der sie eine leidenschaftliche und dramatische, aber weitgehend stabile Beziehung bis an das Ende ihres Leben einging.

Gertrude Stein sah sich wie ein charakteristischer Typ 4 als ganz besonders und grundlegend anders als andere Menschen an. Sie nahm an, daß sie außer Alice Toclas keiner verstehen konnte.

Als weitere typische Vertreter des vierten Enneagramm-Typs können die deutschen romantischen Dichterinnen und Dichter angesehen werden, die die großen Gefühle und Leidenschaften wiederentdeckten und bisweilen so dramatisch gestalteten wie Johann Wolfgang von Goethe in »Die Leiden des jungen Werthers« (1774) und »Die Wahlverwandtschaften« (1809). Diese Dichter beschrieben häufig in ihren stark autobiographisch geprägten Werken den vierten Enneagramm-Typ.

Wie Typ 4 wandten sich die Romantiker gegen die einseitige Glorifizierung der Vernunft in der Aufklärung. Nun ging es um die tiefen und dramatischen Gefühle, um Sehnsucht, Phantasie und Leidenschaft, bei der die Welt wie bei Novalis als Traum wahrgenommen wurde. Und genau hier stehen wir einer weit verbreiteten Gefahr für den vierten Enneagramm-Typ gegenüber, daß er nämlich seine Beziehungswirklichkeit wie einen Traum gestalten möchte. Er läuft dabei Gefahr, daß ihm die Realität verschwimmt, und er nur noch das Ideal statt die Wirklichkeit sieht. In solchen Situationen hat er dann das schmerzliche Gefühl, unverstanden zu sein.

Wie man das Herz des vierten Enneagramm-Typs gewinnt

Sie brauchen sich um den männlichen oder weiblichen Typ 4 gar nicht erst bemühen, wenn Sie ein Sexmuffel sind. Sex muß Ihnen Spaß machen und wenn Sie dazu noch zärtlich und romantisch sind, wird Ihnen der Weg zum Herzen von Typ 4 offen stehen. Dieser Weg ist aber nicht so leicht zu begehen, denn Typ 4 ist alles andere als ein einfacher Partner. Das Nervige bei der Werbung und in der Beziehung mit jemandem vom Typ 4 ist, daß er einen fortwährend testet, ob man genug für ihn tut, tief für ihn empfindet und stets an ihn denkt. Dem vierten Enneagramm-Typ muß man seine Liebe mindestens fünfmal täglich glaubwürdig beweisen, sonst fühlt er sich ungeliebt. Sie gewinnen die Zuneigung von Typ 4 auch dadurch, daß Sie ihm deutlich zu verstehen geben, daß Sie ihn für eine ganz spezielle und ungewöhnliche Person halten. Typ 4 erfreut sich wie kein anderer Enneagramm-Typ an der Tugend der Aufmerksamkeit. Wenn Sie bereit sind, sich aufmerksam um ihn zu kümmern, wird er ein wirklich ganz außergewöhnlicher Partner sein, mit dem zusammen man das Leben intensiv genießen kann.

Es hilft ferner bei der Werbung um Typ 4, wenn Sie sich selbst als etwas Besonderes darstellen. Typ 4 fühlt sich vorzugsweise von interessanten und besonderen Leuten angezogen.

Enneagramm-Typ 5

Sexualität

Menschen des Enneagramm-Typs 5 meiden oft die Sexualität oder leben sie sehr zurückhaltend und eigenartig gedämpft. Ihnen fällt es schwer, ihre Gefühle zu äußern oder gar körperlich auszudrücken. Sie nähern sich dem Partner selten in sexueller Absicht. Wer sich Typ 5 nähert, darf nicht mit schnellem Entgegenkommen rechnen. Am liebsten ist der fünfte Enneagramm-Typ ein distanzierter Voyeur.

Beziehung

Der fünfte Enneagramm-Typ reagiert nur dann, wenn sein Partner äußert, daß er Zuneigung oder was auch immer braucht. Seine Grundhaltung in einer Beziehung besteht in der Beobachtung, ohne sich wirklich auf die Partnerschaft einzulassen. Typ 5 ist ein Einzelgänger und weist teilweise geradezu unterentwickelte Kommunikationsfähigkeiten auf. Er tut sich besonders mit persönlichen oder emotionalen Mitteilungen schwer. Dadurch wirkt er auf andere Enneagramm-Typen meist spröde und uninteressant.

Typ 5 beobachtet und sammelt alle Information über seinen Partner und teilweise, falls er eine höhere Bewußtseinsstufe erreicht hat, auch über sich, da ihm das bei seiner Orientierung hilft. Nur wenn er sich klar orientieren kann, fühlt er sich sicher und geborgen.

Jeder von Ihnen hat sicherlich schon seine Typ-5-Eigenschaft deutlich gespürt, indem Sie Einsamkeit erfahren haben. Typ 5, der in uns allen lebt, wird vom Enneagramm-Typ 7 durch eine Art Kommunikations- oder Handlungsgier verdrängt und dennoch macht sich Typ 5 immer wieder bemerkbar und sei es nur im Erschrecken vor der Einsamkeit, die man plötzlich in seiner Beziehung spürt.

Die Typ-5-Qualität zeigt sich darin, daß man sich bei jeder Verunsicherung sogleich zurückzieht und es teilweise ziemlich lange dauert, bis man sich wieder öffnen kann. Typ 5 braucht diesen Rückzugsraum, um sich wieder sammeln zu können.

Wenn wir uns in unsere Typ-5-Eigenschaften hineinfühlen, wird uns eine der Grundregeln jeder Partnerschaft verständlich: Respektiere den Freiraum des anderen, denn jeder braucht seinen eigenständigen Bereich, um sich wohl und nicht eingeengt zu fühlen. Typ 5 stellt das unabhängigste Prinzip des Enneagramms dar, das viel Raum für sich alleine braucht.

Menschen vom Typ 5 können oder wollen sich in Beziehungen nicht entscheiden. Sie sind unkommunikativ ihrem Partner gegenüber, und es fällt ihnen besonders schwer, ihre Gefühle in Worten auszudrücken. Dadurch werden ihre Bedürfnisse in der Partnerschaft nur unzureichend klar. Die Initiative im sozialen Bereich überlassen sie immer dem Partner, und sie bitten nie um Hilfe. Sie meiden oftmals Menschen und Beziehungen, ziehen sich bei kleinsten Unstimmigkeiten schnell zurück und werden bei Meinungsverschiedenheiten erstaunlich schroff und zynisch. Ihr größtes Problem besteht darin, daß sie in der Beziehung wie allgemein im täglichen Leben anderen mißtrauisch gegenübertreten.

In Beziehungskrisen zieht sich Typ 5 zuerst auf eine intellektuelle Ebene zurück, um sich dann optimistisch und hektisch wie Typ 7 verhalten, der seinem Streßpunkt entspricht (vgl. S. 154). Meistens kommt es bei Typ 5 dadurch zu Beziehungskrisen, daß sein Bedürfnis nach Rückzug nicht respektiert wird oder daß man ihm zu nahe tritt. Geht es ihm in der Beziehung gut, reagiert Typ 5 kämpferisch und klar wie Typ 8, der seinem Entlastungspunkt entspricht (vgl. S. 154). Er kann in solchen Situationen selbst bei sich anbahnenden Krisen einen kühlen Kopf bewahren und den distanzierten Überblick behalten.

Viele typische Eigenschaften des fünften Enneagramm-Typs weist Fräulein Smilla aus dem Roman »Fräulein Smillas Gespür für Schnee«* auf. Sie ist eine gesellschaftliche Außenseiterin, die genau beobachtet und von sich sagt, daß es ihr leichter fällt, sich für Mathematik zu interessieren, als ihre Mitmenschen zu mögen. An dieser grönländischen Romanfigur zeigt sich auch deutlich die Tendenz zur schizoiden Grundstruktur bei Typ 5.

Merlin aus der spätkeltischen Mythologie, der die Fee Viviane trifft und sich wissentlich von ihr verzaubern läßt, entspricht dem befreiten Typ 5. Merlin verrät Viviane seinen Bindungszauber, mit dem sie ihn verzaubert. So ist der weise Merlin am Schluß an die junge verführerische Fee gebunden und Viviane ist frei. Wer dem Eros und der Sexualität verfällt, verliert seine Zauberkraft. Hier wird darüber hinaus aber auch ganz deutlich nicht nur die Angst, sondern auch die Passivität des Typs 5 angesprochen. Typ 5 weiß alles und läßt sich dennoch binden, eben weil er passiv ist.

In der griechischen Mythologie finden wir Züge des fünften

* Peter Høeg: Fräulein Smillas Gespür für Schnee.

Enneagramm-Typs im Schmiedegott Hephaistos (römisch: Vulkanus): Er ist der introvertierte, einsame Gott, der vom Olymp verstoßen wurde. Er ist ein Außenseiter. Hephaistos spricht nie über seine Gefühle. Diese kann er nur durch seine Arbeit – die Schmiedekunst – ausdrücken.

In einer Beziehung ist Typ 5 äußerst loyal und zugleich sehr autark. Er verhält sich distanziert seinen Beziehungen und dem Familienleben gegenüber. Wer sich jedoch sein Herz erschließt, hat einen treuen und verläßlichen Freund oder sogar Partner fürs Leben gefunden.

Meistens wirkt Typ 5 kontrolliert und ängstlich bis menschenscheu, weswegen es ihm nicht gerade leicht fällt, persönliche Beziehungen einzugehen. Seine Taktik, sich von dem anderen zu distanzieren, besteht darin, nicht aufzufallen oder sich unnahbar hinter »objektivem« Wissen zu verstecken.

Die Liebe ist für Typ 5 oft ein großes – zumindest inneres – Drama. Er kann sich zwar leidenschaftlich verlieben, aber zugleich ist damit sein Bedürfnis nach Distanz und die Angst vor seiner Herzkraft angesprochen. »Zwei Seelen wohnen, ach! in seiner Brust...« und es kann für einen Enneagramm-Typ 5 oft lange dauern, bis er lernt, sich einfach in die Liebe fallen zu lassen und sich dem anderen zu öffnen. Hat er allerdings als Kind genügend Liebe bekommen, kann er gut die Zuneigung seines Partners annehmen und ihm oder ihr sein Herz öffnen. Man vergißt leicht, daß dem fünften Enneagramm-Typ das Herz-Chakra zugeordnet wird.*

Die Starrheit von Typ 5 kann durch das Schillernde des Typs 4 befreit werden. Die Phantasie von Typ 4 befreit Typ 5 zur Liebe und kann ihn glücklich machen. Auch ein selbstsicherer Typ 3 könnte Typ 5 lehren, das Leben zu genießen.

Typische Eigenschaften, die der fünfte Enneagramm-Typ in der Liebe zeigt, finden wir in der Biographie des irischen Dichters James Joyce (1882–1941) wieder. Joyce zeichnet sich durch genaue Beobachtungen aus und besonders durch seine »Erfindung« des

* Vgl. dazu Klausbernd Vollmar: Das Enneagramm, S. 109ff.

inneren Monologs, bei dem er den Strom halbbewußter Gedanken dokumentiert. Er zeigt dabei die beiden Hauptstärken von Typ 5: zum einen dessen ausgezeichnete Beobachtungsgabe und zum anderen dessen Wendung nach innen, ohne seine Intellektualität zu verraten.

James Joyce verliebt sich am 16. Juni 1904 in das Zimmermädchen Nora Barnacle. Er bittet seine Geliebte vergeblich darum, vor seinen Augen mit anderen Männern sexuell zu verkehren; er weist einen Hang zum Fetischismus auf und möchte am liebsten von Nora gebunden und gepeitscht werden. Sie ließ sich aber nicht darauf ein. In seiner unerfüllten Liebe zu Nora, die er erst 1931 auf Drängen ihrer gemeinsamen Tochter Lucia heiratet, zeigt sich deutlich die masochistische und voyeuristische Seite von Typ 5.

Zu Beginn des Jahres 1919 begegnet er der Züricherin Marthe Fleischmann. Von diesem Treffen kann er später einem Freund bis ins kleinste Detail alles schildern. Es ist absolut erstaunlich, wie genau Joyce beobachten konnte, obwohl er verliebt und sehr erregt war.

Wie man das Herz des fünften Enneagramm-Typs gewinnt

Das Herz eines Typs 5 ist nur schwer zu gewinnen. Sie müssen um die Gunst von Typ 5 lange kämpfen und immer mit offenen Karten spielen. Hat der weibliche oder männliche Enneagramm-Typ 5 nur den Hauch eines Gefühls, daß Taktik oder gar Tricks im Spiel sind, um ihn »einzufangen«, werden sofort seine argwöhnischen Reaktionen aktiviert und es bleibt Ihnen fast keine Chance mehr, ihm näherzukommen. Wenn Sie jedoch klug sind und sich offen und ehrlich um Typ 5 bemühen, kann Ihre Geduld am Ende reichlich belohnt werden. Typ 5 entwickelt erst in einer langfristigen Beziehung seine ganze Liebesfähigkeit. Hat er Sie jedoch in sein Herz geschlossen, können Sie sich ganz auf seine Liebe und Solidarität verlassen. Typ 5 ist ein Partner, mit dem sich gut eine Familie gründen läßt. Gerade weil er etwas distanziert wirkt, läßt das den Familienalltag viel weniger dramatisch werden. Mit ihm kann man eine Familie besser genießen als mit den meisten anderen Enneagramm-Typen. Wenn Sie Typ 5 Geduld, Offenheit und Liebe entgegenbringen, wird er Ihnen sicherlich entgegenkommen. Allerdings erhoffen Sie sich keine wilde Sexualität von ihm, wenn Sie die brauchen, müssen Sie sich entweder als Lehrer betätigen oder sich einem anderen Enneagramm-Typ zuwenden.

Die Enneagramm-Typen 4 und 5 weisen eine deutliche Kontaktproblematik auf. Die zeigt natürlich mehr oder weniger jeder Enneagramm-Typ, der Unterschied besteht jedoch darin, daß die Typen 4 und 5 mit ihrem Beziehungsverhalten oftmals selbst sehr unzufrieden sind. Sie leiden darunter, daß sie sich schwer tun, Kontakte zu knüpfen.

Enneagramm-Typ 6

Sexualität

Der sechste Enneagramm-Typ zeigt einen Hang zu sadomasochistischem Verhalten und gleicht darin Typ 2. Allerdings ist Typ 6 nicht derart manipulativ wie Typ 2, da er sich selbst für schwach hält. Um seinen Partner zu halten, kann Typ 6 allerdings überzeugend die Rolle des atemberaubenden Sexpartners* spielen. Dazu gehört auch bei Mann und Frau ein gekonntes Vortäuschen des Orgasmus, das man derart perfekt sonst nur noch bei Typ 3 erleben kann.

Typ 6 ist äußerst treu und kann seinen Partner im Bett gut bestätigen. Für Typ 6 ist der Rahmen einer festen Beziehung unbedingt notwendig. Er zeigt eine stark ausgeprägte Sinnlichkeit, die sich jedoch hauptsächlich in festen Beziehungen entfaltet. Typ 6

* Der Ichazo-Schule nach soll Typ 6 von der Angst vor der Sexualität geprägt sein, das widerspricht jedoch meiner Erfahrung und Beobachtung. Ein Problem mit Typ 6 liegt darin, daß dieser Enneagramm-Typ erst im Nachhinein nach der Definition aller anderen Typen aus Systemgründen eingeführt wurde (es mußten sich gemäß der Geometrie des Enneagramms 9 Typen ergeben). Solche aus Systemgründen eingeführten Typen wie Typ 6 wirken oft eigenartig verschwommen und nicht so überzeugend wie die anderen Typen. Ihnen fehlt Fleisch und Blut.

sucht fast immer einen stärkeren und erfahreneren Partner, um an dessen Stärke teilzuhaben. Ein solcher Partner soll ihm helfen, seine Probleme mit seiner Geschlechtsidentität zu lösen. Für Typ 6 stellt nämlich die Stärke, die er als Mann bei sich vermißt, ein wesentliches Attribut der Männlichkeit dar. Der weibliche Typ 6 kann die ihm so wichtige Schönheit nicht bei sich erkennen. Aufgrund dieses geringen Selbstwertgefühls kann er ein schwieriger Sexualpartner sein, wenn der andere nicht stark genug ist, ihn zu führen. Und das macht den Masochismus von Typ 6 aus: Er will dominiert und geführt werden. Erst in solch einer Situation kann er sich voll entfalten.

Mozart hat mit der Gestalt der Pamina in seiner »Zauberflöte« einen überzeugenden Typ 6 geschaffen.

Beziehung

Bei Typ 6 wird traditionell unterschieden zwischen dem ängstlichen Typ, der stets mißtrauisch und wachsam ist (phobische Form) und dem, der seine Ängste mit einer Flucht nach vorn zu verstecken und zu überwinden sucht (kontraphobische Form).

Der phobische Typ befürchtet bei Öffnung und Zugehen auf den anderen, verletzt oder zumindest ausgenutzt zu werden. Er kontrolliert deswegen stets argwöhnisch und mißtrauisch seinen Partner, was leicht zur Beziehungskrise führt. Der kontraphobische Typ tendiert dazu, die Schwachstellen des Partners anzugreifen.

Der männliche wie der weibliche Typ 6 beziehen in ihrer Partnerschaft aber auch darüber hinaus niemals Stellung. Dieser Typ versteckt sich in Auseinandersetzungen hinter den Meinungen anderer, da er viel zu mißtrauisch ist, sich selbst mit einer Meinung zu offenbaren. Wenn es in der Beziehung kriselt, kann Typ 6 jedoch erstaunlich konstruktiv und kompromißfähig sein, da er nie provozierend, sondern immer verbindlich, offen und verständnisvoll wirkt. Seine einladende Offenheit hat allerdings schon manchen getäuscht. Sie ist nämlich gespielt. Er gibt in der Beziehung nicht viel von sich preis, obwohl er sehr von einer Beziehung abhängig ist, da er im Partner den Beschützer sucht. Oft baut er den Partner zur Autorität auf, der er sich ganz unterwirft, um deren Schutz genießen zu können. Um eine Beziehung aufrechtzuerhalten, unterdrückt Typ 6 eigene Entscheidungen und überläßt diese dem Partner. Sehr weit entwickelte Menschen vom Typ 6 können jedoch in vorbildlicher Weise durch gemeinsame Gespräche mit dem Partner zu einer verbindlichen Entscheidung gelangen.

Eine wesentliche Regel in jeder »erfolgreichen« Beziehung lautet: Sei stets zu Kompromissen und zu konstruktiven Vorschlägen bereit. Ein gewisses Maß an Anpassung, das Typ 6 in uns allen gern leistet, ist für das Beziehungsleben notwendig. Typ 8 in uns wird schon dafür sorgen, daß wir uns nicht zu einseitig und selbstverleugnend anpassen.

Der sechste Enneagramm-Typ weist wie kein anderer eine Tendenz zur symbiotischen Beziehung auf. Ist diese Beziehung erst einmal hergestellt, übernimmt er sogleich Verantwortung für den Partner. Das ist seine Art, sich des Partners sicher zu fühlen. Er kontrolliert ihn oftmals in aufdringlicher Weise durch Besorgtheit und weiß sich auch sonst in der Beziehung durch Klagen, Nörgeln und Überredungskünste durchzusetzen. Typ 6 findet immer die Fehler bei anderen Menschen und speziell beim Partner, an denen er seine nörgelnden Projektionen festmachen kann. Dieser Enneagramm-Typ leidet nämlich daran, gewohnheitsgemäß alles anzuzweifeln.

Eine Beziehung mit ihm ist auch dadurch schwierig, daß er sehr ernst und nachtragend ist. Ihm fehlt häufig jegliche Form der Leichtigkeit und Humor.

Da Beziehung und Ehe für sein Gefühl von Sicherheit sehr wichtig sind, läßt er nichts unversucht, um in einer Beziehung zu leben. Er macht den anderen erschreckend schnell von sich abhängig, bestätigt ihn und hält ihn so bei Laune. Das ist aber keineswegs alles nur vorgespielt und bewußt taktisch eingesetzt. Typ 6 ist zu echter Liebe und Mitgefühl fähig. Wer eine symbiotische Beziehung aushalten kann, der findet im sechsten Enneagramm-Typen den geeigneten Partner, der einen auf Händen tragen wird. Typ 6 benötigt eine Beziehung so sehr, daß er in der Lage ist, sich lebenslang zu binden, was nur wenigen Enneagramm-Typ gelingt. Er erträgt es sogar, in einer schwierigen und destruktiven Beziehung auszuharren und alles daranzusetzen, diese Beziehung zu retten, falls es kriselt.

Braucht Typ 6 in seiner Beziehung keine Trennungsängste mehr zu haben, verwandelt er sich: Er wird plötzlich unkompliziert, gibt sich natürlich und besitzt jugendlichen Charme auch im fortgeschrittenen Alter. Ein solcher Typ 6 hat sich dann mit seiner Geschlechterrolle ausgesöhnt.

In Beziehungskrisen reagiert der unbewußte Typ 6 übertrieben imagebewußt wie Typ 3, der seinem Streßpunkt entspricht (vgl. S. 153). Solche Beziehungskrisen werden für Typ 6 fast immer dadurch ausgelöst, daß er sich öffnen und anlehnen will, der Partner darauf jedoch nicht angemessen eingeht. Verläuft seine Beziehung glücklich, kann Typ 6 ausgeglichen und harmonisch wie Typ 9 leben, der seinem Entlastungspunkt entspricht (vgl. S. 155). In glücklichen Zeiten setzt sich Typ 6 aktiv für seinen Partner ein und wird zu einem Kumpel, »mit dem man Pferde stehlen kann«.

Frauen mit einem ausgeprägten Vaterkomplex zeigen häufig wesentliche Eigenschaften des sechsten Enneagramm-Typs: Sie verlieben sich schnell in Männer, die wesentlich älter sind als sie und suchen im Partner den Beschützer und denjenigen, der ihnen möglichst alle Entscheidungen abnimmt. Das gibt ihnen die Sicherheit, die sie zu brauchen glauben. Ihnen ist die Ablösung von ihren Vätern nicht gelungen.

Enneagramm-Typ 6 ist die Vatertochter, die in der griechischen Mythologie durch Athene verkörpert wird. Athene (römisch: Minerva) kann als Symbol der Diplomatie angesehen werden, ein Feld, in dem Typ 6 es zu Glanzleistungen bringen kann. Für Frauen dieses Enneagramm-Typs ist die Macht von Männern das beste Aphrodisiakum.

Der Idealpartner für den sechsten Enneagramm-Typ ist Typ 3, dessen Charme und Humor Typ 6 über seine Ernsthaftigkeit hinweghilft. Typ 6 verhilft Typ 3 zu Tiefsinn und Ernsthaftigkeit.

Als charakteristischer Typ 6 im Bereich der Liebe kann der spanische Maler Francisco de Goya (1746–1828) angesehen werden. Goya hatte sich in die gerade zwanzigjährige, mächtige Herzogin von Alba verliebt. Er wurde ihr Liebhaber, wodurch er den Sinn des Lebens erfuhr, wie er in einem Brief äußerte. Die Herzogin von Alba, die ihm Modell für berühmte Gemälde wie »Die nackte Maya« stand, wurde zu seiner mächtigen Fürsprecherin am spanischen Hof, so daß er schon zu seinen Lebzeiten ein angesehener und berühmter Hofmaler wurde.

Wie man das Herz des sechsten Enneagramm-Typs gewinnt

Die Wahrscheinlichkeit ist größer, daß Typ 6 sich an Sie »heranmacht«, als daß Sie um Typ 6 werben werden. Typ 6 sucht sich seine Partner aus und bekommt sie auch meistens. Sind Sie dagegen an einem Typ 6 interessiert, zeigen Sie ihm das nur ganz vorsichtig. Typ 6 liebt es, um Sie zu werben. Werden Sie zu aktiv, verderben Sie ihm seinen Spaß. Allerdings wird Ihnen aus der Beschreibung von Typ 6 schon deutlich geworden sein, daß dieser Enneagramm-Typ auf eine langfristige Beziehung aus ist. Wenn Sie also mit einem männlichen oder weiblichen Typ 6 anbändeln, rechnen Sie damit, daß er Sie nicht mehr so ohne weiteres losläßt. Wenn Sie eine feste Beziehung anstreben und vor der Enge der Beziehung keine Angst haben, kurzum, wenn Sie sich einlassen können und wollen, dann ist Typ 6 der richtige Partner für Sie, der Sie liebevoll verwöhnt und das selbst sehr genießt.

Enneagramm-Typ 7

Sexualität

Der siebte Enneagramm-Typ konsumiert in der Sexualität permanent neue Erfahrungen; er ist der sogenannte Don-Juan-Typ. Wie sein Symboltier, der Schmetterling, fliegt er von einer Blüte zur anderen. Sein Problem ist, daß er seine Partner schnell langweilig findet. Er kann zwar tief und intensiv genießen, ist aber eigentlich ein Bindungsneurotiker. Er ist gierig auf Liebe und Anerkennung und auf sofortige Befriedigung aus. Er gibt sich so unkompliziert und erfahren im Bett wie kein anderer Enneagramm-Typ, dazu kommt seine erstaunliche Sinnlichkeit. Er möchte Sie befriedigen und glücklich machen. Lebt er jedoch sehr unbewußt, erwartet er, daß der Partner sich nur um seine Befriedigung und Lust kümmert. Allerdings ist er in sexuellen Beziehungen nur selten derart rücksichtslos.

Sexualität muß für ihn stets vergnüglich sein. Ist sie es nicht, sucht sich sowohl der weibliche als auch der männliche Typ 7 sofort einen neuen Partner. Obwohl er auf charmante Weise im Bett unsensibel sein kann, steht der siebte Enneagramm-Typ als Sexualpartner hoch im Kurs. Typ 7 hat es fast nie schwer, Sexualpartner zu finden. Er strahlt eine so starke Erotik aus, daß er sehr begehrt ist. Wer erfahren ist, weiß Typ 7 zu schätzen und gönnt sich bisweilen eine Affäre mit ihm.

Wie der Enneagramm-Typ 4 so ist auch der Enneagramm-Typ 7 fast immer ein guter und oft auch phantasievoller und verspielter Liebhaber. Typ 7 besitzt wenige sexuelle Tabus. Im Bett kann er ein lustiger Spielpartner sein. Er zieht im Unterschied zu Typ 4 fast immer das lockere bis unverbindliche Spiel der Erotik und der Sexualität der dramatischen Leidenschaft vor. In der Liebe wie im Leben braucht Typ 7 seine Abenteuer und seine erotischen Eskapaden. Gerade Wolfgang Amadeus Mozart (1756–1791) ist ein klassisches Beispiel für einen echten Typ 7. Deswegen konnte Mozart in überzeugender Weise dem Typ 7 mit der Figur des Papageno in seiner Oper »Die Zauberflöte« ein Denkmal setzen.

Der Regisseur Milos Forman hat in seinem Mozart-Film die Koketterie und die erotischen Spielchen des jungen Komponisten deutlich gezeigt.

Typ 7 mag Sexualpartner mit großer Energie und starken erotischen Reizen. Bei ihm darf man als Frau ruhig »nuttig« sein, das entspricht ihm und reizt ihn. Wenn Sie zu konventionell und bieder wirken, wird Typ 7 Sie nicht wahrnehmen. Frauen oder Männer, die asexuell wirken, sind für Typ 7 völlig uninteressant, es kann sogar sein, daß er nicht einmal mit ihnen spricht. Typ 7 ist an der

Verbindung von Sexualität und Intellektualität interessiert, eigentlich ist sein Milieu die Bohème-Szene, so wie sie teilweise etwas überzogen in »Das Delta der Venus«* beschrieben wird.

Erstaunlicherweise sprach der Enneagramm-Typ 7 selbst aus dem Propheten Mohammed, wenn er sagte: »Von dieser Welt sind mir die Weiber und die Wohlgerüche am liebsten.«

Beziehung

Die Gefühle des weiblichen oder männlichen Typs 7 werden oft als veränderlich und oberflächlich beschrieben. Das ist der Grund, warum dieser Enneagramm-Typ häufig seine Partner wechselt oder in inklusiven Beziehungen (die für mehrere Lieben offen sind) sein Glück finden kann. Er verliebt sich schnell und intensiv, entliebt sich aber auch ebenso schnell wieder. In einer solchen Situation entstehen für ihn notwendigerweise Probleme, da sein Verhalten unweigerlich zu Verwicklungen führt. Da er allerdings seine Aufmerksamkeit auf die neue, positive Beziehung lenkt und Unangenehmes perfekt verdrängt, nimmt er die von ihm verursachten Probleme nur unzureichend wenn überhaupt wahr.

Typ 7 kann ganz geschwind Beziehungen knüpfen, und er hat viele Freunde und Freundinnen, mit denen er sich auf einer lockeren Ebene bestens versteht. Er legt sich jedoch selten fest, er ist beweglich und unfaßbar wie der Intellekt, der ihn prägt.

In der Beziehung verdrängt der siebte Enneagramm-Typ schmerzhafte Erfahrungen und macht deswegen immer die gleichen Fehler, er lernt nichts dazu. Er steckt Enttäuschungen locker weg und kommt meist mit seinem Partner – zumindest in der ersten Phase – erstaunlich gut aus. Er ist ein Optimist, dem seine Beziehung und seine Freunde sehr wichtig sind, da er das Bedürfnis hat, von allen geliebt zu werden. Er hat allerdings nicht viel für Menschen übrig, die sich von ihm abhängig machen. Aus Angst vor Konflikten geht er ihnen aus dem Weg, oder er versucht, sie durch seinen Charme zu betören und sie für seine Lebensweise zu begeistern.

* Anaïs Nin: Das Delta der Venus.

Typ 7 bleibt stets jung, unkompliziert und fröhlich, deswegen ist ihm der Zugang zu anderen leicht. Er möchte immer gut ankommen. Kann er seinen Optimismus einmal nicht mehr aufrechterhalten, wird er aggressiv oder er verfällt sogar in Selbstmitleid.

Krisen in der Beziehung lassen Typ 7 wie Typ 1 rechthaberisch und starr werden, nachdem er vergeblich versuchte, krampfhaft alles Negative positiv zu betrachten. Er lebt dann die Seite seines Streßpunkts aus (vgl. S. 149). Besonders länger anhaltende negative Stimmungen in der Beziehung lassen Typ 7 unvermeidlich von seinem Streßpunkt aus reagieren. Zu Beziehungskrisen mit Typ 7 kommt es häufig dadurch, weil dieser lustbetonteste aller Enneagramm-Typen mit seinem exzessiven Wunscherfüllungsprogramm die Bedürfnisse seiner Partner leicht mißachtet.

In harmonischen Beziehungen kann der oberflächliche Typ 7 zu einem tiefsinnigen Betrachter werden, der dem Typ 5 gleicht, der seinen Entlastungspunkt darstellt (vgl. S. 154). In dieser Situation wundert sich Typ 7 oft darüber, wie sehr er sich nach einer langfristigen und sicheren Beziehung sehnt, die ihm Geborgenheit vermittelt. Er ist selbst verblüfft über seine »Konventionalität«.

Mythologisch gesehen vertritt der siebte Enneagramm-Typ das Prinzip der Aphrodite (römisch: Venus). Mit Aphrodite tritt uns die alchimistische Göttin gegenüber. Sie versteht es, alles in Freude und Schönheit zu verwandeln, sinnlich und kreativ zu sein. Sie pflegt die Promiskuität und vermag jeden Menschen zum Genuß seiner Lust zu verführen. Aphrodite ist die Göttin der Fruchtbarkeit, der Kreativität und Erotik. Mit allen fünf Sinnen genießt sie ihr Leben und riskiert jederzeit Leidenschaft. Der weibliche Typ 7, der sich in diesem Archetyp ideal gespiegelt findet, ist die Gespielin, die weder nach der Legalisierung noch nach der Zukunft ihrer Beziehungen fragt. Sie lebt im Hier und Jetzt die schöpferische Macht ihrer Liebe und läßt sich niemals in die Opfer- oder Leidensrolle drängen. Die befreite Form dieses weiblichen Archetyps stellt wahrscheinlich eine der höchsten Entwicklungen der Weiblichkeit dar: Sie ist intensiv, selbstbewußt und konzentriert, aber zugleich hingabefähig und aufnahmebereit. In diesem Typ sind männliches Tun und weibliches Sein zu einer Einheit verschmolzen und er zeigt sich darin als der große Alchimist des Enneagramms. Die Alchimie verbindet nach C. G. Jung die Gegensätze zu einem fruchtbaren Ganzen.

Der befreite Typ 7 geht davon aus, daß die Welt jemanden wie ihn einfach lieben muß. Menschen vom Typ 7 können auch selbst lieben und genießen und weil sie die Fülle im Leben sehen, sind sie kreativ, aber auch durch ihre Leichtigkeit schwer faßbar.

Als männlicher Gott (eigentlich ist er nur Götterbote) beherrscht Hermes (römisch: Merkur) Typ 7. Er ist der Gott, der das Glück und die Träume sendet und den Menschen das größte Wohlwollen entgegenbringt. Hermes ist für alle Themen und Menschen offen. Was die amerikanische Therapeutin Jean Shinoda Bolen – nicht ohne moralischen Unterton – über das Sexualverhalten von einem hermesgeprägten Mann schreibt, charakterisiert den siebten Enneagramm-Typ sehr gut:

»Ohne einen Gedanken darauf zu verschwenden, was er ihr damit möglicherweise antut, will ein Hermes-Mann im Leben einer Frau kommen und gehen können, dabei aber keine Verantwortung für ihre Gefühle übernehmen und vor allem nicht treu sein.

Ein Hermes-Mann betritt das Reich der Liebe, sobald die Frau, die sich in ihn verliebt hat, ihn hereinbittet. Für ihn ist es dasselbe wie eine Reise in ein fremdes Land: Eine neue Frau ist neues Territorium, das es zu entdecken und zu genießen gilt; danach verspürt er einen Drang weiterzuziehen. Diese Eigenschaft macht viele Hermes-Männer zu Ebenbildern des Don Juan; sie verhalten sich wie Bienen, die von einer Blüte zur nächsten summen. [...]

Im Hermes-Mann steckt jedoch auch ein dunkleres, ausbeuterisches Potential. Es gehört zu seinen negativen Eigenschaften, daß er aus einer plötzlichen Eingebung heraus handelt und sich nimmt, was er will. Wenn es eine Frau ist, die ihm gefällt, kann er sehr verführerisch und manipulativ werden.«*

Auch der tibetische Budddhismus kennt den siebten Enneagramm-Typ, den er dem Bereich der Götter zurechnet. Das Hauptmerkmal

* Jean Shinoda Bolen: Götter in jedem Mann. Besser verstehen, wie Männer leben und lieben, Basel 1991, S. 194f.

dieses Bereichs ist die Freiheit von leidhaften Erfahrungen. Er ist von unveränderlicher Schönheit und sinnlicher Ekstase geprägt. Moderne Götter sind die blonden Surferinnen und Surfer, die sich an den Stränden Kaliforniens in der Sonne räkeln und genießen. Von jedem erdenklichen Genuß berauscht, schwelgen sie in Meditation, Yoga, Körperarbeit und allen möglichen Arten der Selbstverwirklichung. Sie sind so betäubt, daß sie nicht merken (und auch nicht merken wollen), in welcher emotionalen Misere sie sich befinden.

Daß die Tibeter den Bereich dieser »Götter« nicht gerade positiv betrachten, ist verständlich. Die Götter oder Menschen vom Typ 7 müssen lernen, Leid auf sich zu nehmen, um so zum Tiefsinn und zu wahrer Erkenntnis zu gelangen.

Typ 7 hilft es, seine Erfahrungen zu verinnerlichen und auf den Enneagramm-Typ 5 zu schauen, der trotz einer gewissen Intellektualität ein ausgeprägtes Verhältnis zu seiner Herzkraft besitzt. Typ 7 tendiert nämlich dazu, seine Gefühlsseite zu vernachlässigen, weil sie ihm nur störend und verwirrend erscheint. Außerdem lebt er häufig mit einer solchen Geschwindigkeit, in der eine Erfahrung die andere jagt, daß gar keine Zeit besteht, seine Erfahrungen zu verinnerlichen. Der Enneagramm-Typ 7 ist meistens schneller als jeder andere nervös und leicht aufgeregt, weswegen es ihm schwerfällt, eine Situation bewußt wahrzunehmen.

Eine der großen Lernaufgaben für Typ 7 besteht in der Einsicht, daß man für eine Beziehung und um ein Ziel zu erreichen, Opfer bringen muß. Die Idee des Opfers und des notwendigen Leidens lehnt dieser Enneagramm-Typ spontan ab. Er pflegt lachend, scherzend oder zumindest schmunzelnd durch das Leben zu gehen. Seine Selbstsicherheit bekommt er durch seine (vorgespielte) Besonnenheit, die in einem eigenartigen Widerspruch zu seiner jugendlichen Kühnheit steht. Nicht zuletzt die Distanz zu seinen Gefühlen läßt ihn optimistisch auf alle möglichen Situationen reagieren. Diese Besonnenheit und Intellektualität, wird jedoch meistens von einer tiefen Angst begleitet, ins Chaos fallen zu können und die Kontrolle über die Situation zu verlieren.

Typ 7 entspricht das Kehl-Chakra (Vishuddha), jenes Energiezentrum, das die menschliche Kommunikation regelt. Und sicherlich stellt er den kommunikationsstärksten Typ des Enneagramms dar. Der Weg zum Du führt für ihn – ganz im Sinne des chassidischen Philosophen Martin Buber (1878–1965) – über das Gespräch. Außer über den Dialog knüpft Typ 7 über seine Erotik und besonders über die Sexualität, die er zu recht für die intensivste Kommunikationsart hält, seine Beziehungen.

Der männliche Typ 7 ist ein charakteristisches Beispiel für einen Menschen mit positivem Mutterkomplex. Er erwartet noch als Erwachsener von seiner Umwelt, daß sie auf ihn hilfreich, positiv und bemutternd reagiert.

Der ideale Partner für Typ 7 ist Typ 5, der ihm Tiefsinn und Ruhe bringt. Typ 7 erlöst wiederum Typ 5 durch seine Leichtigkeit.

Sehr deutliche Typ-7-Eigenschaften zeigten meist die berühmten Hollywood-Stars, wie zum Beispiel Charlie Chaplin (1899–1977), der zwanghaft ein junges Mädchen nach dem anderen entjungfern mußte und immer wieder neue sexuelle Abenteuer suchte, oder Errol Flynn (1909–1959), der von sich behauptete, in 14 000 Nächten seines Lebens mit verschiedenen Frauen geschlafen zu haben. Flynn war wie teilweise auch Chaplin weitgehend bindungslos und emotional zu keiner Bindung fähig. Bei ihm blieb alles oberflächliche Affäre.

Ein Beispiel für einen befreiten Typ 7 stellt die französische Schauspielerin Sarah Bernhardt (1844–1923) dar. Sarah Bernhardt war hochgradig talentiert und erstaunlich kreativ. Zugleich liebte sie fast alle berühmten und einflußreichen Männer Europas und wurde dabei selbst überaus bekannt. Eine Streitschrift gegen sie, betitelt »Sarah Bernhardts Liebhaber«, warf ihr vor, mit allen führenden europäischen Staatsmännern ihrer Zeit geschlafen zu haben.

Eine typische Eigenschaft von Typ 7 zeigte sich darin, daß Sarah Bernhardt bis ins hohe Alter relativ jugendlich aussah und sich äußerst lebendig zeigte. Selbst nachdem ihr 1915 ein Bein amputiert werden mußte, führte sie bis zu ihrem Tod im Alter von 78 Jahren ihr gewohntes Leben fort. Jeder, der sie gekannt hatte, betont ihren natürlichen Charme und ihren Optimismus, den sie in jeder Situation ausstrahlte, um sich auch so als charakteristischer Typ 7 zu zeigen.

Wie man das Herz des siebten Enneagramm-Typs gewinnt

Wenn Sie Fröhlichkeit verbreiten und gut gelaunt sind, dazu noch sexy wirken, wird es Ihnen nicht schwer fallen, Typ 7 für sich zu gewinnen. Auch intellektuelle Gespräche können Typ 7 reizen und auf Sie aufmerksam machen. Am besten verführen Sie Typ 7 relativ schnell zum Sex, ehe ein anderer es tut und Sie werden sich wundern, wieviel Spaß sie beide zusammen haben werden.

Wollen Sie allerdings Typ 7 zu einer längerfristigen Beziehung verführen, müssen Sie am besten pflegeleicht, lustig und möglichst intellektuell sein und vor allem großen Spaß an der Sexualität haben.

Enneagramm-Typ 8

Sexualität

Typ 8 liebt den Exzeß. Der amerikanische Schriftsteller Henry Miller (1891–1980), der seine Romane aus der Perspektive des achten Enneagramm-Typs schrieb, schockierte damit zunächst sein Publikum.

Typ 8 ist lüstern und sexbesessen, er möchte den anderen ganz besitzen. Er sieht den Partner als sein Eigentum an, über das er eifersüchtig wacht und mit dem er machen kann, was er will. Das heißt nicht, daß Typ 8 diese Tendenz in jedem Fall auch real ausleben muß. Ein bewußter Typ 8 wird dieses Besitzenwollen des Partners nur in seinen Phantasien ausleben.

Speziell der weibliche Typ 8 zog schon immer die sexuellen Phantasien der Männer an. In matriarchalischen Kulturen gab es die weibliche Achse vom zweiten zum achten Enneagramm-Punkt. Als das Patriarchat erstarkte, wurde die starke Frau und Führerin, wie sie uns beispielsweise in der englischen Nationalheldin Boadicea

(Führerin der Iceni und fünfmalige Besiegerin der Römer, ehe sie von diesen geschlagen wird) entgegentritt, dämonisiert und zur Hexe erklärt. Das Partriarchat beschnitt die Weiblichkeit um ihre Eigenschaften des Typs 8, um einseitig den Typ 2 als weiblich zu definieren. Damit wurde auch das Wilde aus dem Treffen der Geschlechter verbannt.

Der unbewußte Typ 8 benutzt den Partner als ein Objekt zur persönlichen Lustbefriedigung. Der weibliche Typ 8 repräsentiert oftmals die berechnende Haltung, daß es Sexualität nur bei entsprechenden Gegenleistungen gibt. Eine solche Frau benutzt ihren Körper als Kreditkarte – ein Verhalten, das auch zunehmend bei Männern auftritt.

Außerdem reizt es Typ 8, schwächere Partner zumindest in Gedanken zu vergewaltigen. Hierhin gehören auch die Männer, die gern als Herrscher über das schwache Geschlecht auftreten.

Typ 8 sucht wahllos sexuelle Kontakte und weist nicht selten eine Tendenz zur Gewalttätigkeit auf. Der männliche und weibliche Typ 8 liebt die Geste des Gönnerhaften auch im Bett. Er meint genau zu wissen, was für die Geliebte oder den Geliebten gut ist.

Der verzauberte achte Enneagramm-Typ ist sexuell entweder erstaunlich konservativ und abschreckend prüde oder er übt mit Hilfe seiner Sexualität Macht aus. Bei Typ 8 finden wir Frauen und Männer, die ihre Partner durch sexuelle Zuwendung und Liebesentzug gängeln, und gleichzeitig zählt die Jungfrau aus Prinzip und das keusche verlobte Paar, das aus den Romanen Barbara Cartlands entsprungen zu sein scheint, dazu. Prinzipien und Macht beherrschen die sexuelle Seite dieses Typen. Sexuelle Hörigkeit und physische und psychische Gewalt gehören zur alltäglichen Beziehungswirklichkeit des achten Enneagramm-Typs.

Bei sexuellen und anderen Schwierigkeiten ist für Typ 8 immer der andere der Schuldige. Dieser Typ ist der Projektions-Champion, der vor keiner Lüge – auch nicht der Selbstlüge – zurückschreckt.

Beziehung

Typ 8 wird schnell zornig. Er liebt es aber, wenn der Partner sich wehrt. Seine große Stärke liegt darin, daß er jede Beziehungsschwierigkeit sofort zu lösen versucht. Er ordnet sich allerdings niemals unter und möchte in der Beziehung eine gewisse Unabhängigkeit bewahren. Zumindest will dieser Enneagramm-Typ in seiner Beziehung stets das Sagen haben. Es geht Typ 8 um Macht. Er möchte den Partner und die ganze Familie beherrschen. Zur Not geschieht das mit Drohungen und Einschüchterungen. Er beteiligt sich am Leben aller Familienmitglieder, jedoch nur, um sie unter Kontrolle zu haben. Despotisch bestimmen sie, was man beispielsweise anziehen und tun oder lassen soll. Das Selbstbild von Typ 8 lautet: »Ich bin der starke und gerechte Beschützer aller Schwachen.«

Trotz allem steht Typ 8 treu zu seiner Familie und kann mit ihr sogar zärtlich sein. Er vermag sehr gut verpflichtende und langfristige Beziehungen einzugehen. Bei Konflikten zeigt er ein erstaunliches Durchhaltevermögen. Allerdings weist er kein Verständnis für das Feingefühl seines Partners auf. Bei handfesten Auseinandersetzungen in der Familie tritt oftmals die ungebremste Gewalttätigkeit von Typ 8 zutage. Er selbst betrachtet sein Verhalten jedoch immer als Notwehr.

In langanhaltenden Beziehungskrisen zeigt Typ 8 nach einigen Kämpfen plötzlich das Verhalten von Typ 5: Er zieht sich ängstlich aus der Beziehung zurück und ist unerreichbar. Damit lebt er das Reaktionsmuster seines Streßtyps aus (vgl. S. 154). In einer harmonischen Beziehung kann Typ 8 ein erstaunlich offenes Herz und viel Hilfsbereitschaft zeigen. Er nähert sich damit der Verhaltensweise seines Entlastungspunkts, dem Typ 2 an (vgl. S. 151) und zeigt statt seiner rauhen Schale seinen weichen Kern.

Typ 8 entspricht dem Archetyp des Ares (römisch: Mars), der unter anderem den Mißhandler aber auch den Sündenbock symbolisiert. Nicht nur der griechische Dichter Homer (8. Jahrhundert v.Chr.), sondern auch Zeus und das heutige Patriarchat lehnen Ares radikal ab. Der Kriegsgott ist aber keineswegs nur gewalttätig, sondern er stellt auch ein Symbol der ungebrochenen Gefühlskraft dar. Im befreiten Zustand kann er sehr gut mit Macht umgehen. Mars war als der Schutzgott Roms der positive Kämpfer.

Die Urkraft der Aggression, die Ares verkörpert, wird in unserer Gesellschaft viel zu einseitig als destruktive Kraft angesehen. Das ist verständlich, da heutzutage der Umgang mit Konflikten und Wut besonders in der Beziehung verdrängt wird, was der unkontrollierten Aggression Tür und Tor öffnet. Der befreite Typ 8 zeigt jedoch eine Fähigkeit zur Auseinandersetzung, die mit der Lust am Leben, mit Zupacken und der Sehnsucht nach dem Gefühlsausdruck verbunden ist. Der bewußte Typ 8 kann positiv kämpfen, indem er seine Gefühle ungebrochen zeigt, ohne jedoch den Partner dabei physisch anzugreifen. Typ 8 bringt den befreiten Ausdruck der Gefühle und damit auch den der Aggression ins Enneagramm.

In seiner Ehe kann Typ 8 leicht dem Zeus-Hera-Archetypen des streitbaren Ehepaars verfallen. Zeus und Hera überlegen sich ständig, wie sie ihr Ich durchsetzen und den Partner besiegen können. Allerdings ist es auch wichtig zu beachten, daß Ares die sexuell erfahrenste Göttin, nämlich Aphrodite, liebt und daß wir hier ein ebenbürtiges Paar vor uns haben.

Ares und Aphrodite werden allerdings immer wieder mit der Eifersucht konfrontiert. Das ist verständlich, da Ares viele Liebschaften hatte, in denen er etwa fünfundzwanzig Kinder zeugte. Die ungezügelte Eifersucht von Typ 8 zeigt sich im Mythos darin, daß Ares, als Aphrodite sich in den schönen Adonis verliebt, diesen sofort in der Gestalt eines rasenden Ebers tötet.

Typ 8 oder der Ares-Liebhaber wird sehr anschaulich von David Herbert Lawrence (1885–1930) in »Lady Chatterley und ihr Liebhaber« in der Figur des Mellor gestaltet.

Eine wichtige Rolle spielen für den achten Enneagramm-Typ seine Freundschaften. Für eine Aufgabe und seine einmal geschlossenen Freundschaften ist dieser Typ bereit, alles einzusetzen. Typ 8 fühlt sich wohl, wenn er seine Clique hat, in der er zweifelsohne den Ton angibt, denn Vertrauen in andere Menschen zu haben fällt ihm schwer. Deswegen muß er zwanghaft alle Menschen seiner Umgebung beherrschen.

Sein größtes Problem ist, daß er sich ungern mit seinen eigenen Gefühlen beschäftigt. Dieser Typ ist nicht gern alleine und die in sich zurückgezogene Haltung des fünften Enneagramm-Typs bereitet ihm große Angst, die er allerdings nie zeigen oder zugeben würde – auch nicht vor sich selbst. All seine Phantasie und Kreativität geht verloren, wenn er längere Zeit ohne Partner und Freunde leben muß.

Wie der siebte Enneagramm-Typ ist Typ 8 ein extravertierter Typ, der im Kreis seiner Freunde so richtig aufblüht. Meistens gründet er eine Familie, in der es erstaunlich geordnet zugeht. Er lebt jedoch keineswegs zurückgezogen in dieser Familie, sondern liebt es, ein offenes Haus zu führen, in dem natürlich er den Ton angibt.

In der Sexualität und in Beziehungen ist es fast immer noch der Mann, der das Verhaltensprinzip von Typ 8 zeigt. Dieser Typ zeigt oftmals das Verhalten halbstarker Männer: Er ist rücksichtslos, egoistisch, aggressiv und häufig ausbeuterisch. Dem aktiv aggressiven Mann wird zwar die unersättliche, »männermordende« Frau entgegengesetzt, aber dieses Bild ist eher von der männlichen Angst gemalt worden, als daß sich Frauen real in ihm wiederfinden. Als Frau lebt man die befreite Seite von Typ 8 wahrscheinlich darin befriedigend aus, daß man beginnt, selbst zu bestimmen, was mit dem eigenen Körper beginnt. Eine solche Typ-8-Frau verbindet Autonomie mit Sexualität; sie lebt das Ideal, was man vorchristlich unter »Jungfrau« verstand, nämlich diejenige Frau, die sich selbstbewußt und aktiv ihre Sexualpartner aussucht, ohne sich an einen von ihnen langfristig gebunden zu fühlen.

Der befreite männliche Typ 8 zeigt sich im Grunde viel deutlicher im öffentlichen Leben als im privaten Bereich. Es ist der Mann, der grandiose Ziele hat, für die er sich begeistert und oft auch kämpferisch einsetzt.

Der Idealpartner von Typ 8 ist Typ 5, beide haben sich viel zu sagen und können voneinander lernen. In ihnen treffen allerdings auch unterschiedliche Welten aufeinander, was oftmals zu Spannungen führt.

Der italienische Bildhauer und Maler Amadeo Modigliani (1884–1920) zeigte zeitlebens deutliche Eigenschaften des achten Enneagramm-Typs in seinem Beziehungs- und Liebesleben. Als er sich 1914 in die adelige englische Schriftstellerin Beatrice Hastings verliebte, verlieh er seiner Liebe Nachdruck, indem er Beatrice regelmäßig schlug und an ihren Haaren durch die Straße zerrte. Modigliani war als verzauberter Typ 8 krankhaft eifersüchtig und gewalttätig. Beatrice Hastings verließ ihn 1916. Danach verliebte der Künstler sich 1917 in die neunzehnjährige Studentin Jeanne Hébuterne. Sie stand Modell für viele seiner Bilder. Bevor Modigliani drei Jahre später starb, schlug er ihr vor, daß sie ihm in seinen Tod folgen sollte. Am 24. Januar 1920, dem Tag der Beerdigung Modiglianis, sprang Jeanne Hébuterne aus dem obersten Fenster eines fünfstöckigen Gebäudes.

Einige Eigenschaften des in seiner Sexualität verzauberten Typ 8 zeigt auch der holländische Maler Vincent van Gogh (1853–1890). Als er sich 1874 in Ursula Loyer verliebt, fiel seine Liebeserklärung derart gewaltätig aus, daß er sie abschreckt. Das Gleiche wiederholt sich bei seiner Werbung um seine Kusine Kee Stricker Vos, der er mit einem gewaltigen Gefühlsausbruch seine Liebe gesteht, daß auch sie ihn auf der Stelle flieht. Später schneidet sich der Maler einen Teil seines linken Ohrs ab, das er in einem Umschlag verpackt einer Prostituierten in Arles bringt, die lieber mit ihm als mit dem allseits beliebten Maler Paul Gauguin schläft. An dieser Episode zeigt sich, wie schnell die sexuelle Gewalttätigkeit gegen andere in Selbstaggression umschlagen kann. Wenn Typ 8 sexuell unter hohem Druck steht und kein Opfer für seine Aggression findet, wendet sich diese Aggression in äußerst selbstzerstörerischer Weise, oft unkontrollierbar, gegen ihn selbst.

In der Literatur wurde dem Typ 8 ein bedeutendes Denkmal im Roman »Seewolf« des amerikanischen Abenteuerschriftstellers Jack London (1876–1916) gesetzt. Die Hauptperson dieses Romans ist die archetypische Gestalt des Robbenfänger-Kapitäns Wolf Larsen, in dessen Gestalt sich wilde Männlichkeit mit Nietzsches Übermenschen-Philosophie verbinden.

Ein sehr zutreffendes Bild dieses mächtigen Enneagramm-Typs gestaltete Mozart mit der Figur des Sarastro.

Wie man das Herz des achten Enneagramm-Typs gewinnt

Um Typ 8 für sich gewinnen zu können, muß Mann oder Frau äußerst stark und möglichst nicht zu sensibel sein. Ein gewisser Hang zum Masochismus, den jeder aufweist, hilft auch. Um Typ 8 auf sich aufmerksam zu machen, sollte man ihm in charmanter, aber bestimmter Weise widersprechen. Typ 8 braucht den Widerstand, der auf ihn erotisch wirkt, allerdings muß er sich sicher sein, daß er der Stärkere bleibt. Sehr bewußte Typen 8 lieben das Spiel um die Macht und können auch ehrenhaft verlieren, wenn der andere wirklich besser ist. Zeigen Sie ihm auf keinen Fall Ihre Schwächen. Nicht nur, daß er diese rückhaltlos ausnutzen wird, sondern Sie verlieren dann seine Achtung. Typ 8 kann mit schwachen Partnern wenig anfangen, außer sie auszunutzen.

Enneagramm-Typ 9

Sexualität

Typ 9 hat erfreulich wenig Probleme mit seiner Sexualität. Er möchte sich mit seinem Partner völlig vereinigen, besonders zu Beginn seiner Verliebtheit und so oft wie möglich. Typ 9 liebt seine Verschmelzungsphantasien. Er idealisiert den Partner, aber bei Enttäuschungen läßt er sich auf keinen Sex mehr ein. Er ist sehr sinnlich und weist eine Tendenz zum Masochismus und zur Verwahrlosung auf. Er kann sich in einer sexuellen Beziehung wie Typ 3 jedem Partner leicht anpassen, was beim Enneagramm-Typen 9 bis zur Unterwürfigkeit gehen kann.

Beziehung

Typ 9 gilt als der faulste Enneagramm-Typ. Das zeigt sich unter anderem darin, daß er keine Anstrengungen und Bemühungen in der Beziehung unternimmt. Er ignoriert als großer Verdränger Störendes und meidet möglichst jeden Konflikt. Typ 9 flieht Beziehungskonflikte, da er schwer Gefühle ausdrücken kann, und er flüchtet sich in seine Phantasiewelt. Für Typ 9 ist die Zufriedenheit und Harmonie das höchste Ziel. Er unterdrückt seine Energie und Kraft, um ein harmonisches Verhältnis zwischen sich und seinem Partner zu erzeugen. Er ist mitfühlend und geduldig und kann gut auf die Konflikte und Probleme des Partners eingehen, solange er selbst nicht betroffen ist. Läuft in der Beziehung alles gut, was Typ 9 an sehr konventionellen Maßstäben mißt, ist er ein ausgeglichener Mensch, der sich bestens in einer Beziehung anpassen und zurechtfinden kann.

Ein Problem ist allerdings die Passivität von Typ 9. Er meint, die anderen seien an ihm nicht interessiert, wodurch er oft Schwierigkeiten hat, einen Partner zu finden. Er weist eine Neigung zum Alleinsein auf, ist emotional zurückhaltend und versucht um jeden Preis, Höhen und Tiefen zu umgehen.

Typ 9 besitzt wenig Antrieb und will keine Karriere machen, er fühlt sich aber von Männern beziehungsweise Frauen mit gesichertem Einkommen oder Vermögen angezogen. Er genießt das Geld des Partners und kümmert sich dafür liebevoll um ihn und dessen Haushalt. Typ 9 hat mit dieser Situation gar kein Problem.

In der Liebe ist Typ 9 insofern faul und träge, da er sich nie aktiv aus einer Verbindung löst. Es ist immer der andere, der Schluß macht. Typ 9 beendet höchstens eine Beziehung, indem er sich ganz zurückzieht und für den anderen nicht mehr erreichbar ist.

Die Abhängigkeit vom Partner, die den Enneagramm-Typ 7 beispielsweise zur Weißglut bringen würde, stört Typ 9 wenig, vielmehr scheint sie ihm ein Sicherheitsgefühl zu vermitteln. Aus dieser Sicherheit heraus kann er seine Lust entwickeln und oft eine erstaunliche sexuelle Attraktivität ausstrahlen. In einem harmonischen Bereich ist er ein zufriedener Mensch, der nur in Situationen äußerster Bedrohung explodiert – wenn er überhaupt einmal aus seiner Haut fährt und es nicht vorzieht, Bedrohungen zu erleiden oder stoisch auszuhalten. Typ 9 ist einfach ein liebenswerter Mensch und scheint für viele zunächst der ideale Partner zu sein, der demütig und bescheiden wirkt, obwohl er seine passiv aggressive Macht sehr wohl einzusetzen vermag.

In Streßsituationen reagiert Typ 9 wie Typ 6: Er wird ängstlich, unsicher und zweifelt an sich und seinen Fähigkeiten. Das entspricht dem Verhalten seines Streßpunkts (vgl. S. 155). Beziehungskrisen entstehen für Typ 9 dadurch, daß er sich von seinem Partner übergangen fühlt oder weil sich durch seine Passivität so viel Wut angestaut hat, daß er völlig unerwartet für alle Beteiligten explodiert. Fühlt sich Typ 9 jedoch in seiner Beziehung glücklich, zeigt er ein erfolgreiches, zielgerichtetes Handeln wie Typ 3, der seinem Entlastungspunkt entspricht (vgl. S. 152).

Der neunte Enneagramm-Typ drückt teilweise den Archetyp des Meeresgottes Poseidon (römisch: Neptun) aus, der einen leichten Zugang zu den Gefühlen und dem Unbewußten symbolisiert. Außerdem kann er als Schutzpatron der Phantasiewelten gelten, die Typ 9 wie teilweise auch Typ 4 so sehr lieben.

Typ 9 entspricht dem Prinzip der Kore, dem griechischen Mädchen, das Hades in die Unterwelt entführt und dort zu seiner Geliebten macht. Die Kore steht unter anderem für den Rückzug aus der Wirklichkeit, den Typ 9 nur zu gut kennt. Allerdings entsprechen andere Anteile dieser griechischen Göttin, die auch unter dem Namen Persephone verehrt wird, eher dem vierten Enneagramm-Typ.

Auch Anteile der Göttin Hestia (römisch: Vesta) erinnern an Typ 9: Diese Göttin beteiligt sich weder an den Liebesaffären noch an den Kämpfen der Götter. Sie ist häuslich und gilt als der gute Geist des Heims. Die amerikanische Therapeutin Jean Shinoda Bolen beschreibt eine Hestia-Frau, die zugleich ein Modell für den weiblichen Typ 9 abgeben könnte. Diese Frau mit träger Tendenz ist sehr orgasmusfähig, genießt den Sex, wenn er stattfindet, und ist aber auch nicht unzufrieden, wenn sie keinen hat. Insgesamt beschreibt Bolen die Hestia-Frau als eine Frau, die konventionelle

Männer so wie der weibliche Enneagramm-Typ 9 als »gut« einstufen würde.*

Ideal ist eine Verbindung mit Typ 8, der Typ 9 zeigt, wie man in unserer Gesellschaft etwas bewirkt.

Der Dichter Rainer Maria Rilke (1875–1926) wurde die ersten sechs Jahre seines Lebens von seiner Mutter als Mädchen erzogen, bis ihn sein Vater in eine Militärschule schickte. Rilkes einzige große Liebe ist Lou Andreas-Salomé. In dieser Liebe zeigt sich die typische Konstellation von Typ 9: Rilke verhielt sich relativ passiv der 13 Jahre älteren, verheirateten Geliebten gegenüber, obwohl er äußerst erregt war. Nach dieser gescheiterten Liebe – Lou Andreas-Salomé trennte sich bald nach ihrem ersten Treffen von dem Dichter – zog sich Rilke in seine ästhetische, poetische Welt zurück, in der er einfacher seine großen Gefühle und seine Sinnlichkeit ausleben konnte. Allerdings hat sich Rilke nie völlig von Lou Andreas-Salomé getrennt, er korrespondierte mit ihr bis an sein Lebensende. Hierin zeigt sich die Abhängigkeit vom Partner des neunten Typs, der sich nur schwer zu trennen vermag.

Wie man das Herz des neunten Enneagramm-Typs gewinnt

Bei der Werbung um Typ 9 ist es wichtig, daß Sie ihm viel Sicherheit bieten können und sehr geduldig mit ihm sind. Ansonsten ist die Werbung um Typ 9 sehr leicht. Sie brauchen ihm einfach nur Ihre Zuneigung zu zeigen. Da Typ 9 sehr sensibel für die Schwingung der Liebe und Zuneigung ist, wird er Ihr Interesse sogleich bemerken. Das Schöne beim Umwerben von Typ 9 liegt darin, daß er keine Spiele spielt. Typ 9 ist offen und ehrlich und mit ihm können Sie sich klar verständigen. Typ 9 wird Sie auch nicht hinhalten oder gegen andere Bewerber ausspielen. Das Herz von Typ 9 können Sie also durch Ehrlichkeit und Offenheit gewinnen und Sie brauchen sich dabei gar nicht groß anzustrengen.

* Vgl. Jean Shinoda Bolen: Göttinnen in jeder Frau. Psychologie einer neuen Weiblichkeit, Basel 1986, S. 183.

Die Quintessenz

Die Enneagramm-Typen 1, 2 und 6
sind sozial orientiert und richten ihre Handlungen danach aus, was andere tun. Sie denken und handeln in einer Beziehung auf den Partner bezogen. Sie sind von der Sehnsucht geprägt, daß der Partner sie bestätigen möge.

Die Typen 4, 5 und 9
leben zurückgezogen und meinen, sich durch diesen Rückzug selbst schützen und vor dem Partner abschließen zu müssen.

Die Typen 3, 7 und 8
sie setzen in einer Beziehung die Regeln fest, nach denen sich der Partner richten muß.

Wer mit wem?

Es ist nicht unsere Aufgabe, einander näherzukommen, so wenig wie Sonne und Mond zueinanderkommen oder Meer und Land. Unser Ziel ist es, einander zu erkennen und einer im anderen das zu sehen und zu ehren lernen, was er ist: der andern Gegenstück und Ergänzung.

Hermann Hesse

Jeden interessiert brennend, mit wem er oder sie zusammenpaßt und welche Schwierigkeiten mit welchem Partner zu erwarten sind. Antworten auf diese Frage werden Sie in diesem Kapitel finden. Dabei ist jedoch zu beachten, daß nur Tendenzen aufgezeigt werden können, letztlich kommt es darauf an, was Sie mit der speziellen Mischung von Eigenschaften in Ihrer Beziehung machen. Ab einer bestimmten Bewußtseinsstufe sollte man mit jedem Partner ein produktives Verhältnis führen können. Aber davon sind wir alle noch weit entfernt, da wir uns viel zu sehr mit unseren eigenen Gefühlen identifizieren und uns selbst zu wichtig nehmen, so daß wir leicht verletzt und gekränkt sind.

Wenn ich im folgenden die Beziehungen der unterschiedlichen Enneagramm-Typen miteinander beschreibe, handelt es sich dabei um Tendenzen in Beziehungsmustern, die Ihnen die Augen für das öffnen, was sie leicht – besonders in der Phase der Verliebtheit (erster Enneagramm-Abschnitt) – übersehen. Was Sie in diesem Kapitel als Beziehungsmuster beschrieben finden, sind Tendenzen zu automatisierten Reaktionen. Das Enneagramm hilft uns, diese automatischen Mechanismen zu erkennen und sie uns bewußt zu machen. Je bewußter wir sind, desto seltener tappen wir in die aufgezeigten Beziehungsfallen. Psychologisch gesehen hilft uns die Typenlehre des Enneagramms, unsere Projektionen leichter und schneller zu erkennen. Sie zeigt uns unsere Schattenseiten, die wir nur allzu gern auf unsere Partner projizieren. Die in diesem Kapitel dargestellten Beziehungsmuster sind ein Ergebnis der automatisierten Projektionen, die unser Beziehungsleben behindern. Zur Überwindung dieser Situation schlägt das Enneagramm neben der aufmerksamen Selbstbeobachtung die Nicht-Identifizierung mit unseren Projektionen vor. Indem wir unsere Projektionen erkennen und uns bewußt machen, brauchen wir ihnen nicht mehr zu folgen. Auf diesen Bewußtseinsstand sind die in diesem Kapitel dargestellten Beziehungsmuster nicht mehr gültig.

Je mehr Bewußtsein wir über unsere eigenen Reaktionsmuster gewinnen, desto weniger unterliegen wir den Zwängen unserer Projektionen und Beziehungsmuster. Diese Freiheit zu erreichen, ist das Ziel der Beschreibung der unterschiedlichen Beziehungsmuster der Enneagramm-Typen.

Können Männer und Frauen sich überhaupt verstehen? Ich glaube ja und hoffe, wirksame Verständnishilfen zu geben. Meiner Erfahrung nach können sich Männer und Frauen emotional und teilweise sogar körperlich sehr weit in den Bereich des anderen Geschlechts einfühlen. Das belegen die Erfahrungen von Menschen, die ihr Geschlecht verändert haben (Transsexuelle). Außerdem halte ich es für die einzig produktive Annahme, davon auszugehen, daß Männer und Frauen sich grundsätzlich verstehen können.

Wenn wir vom Unterschied zwischen Männern und Frauen reden, meinen wir oft gar nicht so sehr die Verschiedenheit zwischen männlich und weiblich, sondern vielmehr den Gegensatz zwischen Denk- und Fühltyp*. Es scheint archetypisch und nicht nur an unsere Gesellschaft gebunden zu sein, daß häufig der Mann den Denktyp auslebt, während Frauen dem Fühltyp zuneigen. Dieser nicht so leicht zu überwindende Gegensatz zwischen Denk- und Fühltyp spielt in den ersten beiden Enneagramm-Tertialen eine

* Diese Unterscheidung zwischen Denk- und Fühltyp stammt ursprünglich von C. G. Jung, wobei von den Elementen her dem Fühltyp das Wasser, dem Denktyp die Luft zugeordnet werden kann. Das macht deutlich, daß mit Fühlen der spontane Gefühlsausdruck gemeint ist und mit Denken das intellektuelle Abstrahieren. Fühlen wendet sich dem Konkreten, Denken dem Abstrakten und Allgemeinen zu. Das Fühlen ist phylogenetisch sehr viel älter als das Denken. Ich nehme an, daß Ansätze der Denkfunktion erst um zehntausend vor Christus entwickelt wurden und der Durchbruch der Denkfunktion mit dem Wandel vom Matriarchat zum Patriarchat zusammenhängt.

wichtige Rolle. Im dritten Enneagramm-Tertial wird er jedoch überwunden, indem Denken und Fühlen bei Mann und Frau miteinander verbunden werden: Die Frau vermag ihr Fühlen zu reflektieren, wie der Mann die Starrheit seines Denkens durch das Fühlen vermindern kann. Auf der Ebene der ersten beiden Enneagramm-Tertiale tritt dieser Unterschied zwischen Fühlen und Denken, der sich besonders in der Kommunikationsweise bemerkbar macht, häufig in Streitigkeiten zutage: Die Frau spricht den Mann emotional an, dieser reagiert darauf intellektuell, worauf die Frau beleidigt ist und der Mann schweigt. Der erste Schritt aus dieser Misere heraus besteht darin, daß Mann und Frau sich in jedem Gespräch – und speziell in Problemgesprächen – klar machen, daß sie zwei grundlegend unterschiedliche Sprachen sprechen. Lernt das Paar, aufeinander zu hören, ohne sogleich zu reagieren, kann dieser Kommunikationsunterschied überwunden werden. Gewöhnlich zeigt die Frau eine große Bereitschaft, sich auf die Denkfunktion des Manns einzustellen. Der Mann hat oft Schwierigkeiten, sich auf die Fühlfunktion der Frau einzuschwingen. Die Frau muß ihm hierbei eine gute Lehrerin beziehungsweise Bewußtseinshelferin sein, sonst versteht er leider viel zu wenig. Die schnelle Reaktion auf die Kommunikation des Partners – häufig Wut, Ärger oder »Abschalten« – verstärkt nur die unbewußten und automatisierten Reaktionsweisen, die fast immer negative Auswirkungen haben. Das Enneagramm lehrt uns, uns nicht mehr in solchen unbewußten Reaktionen elendiglich zu verstricken, sondern bewußt zu lernen, den anderen zu akzeptieren.

Die Gefahr bei der Betrachtung, wer mit wem zusammenpaßt, liegt darin, daß die Aussagen zu oberflächlich und banal werden und leicht auf ein Illustrierten-Niveau absinken. Der Intellekt liebt es, den anderen in Kästchen und Schubladen einzuteilen, um sich vormachen zu können, daß er den großen Durchblick hat. Solche Einteilungen sagen konkret nichts aus, sondern zementieren vielmehr unsere Vorurteile und machen uns so weniger liebesfähig. Auf der anderen Seite sprechen uns griffige Aussagen, wie beispielsweise: »Der tiefsinnige Typ 5 und der oberflächlich-optimistische Typ 7 passen gut zusammen«, direkt an und geben uns Hoffnung.

Wir alle möchten einen Partner haben, mit dem wir gut zusammenpassen. Leider ist der ideale, pflegeleichte Partner eine liebgewonnene Illusion, die wir alle haben. Jeder bekommt den Partner, den er verdient. Das bedeutet, man erhält einen Partner, der zumeist auf der gleichen Stufe steht, die man sich zuvor erarbeitet hat. Nur so entstehen gemeinsame Interessen und die Chance eines gegenseitigen Verständnisses.

Die Vorstellung von der idealen Beziehung hat auch ihre positive Seite. Ideale sind nicht nur zu schön, um wahr zu sein, sondern es kommt darauf an, Ideale in der Unvollkommenheit einer Beziehung zu erkennen. Ohne ein Ideal der Liebe wäre keine Beziehung zu ertragen. Ideale dienen dazu, dem Künftigen und Begehrenswerten einen Namen und so einem Ziel Form und Struktur zu geben. Sie geben uns die Motivation, an einer befriedigenden Beziehung zu arbeiten und dienen als Orientierungshilfe, dieses Ziel zu erreichen. Einen Fortschritt in der Beziehung kann man häufig dadurch erreichen, daß man die Rolle des idealen Liebhabers oder der idealen Geliebten spielt. Durch dieses Spiel übt man die erwünschte Verhaltensweise und macht sich zugleich dabei bewußt, wo man ihr Widerstände entgegensetzt.

Was eine Beziehung stabil macht, ist hauptsächlich der geistige Kontakt. Er stellt ein weitaus stärkeres Bindemittel als der emotionale und der sexuelle Kontakt dar. Dauerhafte Liebe ist nur möglich, wenn beide eine gemeinsame geistige Basis besitzen. Natürlich gibt es auch die sexuelle Faszination, die wir auf unsere Partner projizieren und die uns über lange Zeit die Beziehung zum siebten Himmel werden läßt. Derartige Projektionen haben leider die Tendenz, nicht ewig anzudauern. So bedauerte schon Friedrich Nietzsche, daß alle Lust Ewigkeit möchte, ihr aber gerade das nicht vergönnt sei.

Wie man zusammenpaßt, merkt man meistens sofort und zwar ohne daß einer auch nur ein Wort gesprochen hat. Es wird geschätzt, daß annähernd 70 Prozent der Kommunikation nonverbal ablaufen. Das trifft speziell für das erotische Gebiet zu. Liegt es daran, daß Liebe auch ein chemischer Vorgang ist? Es ist das Molekül Phenylethylamin (PEA), das unter anderem dafür verantwortlich ist, ob zwei Menschen sich angezogen fühlen oder nicht. PEA ist eine Substanz des Gehirns, die Gelassenheit und Hochstimmung auslöst. Nur achtzehn Monate bis maximal drei Jahre hält die Wirkung dieser »Anziehungssubstanz« an, dann muß die Beziehung ohne »chemisches Doping« überleben. Dieses Abnehmen der Wirkung des Phenylethylamins mag einer der Gründe sein, warum es uns so schwerfällt, unseren Partner noch nach langer Zeit so attraktiv wie am ersten Tag zu finden. Jetzt muß man sich gegenseitig zu verstehen suchen oder man trennt sich, um sich wieder einer neuen Verliebtheit hinzugeben. Paarbildungen sind stets langwierige Anpassungsprozesse.

Begegnen wir einem Partner, dessen aktiviertes Zentrum (beispielsweise sein emotionales Zentrum) unserem »schlafenden« Zentrum entspricht, kann er entweder Angst und Aggression (wegen eines völligen Unverständnisses) bei uns hervorrufen oder wir projizieren den nichtgelebten Teil unserer Psyche auf ihn und erleben ihn als erotisch anziehend und attraktiv. Aus dieser Dynamik lassen sich viele romantische, aber auch höllische Beziehungen erklären. Das ist der Mechanismus, den der Volksmund »Gegensätze ziehen sich an« nennt.

Die Partnerwahl ist aus der Sicht Gurdjieffs beim unbewußten Menschen ganz vom Zufall abhängig. Damit meint er, wir reagieren automatisch auf die Wirkung eines anderen Menschen, ohne daß es uns bewußt und von uns kontrolliert ist. Erst wenn wir durch Bewußtseinsarbeit unsere Reaktionen besser kennenlernen, sind wir in der Lage, uns bewußt einen Partner zu suchen, der zu uns paßt und der uns ergänzt. Ein aufmerksamer Typ 8, der sich selbst kennengelernt hat, kann beispielsweise bewußt einen Typ 4 als Partner wählen, um von ihm dessen Sensibilität zu lernen.

Sicherlich ist eine Beziehung nicht nur Lernen, sondern auch Lust und Freude. Eine bewußt gewählte Beziehung läßt beide Partner sich weiterentwickeln und gemeinsam am Ziel der Vervollkommnung arbeiten, was natürlich Beziehungskrisen, aber auch Freude nicht ausschließt.

In Beziehungskrisen sollte man sich stets bewußt machen, warum man mit seinem Partner zusammenlebt – und zwar so objektiv wie möglich. So kann man auf die Dauer eine furchtbare in eine fruchtbare Beziehung verwandeln. Wie man seine Beziehung sieht und erlebt, ist eine Frage der gewählten Sichtweise, die man bewußt ändern kann.

Übung:
Das Bild vom Partner

Befinden Sie sich gerade in einer Krise mit Ihrem Partner, kann diese Übung Ihnen dabei helfen, Ihre eingeschränkte Sichtweise des Partners zu erweitern.

Für diese Übung sollten Sie sich etwa 15 bis 30 Minuten Zeit nehmen und einen ungestörten Raum aufsuchen.

Legen Sie sich etwas zu schreiben bereit, und setzen Sie sich dann entweder auf einen Stuhl oder auf den Boden. Schließen Sie Ihre Augen. Stellen Sie sich Ihren Partner so genau wie möglich vor. Da unser Geist meistens wandern möchte, können Sie ihn beispielsweise vom Gesicht Ihres Partners zu dessen Oberkörper, zu dessen Haar, zu dessen Kleidung und so weiter wandern lassen. Bleiben Sie aber immer mit dem Bild Ihres Partners in Kontakt. Wenn Sie abschweifen und an Ihren Einkaufszettel denken, kehren Sie einfach wieder zu dem Bild Ihres Partners zurück. Jede Unaufmerksamkeit ist unter anderem ein Zeichen dafür, daß Sie sich von Ihrem Partner abwenden möchten, was Sie allerdings ohne Bewertung, so objektiv wie möglich wahrnehmen sollten.

Wenn Sie einen engen Kontakt zu Ihrem Partner hergestellt haben, öffnen Sie Ihre Augen und schreiben alles ohne Zensur und Bewertung nieder, was Ihnen zu Ihrem Partner einfällt. Versuchen Sie nun, das Niedergeschriebene in jeweils zwei bis drei negativen und positiven Eigenschaften zusammenzufassen. Je schwerer Ihnen das fällt, umso leichter werden Sie Ihren Partner mit anderen Augen sehen können.

Dann setzen Sie sich wieder mit geschlossenen Augen zur Meditation hin und konzentrieren sich abermals auf Ihren Partner. Die zwei oder drei negativen Eigenschaften, mit denen Sie ihn charakterisierten, versuchen Sie jetzt durch positive Eigenschaften zu ersetzen oder besser noch, in positive Eigenschaften umzuformulieren.

Wenn Sie zum Beispiel Ihren Partner für fürchterlich eifersüchtig halten, stellen Sie sich vor, daß dieses Verhalten ein Zeichen von tiefer Liebe ist. Suchen Sie dann noch andere Anzeichen dafür, daß Ihr Partner Sie liebt.

Auf diese Weise wird es Ihnen gelingen, das Bild Ihres Partners als Ihr subjektives Bild von ihm zu erkennen. Sie werden bemerken, daß auch andere Sichtweisen der Beziehungssituation möglich sind. Seien Sie also offen. Je mehr Möglichkeiten und Bilder Sie in ihm entdecken, umso lebendiger können Sie sich auf ihn beziehen.

Gehört beispielsweise Ihr Partner aus Ihrer Sicht dem siebten Enneagramm-Typ an, versuchen Sie Eigenschaften des ersten oder sechsten Enneagramm-Typs in ihm zu entdecken. Lernen Sie zu erkennen, daß Ihre Sichtweise des Partners relativ ist.

Denken Sie darüber nach, wie Sie mit welchem Partner in Ihrem Leben zusammengelebt haben und was Sie mit ihm erlebten, so werden Sie sehen, daß Sie sich mit jedem Partner anders gesehen haben. Auch reagiert man anders, je nachdem mit welchem Partner man zusammen ist. Eine bestimmte Beziehung führt Sie zu einer ganz bestimmten Art der Selbstverwirklichung. Damit büßen Sie unweigerlich andere Entwicklungsmöglichkeiten ein. Diese Gewinn-Verlust-Rechnung stellt jeder von uns mehr oder weniger bewußt auf. Typ 7 ist ein anderer, ob er mit Typ 1 oder Typ 6 zusammen ist. Typ 1 fühlt sich beispielsweise Typ 2 gegenüber überlegen, Typ 3 gegenüber oftmals unterlegen, Typ 6 gegenüber wird er zum Wortführer und Typ 8 schüchtert ihn ein, während er den siebten Enneagramm-Typ als oberflächlich ablehnt und ihm aus dem Weg geht. Typ 4 fordert ihn erotisch, Typ 5 fordert ihn intellektuell heraus.

Wer mit wem zusammenpaßt ist trotz aller Projektionen auch ein »alchimistischer« Prozeß, bei dem zwei Energien aufeinanderstoßen und sich gegenseitig modifizieren. Was in den verschiedenen Paarkombinationen wahrscheinlich abläuft, ist im folgenden dargestellt.

Außerdem möchte ich zeigen, daß ein Mensch, wenn er zielgerichtet ist, denjenigen Partner bekommt, den er sich »verdient« hat und den er braucht. Bedenken Sie immer, jeder Partner ist eine

Lernaufgabe für uns. Unser Partner ist häufig unser strengster Lehrer, deswegen wird er in spirituellen Kreisen nicht ohne Ironie häufig als das »kosmische Reibeisen« bezeichnet. Je offener wir sind, um so eher finden wir einen »schwierigen« Partner attraktiv. Je starrer wir sind, um so eher lehnen wir ihn ab. Ein schwieriger Partner kann etwas aus uns »herauslieben«, das uns der Vollständigkeit annähert, er kann uns aber auch fürchterlich nerven.

Möglichkeiten zur Überwindung des Kommunikationsunterschieds zwischen Mann und Frau

1. Beide Partner werden sich ihrer unterschiedlichen Kommunikationsstile und -erwartungen bewußt.
2. Beide Partner lernen, dem anderen genau zuzuhören. Dazu gehört auch die Wahrnehmung nicht-sprachlicher Kommunikation.
3. Jeder der Partner reagiert nicht sofort und spontan auf die Kommunikation des anderen, sondern beobachtet statt dessen seine automatisierten Reaktionsimpulse.
4. Beide Partner besinnen sich der Ideale, die sie zumindest zu Beginn ihrer Beziehung hatten, und sehen in der Unvollkommenheit ihrer jetzigen Beziehungssituation diese Ideale duchscheinen.
5. Jeder der Partner macht sich klar, warum er mit dem anderen (immer noch) zusammen ist.
6. Beide Partner bemühen sich individuell um ihre Bewußtseinsarbeit, die unter anderem darin besteht, aufmerksam zu sein und sich akzeptierend und geduldig selbst zu beobachten.

Hierdurch kann das Ziel:
- gegenseitiges Verständnis
- klare Kommunikation
- Verminderung des starren Denkens beim Mann
- Reflektieren des verströmenden Gefühls bei der Frau erreicht werden.

Bevor ich im folgenden beschreibe, wie die Enneagramm-Typen zusammenpassen, möchte ich betonen, daß wir in Konflikt- und Krisensituationen den Verhaltensweisen *eines* Enneagramm-Typs zuneigen – auch wenn wir in entspannten Situationen sehr viel differenzierter reagieren, das heißt, daß uns dann die Verhaltensweisen mehrerer Typen des Enneagramms zur Verfügung stehen. In Konfliktsituationen reagieren wir jedoch unbewußt, sind also sehr begrenzt, da uns plötzlich nur noch die eindimensionalen Verhaltens- und Sichtweisen eines einzigen Enneagramm-Typs zugänglich sind. Wenn wir entspannt in einer Beziehung leben, interessiert es uns wenig, wie wir mit unserem Partner zusammenpassen. Die Frage nach den Chancen und Problemen in der Verbindung der einzelnen Enneagramm-Typen tritt im Grunde nur dann auf, wenn wir mit unserer Beziehung unzufrieden sind.

Nach der klassischen Typenlehre des Enneagramms ergeben sich drei grundsätzlich unterschiedliche Kombinationen von Enneagramm-Typen:

1. gleiche Typen,
2. durch die inneren Linien des Enneagramms verbundene Typen und
3. die übrigen Typenkombinationen des Enneagramms.

Gleich und gleich gesellt sich gern

Es geht in diesem Abschnitt um die Betrachtung der Freuden und der Leiden in einer Partnerschaft gleicher Enneagramm-Typen.

Sagt der Volksmund zwar »Gleich und gleich gesellt sich gern«, relativiert er diese Aussage, wenn er ebenfalls behauptet »Gegensätze ziehen sich an«. Diese beiden widersprüchlichen Redewendungen machen deutlich, daß es sich nicht verallgemeinernd sagen läßt, ob sich gleich angelegte Partner verstehen oder nicht.

Solche Beziehungen, wie beispielsweise ein »tiefsinniger« Typ 5 mit einem »oberflächlichen« Typ 7, schaffen eine Ganzheit. Dort, wo sich gleiche Typen zusammenfinden, wird dagegen eine spezielle Einseitigkeit verstärkt. Gleiche Enneagramm-Typen können sich entweder besser verstehen, da sie ähnliche Eigenarten aufweisen oder sie können sich ganz und gar nicht ertragen, da sie im anderen stets ihren Spiegel sehen.

Das Funktionieren der folgenden Paarkombinationen hängt immer davon ab, ob das Bewußtsein beider Partner diese spezielle Situation als Chance oder als unüberwindbare Schwierigkeit ansieht.

Enneagramm-Typ 1 trifft auf Enneagramm-Typ 1

Eine Herausforderung für diese seltene Paarkombination liegt darin, daß beide Partner ihre Gehemmtheit und Kontrolle zu überwinden lernen. Daß diese Kombination nicht so häufig zu finden ist, liegt weitgehend daran, daß es beiden Partnern nicht leicht fällt, Zärtlichkeiten auszutauschen und sich einem Menschen des anderen Geschlechts zu nähern. Sie sind beide oft so gehemmt, daß sie trotz gegenseitiger Anziehung aus Schüchternheit nicht zueinanderfinden.

Zwei Menschen von Typ 1 haben jedoch den großen Vorteil, daß sie sich nicht gegenseitig sexuell oder emotional unter Druck setzen. So kann eine angstfreie Intimität entstehen, die für Typ 1 mit den meisten anderen Enneagramm-Typen nicht möglich wäre. Jeder wird in dieser Beziehung beim anderen dessen Korrektheit und Klarheit schätzen und sich so sicher fühlen.

Ein nicht zu unterschätzender Vorteil dieser Kombination liegt ferner darin, daß Typ 1 ganz und gar nicht nachtragend ist. Das entlastet den Beziehungsalltag enorm, denn in den meisten Beziehungen kommen bei Streitigkeiten alle möglichen Kränkungen der Vergangenheit hoch, die gar nicht mit dem ursprünglichen Streit zusammenhängen. Zu dieser in Beziehungen sehr hilfreichen Eigenschaft kommt zusätzlich, daß Typ 1 nicht »aus der Rolle fällt«. Psychologen behaupten zwar heute oft, daß gerade der Ausdruck von Aggressivität in Beziehungen wichtig sei. Ich halte es für noch wichtiger, sich bewußt des Ausdrucks negativer und destruktiver Gefühle enthalten zu können. Der ungehemmte Ausdruck von Aggressivität in einer Beziehung, wie ihn Typ 8 pflegen würde, ist stets ein Zeichen der Unaufmerksamkeit und Überidentifikation mit den eigenen Gefühlen. Ich glaube, daß es viel konstruktiver ist, sich seine Aggressionen bewußt zu machen, diese aber nicht auszudrücken. Das ist keinesfalls mit der Verdrängung zu verwechseln, die stets unbewußt abläuft. Drücke ich in der Beziehung meine Aggressionen ungehemmt aus, geschieht das meistens derart unkontrolliert, daß ich nicht mehr Herr der Situation bin, sondern abhängig von mechanischen Reaktionen bin. Das jedoch geschieht Typ 1 niemals. Er mag zwar von außen her aggressionsgehemmt wirken, das braucht aber nicht unbedingt als eine negative Eigenschaft in der Beziehung angesehen werden. Für zwei Menschen vom Typ 1 ist es in ihrer Beziehung absolut notwendig, daß sie sich ihre Aggressionen bewußt machen. All das, was bewußt ist, kann nicht mehr unkontrolliert und damit störend wirken.

Zwei Menschen vom Typ 1 stellen eine ideale Kombination zur Gründung einer Familie dar. Beide lieben das Familienleben und können in ihm eine tiefe Befriedigung finden. Ihre ausgeprägte Treue und Loyalität für den anderen wird sie in Krisen nicht gleich auseinandergehen lassen. Allerdings müssen diese Menschen sich besonders in angespannten Situationen davor hüten, ihre besserwisserische Seite herauszukehren. Sie sind geradezu besessen davon, dem anderen ihre einzig richtige Sicht der Dinge aufzudrängen. Keiner der beiden kann aufhören, den anderen zu überzeugen, bis beide sich in ein unfruchtbares Schweigen zurückziehen. In solchen Situationen können beide Partner völlig verstockt werden und sich in den wildesten Katastrophenphantasien ergehen. Fast immer stellen sie sich vor, daß der Partner sie nun verläßt und dadurch ihre ganze Welt zusammenbricht. In solchen Situationen stürzen alle zurückgehaltenen Emotionen und besonders alle nicht bewußtgemachten Aggressionen auf Typ 1 ein, was bei ihm eine Weltuntergangsstimmung erzeugt. Jetzt muß zumindest einer der Partner zur Vernunft kommen, um die Kommunikation wieder aufzunehmen. In dem Moment, in dem Typ 1 sich wieder emotional angenommen fühlt, kann er sich selbst objektiver betrachten und seine Fehler einsehen.

Enneagramm-Typ 2 trifft auf Enneagramm-Typ 2

Mit dem zweiten Enneagramm-Typ kommt das klassisch orale Beziehungsthema ins Spiel. Zwei Personen vom Typ 2 möchten einander umsorgen, wobei sie allerdings Gegenleistungen dafür erwarten, ohne ihre Erwartung zu artikulieren. Das kann zu einem großen Problem führen, da der eine Partner stets das Gefühl hat, nicht genug vom anderen zu bekommen. Beide wollen stets den anderen retten, bemuttern, umsorgen und pflegen. Sie sind von der Angst gezeichnet, der Partner könnte ihn als Pflegenden nicht mehr benötigen und ihm Anerkennung und Lob versagen.

Die Bewußtseinsarbeit für diese Typen-Kombination liegt darin, daß sich jeder der Partner bewußt macht, daß er auf den anderen ausgerichtet ist, um diesen an sich zu binden. Wenn beiden Partnern das bewußt ist und sie ohne das zu bewerten erkennen, können sie sich angstfrei um einander kümmern und sich gegenseitig eine große Hilfe sein.

In dieser Kombination kommt man über kurz oder lang immer wieder in die Situation, daß man sich unsicher wird, ob man nur deswegen geliebt wird, weil man soviel für den anderen tut oder ob man um seiner selbst geliebt wird. Man vermutet beim anderen schnell Egoismus, da man im Inneren weiß, daß man selbst aus egoistischen Gründen handelt. Beide Partner legen alles darauf an, den anderen durch ihr Tun zu binden und dennoch kommen ihnen Zweifel, ob sie nicht die »echte« Liebe versäumen. Sie müssen sich klar machen, daß die echte Liebe stets das ist, was man hier und jetzt in der Beziehung hat. Auch hier hilft wieder die Einsicht, daß der andere Partner ebenfalls diese Ängste hat und von einem genauso abhängig ist wie man von ihm. Wird das verstanden, können die Typ-2-Paare sich der spielerischen Komponente ihrer Beziehung zuwenden, indem abwechselnd der eine, dann der andere den Sich-Hingebenden spielt. Wichtig ist nur, daß Sie nicht in festen Rollen erstarren, da das auf Dauer die Beziehung zerstören würde. In diesen Spielen kann Typ 2 auch lernen, daß er alle Kontrolle aufgeben kann, ohne daß gleich das Chaos ausbricht.

Ein Paar vom Typ 2 muß allerdings sehr wachsam sein, damit sich beide in Krisensituationen nicht von Rachsucht und blinder

Aggression hinreißen lassen. Sie können ein großes Chaos hervorrufen, wenn sie sich betrogen, vernachlässigt und ausgebeutet fühlen. Ein wildgewordener Typ 2 ist nur schwer zu bremsen. Wenn Sie ihm allerdings aufrichtige Versöhnung anbieten und ihm zeigen, wie Sie unter seinen Ausbrüchen leiden, wird er sich wieder mit Ihnen vertragen.

Wenn beide ihre Abhängigkeit voneinander akzeptieren, können sie eine befriedigende, behagliche und sehr sinnliche Beziehung miteinander leben. Diese Beziehung wird nicht so leicht auseinanderbrechen, wenn jeder der Partner offen zugibt, daß er den anderen braucht. Solche Beziehungen sind der Erfahrung nach äußerst stabil. Für solche Paare ist es sehr wichtig, nicht auf die Kommentare der Mitmenschen zu hören, die derartige Beziehungen oftmals als neurotisch und unreif darzustellen pflegen. In solchen Kommentaren spiegelt sich der Neid auf die oft ungewöhnliche Herzlichkeit wider.

Auf einer höheren Bewußtseinsebene sollten zwei Menschen vom Typ 2 sich mit dem buddhistischen Konzept des Anhaftens auseinandersetzen. Sie werden in ihren Meditationen erkennen, daß für sie gesorgt und alle Liebe, die sie brauchen, in Fülle vorhanden ist.

Enneagramm-Typ 3 trifft auf Enneagramm-Typ 3

Personen vom Typ 3 müssen sich davor hüten, sich gegenseitig in großen Streß zu bringen. Ihnen hilft es, sich immer wieder klarzumachen, daß die Beziehung ein Raum für Entspannung und nicht für Leistungen ist. Gelingt den beiden Partnern das, werden sie eine höchst aufregende Beziehung führen, in der sie sich gegenseitig helfen können, die Grenzen ihrer Sexualität zu erforschen.

Menschen vom Typ 3 werden größte Freude am Tantra, wie es im Westen gelehrt wird, haben, da es für sie entlastend ist, unpersönlich als Gott und Göttin zusammenzukommen.

In solchen Beziehungen wird ein gewisses Maß an Distanz normal sein. Es ist für einen Typ 3 schwierig, sich einem anderen Typ 3 offen zu zeigen; statt dessen spielt er eine Rolle. Es ist sogar gefährlich, Typ 3 dazu bringen zu wollen, daß er sich mehr öffnet.

Er wird dann schnell die Beziehung aufgeben oder plötzlich im anderen sein Spiegelbild sehen, daß er nicht liebt.

Mit Typ 3 eine langfristige Beziehung aufzubauen, ist äußerst schwierig, da Beziehung und Sexualität keine Prioritäten für ihn darstellen. Überspitzt ausgedrückt, braucht Typ 3 keine Beziehung, sondern Inspiration und Bewunderung für seine Karriere. Typ 3 kann längerfristige Beziehungen fast nur mit einem anderen Typ 3 führen. Die gemeinsame Arbeit ist der Kitt der Beziehung.

Das entspricht dem Trend moderner Beziehungen in den USA, wo sich in Magazinen Paare, die erfolgreiche Geschäftsleute sind, strahlend abbilden lassen und über das Besondere ihrer Beziehung berichten. Das Besondere dieser Beziehung ist bei Typ 3 immer der Erfolg und die Erotik des anderen und nicht zu vergessen sein eigener Erfolg.

Beide müssen sich unbedingt gegenseitig bewundern und immer wieder begehrenswert und erotisch zeigen. Das wäre für andere Enneagramm-Typen zuviel Streß, für Typ 3 ist das aber ein Spiel, das er mit Leichtigkeit spielen kann. Er gibt gern Anerkennung und bekommt noch lieber Bewunderung entgegengebracht und so tauscht man in der Beziehung das benötigte Maß an Bewunderung aus. Das ist keineswegs neurotischer als mechanische Verhaltensweisen in anderen Beziehungen.

Falls beide nicht zu hohe Ansprüche aneinander stellen, ist diese Beziehung aufregend und sexuell absolut spannend. Dabei muß man wohl bisweilen beide Augen zudrücken können, wenn der Partner kurzfristig mit anderen Personen flirtet und sie verführt, aber als Typ 3 kennt man das selbst. Es erleichtert einen sogar, daß der Partner ein Verhalten zeigt, daß man selbst an den Tag legt. Das entlastet das Gewissen.

Enneagramm-Typ 4 trifft auf Enneagramm-Typ 4

Zwei Menschen vom Typ 4 können sich auf die romantischste Weise ineinander verlieben. Sie vermögen sich den Himmel auf Erden zu schaffen mit exzessivem Sex und tiefen Gefühlen in einer exquisit gestalteten Umgebung. In einer Typ-4-Beziehung werden sich beide Partner wahrscheinlich treu bleiben, da beide ihre Sicherheit und ihr Glück nur in einer festen Beziehung erleben können. Beide werden sich in gewissem Maß aneinander klammern, da sie das Gefühl haben, daß die Außenwelt sie sowieso nicht versteht. Das Schöne an einer solchen Beziehung ist, daß sie sich gegenseitig in fast jeder Situation verführen können – übrigens beherrschen sie auch die Kunst, einen Streit durch Sex zu beheben.

Natürlich läuft auch eine Beziehung von Menschen des vierten Typs nicht ohne Probleme ab: Die beiden Typen 4 müssen sich in acht nehmen, daß sie sich nicht gegenseitig mit ihren Launen nerven. Ein Typ 4 kann den anderen schnell in dunkle Stimmungen hinabziehen kann. Deswegen müssen die Partner in einer derartigen Beziehung unbedingt lernen, sich nicht ständig mit ihren Gefühlen zu identifizieren. Sie werden sonst leicht zum Spielball ihrer Gefühle und können den anderen damit anstecken. Dann bricht das emotionale Chaos aus und zuletzt bleibt die Flucht in Ersatzhandlungen, da beide sich zutiefst einsam, unverstanden und enttäuscht fühlen.

Obwohl beide Partner eine feste Beziehung für ihre Entfaltung brauchen, haben sie oft Schwierigkeiten mit dem Erreichen des Partners. Sie zeigen nämlich die spezielle Eigenschaft, daß sie bei einem verfügbaren Partner sogleich alle seine negativen Punkte wahrnehmen, einen Partner in der Ferne jedoch idealisieren. Im Zusammenleben sieht der eine Typ 4 beim anderen seine extremen Launen und seine Gefühlsabhängigkeit widergespiegelt, so daß er leicht Aggressionen gegenüber dem anderen entwickelt und dann dramatische Szenen veranstaltet und dem anderen droht, ihn auf der Stelle zu verlassen. Der andere Typ 4 muß also über seinen Schatten springen und darf sich nicht von seinen Gefühlen hinreißen lassen. Folgt er seinen automatisierten, spontanen Gefühlen, bricht das Beziehungschaos aus. Kann er jedoch distanziert und vernünftig in dieser Situation reagieren und dem Partner zeigen, daß er ihn liebt, ist eine Krisensituation produktiv aufzulösen.

Beide müssen sich immer wieder gegenseitig ihre Liebe gestehen, da sie sonst unsicher werden, ob der andere sie wirklich noch liebt. So wie Typ 3 seine tägliche Portion an Bewunderung und Anerkennung braucht, so braucht Typ 4 seine täglichen Liebesbeweise. Dadurch macht er sich sehr abhängig von den klassischen Typ-4-

Launen seines Partners, der nämlich nur dann seine Liebe beteuert, wenn er sich wohl fühlt. Typen 4 müssen aufpassen, daß sie sich mit den geforderten Liebesbeweisen nicht unter Druck setzen, denn jeder der Partner lebt in der Angst, den Ansprüchen des anderen nicht gerecht werden zu können. Menschen des vierten Enneagramm-Typs wissen nur zu gut, daß sie die volle Aufmerksamkeit des Partners brauchen, um nicht in depressionsartige Verstimmungen abzusinken. Beide brauchen allerdings die Disziplin, die Zuwendung der Aufmerksamkeit nicht taktisch und manipulativ einzusetzen. Normalerweise zeigt Typ 4 im Gegensatz zu Typ 2 wenig manipulative Tendenzen.

Eine Beziehung zweier Personen dieses Enneagramm-Typs erscheint von außen für viele andere Enneagramm-Typen wie beispielsweise für Typ 3 wie die Hölle. Solche Dramatik und ein derartiges Auf und Ab der Gefühle können andere Enneagramm-Typen nicht ertragen. Typen 4 »ernähren« sich aber von solchen Emotionen. In der Welt der Gefühle können sie sich erstaunlich gut zurechtfinden und bewegen.

Enneagramm-Typ 5 trifft auf Enneagramm-Typ 5

Wie finden zwei passive Beobachter zusammen, die eigentlich an der Sexualität nicht besonders interessiert sind?

Typ 5 kann sich ohne weiteres leidenschaftlich verlieben, aber er zeigt das nicht. Wenn beide Partner sich so verhalten, kann es ewig dauern, bis sie – wenn überhaupt – zusammenkommen. Jeder von ihnen hat Angst, dem anderen seine Gefühle zu zeigen und sich ihm zu öffnen. Geben sie diese Angst vor der Verletzung nicht auf, werden Personen vom Typ 5 niemals zusammenfinden. Beide gehen nur dann eine Beziehung ein, wenn sie sich schon lange kennen und viel Zeit hatten, ihren Argwohn gegenüber dem anderen abzubauen und ein Vertrauen füreinander zu entwickeln. Dabei werden beide eher ein distanziertes Verhältnis führen, in dem sich jeder Partner oft zurückzieht. Trotz dieser großen Eigenständigkeit beider Partner fühlen sie sich doch auf eine nur schwer für andere Enneagramm-Typen nachvollziehbare Weise tief verbunden. Sie leben sogar ausgesprochen gern in einer Beziehung, in der aber nicht unbedingt viel kommuniziert wird, es sei denn, man tauscht seine Beobachtungen über die Umwelt aus. Die Beziehung gleicht eher einer Freundschaft, was nicht heißt, daß sie nicht auch leidenschaftlich sind. Leidenschaft und Sexualität ist ihnen häufig unwichtig, sie ziehen eine eher geistige Beziehung vor. Menschen vom Typ 5 haben keinen großen Freundeskreis. Es ist nicht ihre Sache, nach außen zu gehen, sie sitzen lieber in einer Ecke des Zimmers und lesen ungestört.

Eine solche Beziehung ist unwahrscheinlich. Personen des Typs 5 werden leichter mit anderen Enneagramm-Typen glücklich. Ihr gleichmäßiges Leben mag durch den Partner zwar bisweilen gestört werden, aber das hat Typ 5 auch bitter nötig, um zu seiner Lebendigkeit zu finden. Die Gefahr von solchen Individuen in einer Beziehung liegt darin, daß sie in einer langweiligen und einseitig intellektuellen Verbindung leben, in der es wenig Herausforderung gibt. Personen vom Typ 5 haben grundsätzlich schon die Tendenz, älter zu wirken als sie sind. Mit einem anderen Typ 5 zusammen wird diese Tendenz noch verstärkt. Ein Typ-5-Paar muß stets aufpassen, nicht seine Lebendigkeit und seinen jugendlichen Schwung zu verlieren.

Enneagramm-Typ 6 trifft auf Enneagramm-Typ 6

Tiefenpsychologisch ausgedrückt, weist Typ 6 narzißtische Tendenzen auf. In der Beziehung von zwei Menschen dieses Typs führt das dazu, daß aus geringem Selbstwertgefühl heraus der Partner als Erweiterung des eigenen Selbst gesehen wird. Beide Typen 6 wollen sich mit dem Partner schmücken, der sie möglichst erhöhen und stärken soll. Das kann leicht zu einem Konflikt führen, da jeder der beiden Partner den anderen zu idealisieren sucht. Dabei wird häufig eher das Ideal anstelle des wirklichen Partners geliebt. Der Konflikt ist vorprogrammiert, da die Idealisierung des Partners nicht ewig aufrechterhalten werden kann. Der Ausweg aus dieser Situation besteht darin, spielerisch immer wieder bewußt die Rollen zu tauschen: Einmal spielt der eine den Starken und Schönen und dann wieder der andere. Da beide Partner in so einer Konstellation leicht ihre Sinnlichkeit ausleben können, bietet das eine gediegene

Grundlage für einen kreativen Umgang mit der Idealisierung des anderen.

Beide Partner zeigen ferner die Tendenz, sich für den anderen aufzugeben. Zugleich haben sie Angst vor der Verschmelzung, da sie befürchten, dann ganz ihre Identität zu verlieren. So bleiben Menschen vom Typ 6 oft ledig oder pflegen »ungefährliche« Beziehungen, da sie beide sofort die Angst vor der Nähe im anderen wittern und zugleich bemerken, daß der andere genauso schwach wie sie ist. Das macht zwar Angst, da man einen starken Partner für seine Sicherheit sucht, zum anderen beruhigt es, da man angesichts eines schwachen Partners seine eigene Identität als relativ stark erleben kann. Da sich Typen 6 gut anpassen und trotz aller Ängste eine feste Beziehung suchen, in der sie ihre Sinnlichkeit entfalten können, werden sie leicht in einem anderen Typ 6 ihren Partner fürs Leben finden. Die Voraussetzung dafür ist jedoch, daß beide sich die absolute Sicherheit in der Beziehung geben. Daß diese Sicherheit bei einer Typ-6-Beziehung auch ganz real gegeben ist, zeigt sich in Krisen. Beide haben ein Händchen dafür, ausgesprochen konstruktiv mit Krisen umzugehen. Auf die Dauer wird die Beziehung der beiden sogar hochgradig symbiotisch werden, was bei ihnen die Angst vor der Nähe auflöst. Wenn auch symbiotische Beziehungen eine große Gefahr aufweisen, plötzlich zu zerbrechen, kann Typ 6 trotzdem sein Leben lang und um jeden Preis in solch einer Beziehung leben und glücklich werden. Natürlich werden beide Partner ab und zu von einer Identitätskrise heimgesucht werden, aber da sie sehr verständnisvoll – auch besonders füreinander – sind, werden sie damit umgehen können. Die Beziehung wird wie eine Burg zum Schutz der beiden Partner werden. In einer sicheren Beziehung können zwei Personen des Typs 6 beneidenswert unkompliziert, lebendig und glücklich zusammenleben.

Die Beziehung gerät allerdings ins Wanken, wenn beide Partner einander heftig zu kritisieren beginnen. Gerade weil man sich seiner eigenen Identität nicht allzu sicher ist, macht man den anderen, den man zuvor noch idealisierte, schlecht. Typ 6 findet beim Partner dessen Schwachpunkte und das erschreckend schnell. Menschen vom Typ 6 müssen vorsichtig sein, nicht in destruktive Nörgelei zu verfallen. Sie müssen sich immer wieder klar machen, daß sie mit dieser Eigenschaft die Stabilität ihrer Beziehung und damit ihr Glück gefährden.

Enneagramm-Typ 7 trifft auf Enneagramm-Typ 7

Zwei Menschen vom Typ 7 werden wahrscheinlich nur äußerst selten eine langfristige Beziehung miteinander eingehen. Das liegt daran, daß sie sich im allgemeinen nicht längerfristig binden wollen. Wenn sie das dennoch tun, dann geschieht das meistens erst nach dem Überschreiten ihrer Lebensmitte oder wenn sie ein hohes Bewußtsein erarbeitet haben. In diesem Fall vermögen sie sich gegenseitig in erstaunlichem Maß zu beflügeln und sich das Leben gemeinsam angenehm zu gestalten.

Typen 7 finden sich gegenseitig sehr attraktiv, da beide eine große sexuelle Ausstrahlung besitzen, die dieser Typ stets sucht. Außerdem werden beide relativ ungehemmt schnell miteinander ins Bett gehen und sich dort spielerisch miteinander vergnügen und sich aneinander erfreuen können. Auf der Ebene kurzfristiger Beziehungen oder als sporadische Liebhaber passen sie ideal zusammen. Es mag sogar sein, daß sie beide vom anderen derart fasziniert sind, daß sie eine längerfristige Beziehung eingehen wollen. Bei noch so großer Sehnsucht nach einer langfristigen Beziehung wird jedoch der nächste bedürftige Mann oder die nächste attraktive Frau von ihm verführt werden. Außerdem ist fast jeder Typ 7 leicht verführbar.

Dennoch können zwei Menschen dieses Typs sehr gut zusammenleben, wenn sie sich gegenseitig genügend Freiheit geben (inklusive Beziehungen) und nicht eifersüchtig sind. Sie können sich stark ineinander verlieben, allerdings auch genauso schnell wieder entlieben, was jedoch nicht heißt, daß sie sich später nicht abermals ineinander verlieben werden. Die beiden werden wie keine anderen Enneagramm-Typen einander genießen können und wenn es ihnen gelingt, aus Fehlern vorheriger Beziehungen zu lernen, werden sie eine aufregende und fast ideale Beziehung leben können. Zu ihren Fehlern gehört besonders die Flucht in eine neue Beziehung bei Schwierigkeiten. Deshalb müssen beide hart und diszipliniert an objektiver Selbsterkenntnis arbeiten. Sie müssen sich dabei gegenseitig unterstützen und brauchen wahrscheinlich einen Lehrer oder Therapeuten, da es ihnen widerstrebt, diszipliniert an sich zu arbeiten. Personen vom Typ 7 sind hochgradig konfliktscheu, was der Grund dafür ist, warum sie so wenig in einer Beziehung lernen.

Menschen des siebten Enneagrammtyps haben die große Chance, eine befriedigende, offene, inspirierte und lebendige Beziehung zu führen, wenn sie bereit sind, ihre Oberflächlichkeit und einseitige Ausrichtung auf das Lustprinzip aufzugeben. Das ist eine riesige Aufgabe für Typ 7, die allerdings die einzige Chance für sie darstellt, beziehungsfähig zu werden. Wenn sie das einsehen, können sie von ihren ewigen fruchtlosen Wiederholungen und dem beständigen Suchen nach neuen Partnern erlöst werden. Wenn sich zwei Menschen dieses Typs für dieses Projekt zusammenfinden und womöglich dazu noch Hilfe von außen bekommen, werden sie gemeinsam glücklich werden können.

Enneagramm-Typ 8 trifft auf Enneagramm-Typ 8

Dem achten Enneagramm-Typ geht es darum, wer der autonome Führer sein darf und wer den passiv Geführten spielt. Die Beziehung von zwei Typen 8 ist von Abhängigkeit und der Angst davor, ausgenutzt zu werden, geprägt. Beide Partner verlangen unbedingte Treue in der Partnerschaft. Nun können allerdings nicht beide zugleich der Führer sein. So streiten sie sich und kämpfen ständig um die Vorherrschaft über den anderen. Dabei geht es unter Umständen sehr handfest zu, es fliegen Tassen und Teller, und ohne ein blaues Auge wird es auch nicht abgehen. Erstaunlicherweise bleiben jedoch solche Paare lange zusammen. Sie scheinen den Streit geradezu als Kitt für ihre Beziehung zu brauchen. Sie spüren den anderen in seinem Widerstand und sind ihm nah, wenn sie körperlich mit ihm kämpfen. Was die aggressionsgehemmteren Typen des Enneagramms, wie zum Beispiel Typ 1, oft nicht sehen, ist die klärende und reinigende Funktion eines Beziehungsstreits. Allerdings streitet sich zumindest der verzauberte Typ 8 häufig aus Gewohnheit und lernt dabei nichts vom anderen.

»Gewisse Ehen halten nur in der Weise zusammen wie ineinander verbissene Tiere«, stellte der naturalistische Autor Gerhart

Hauptmann (1862–1946) fest und schildert damit treffend die typische Beziehungssituation, in der sich Typ 8 immer wieder findet.

In der Mythologie zeigen Zeus und Hera den Schatten der Ehesituation: Sie ist eifersüchtig, rachsüchtig und zornig, er geht ständig fremd. So entsteht ein permanenter Kampf, aber Zeus und Hera bleiben dennoch zusammen! Hera erzwang ihre Heirat mit Zeus, so wird auch die Macht der Typ-8-Frau deutlich. Zeus warb nach dem Sieg über Chronos um Hera, sie lehnt ab. Zeus nähert sich ihr als kleiner Kuckuck und läßt ein Unwetter niedergehen, so daß Hera den Kuckuck an ihrer Brust schützend hält. Da verwandelt sich Zeus wieder in den Göttervater und geilen Mann und will Hera vergewaltigen, die einwilligt, unter der Bedingung, daß er sie heiratet. Man kann diese Geschichte allerdings auch so lesen, daß Hera Zeus im Stil der Großen Göttin verführt und ihn zu ihrem Sohngeliebten macht, was deutlich die Typ-8-Eigenschaft Heras zeigt.

Die Beziehung zwischen zwei Menschen vom Typ 8 ist von Beginn an durch Macht und Bedrohung geprägt. Keiner kann es sich erlauben, emotional offen zu sein, keiner darf eine Schwäche zeigen, ohne daß er befürchten müßte, daß diese nicht sofort radikal ausgenutzt wird. An die Stelle der Liebe tritt Macht und Kontrolle.

Solche Situationen sind nur zu durchbrechen, indem zumindest einer der Partner sich durchringt, über seine Angst, Anspannungen und Verletzungen zu reden. Danach sollte man sich vornehmen, die Spannungen nicht mehr automatisch im Streit auszuagieren, sondern immer erst einige Minuten zu warten, wenn ein solcher Impuls hochsteigt. Wie es der Volksmund empfiehlt: »Erst dreimal durchatmen, dann handeln.«

Man muß erkennen, daß hinter vielen Streitigkeiten das Beherrschen-Wollen steht. Das ist menschlich, es muß aber in einer lebenswerten Beziehung reduziert werden. Die Macht der Frau liegt oft im Sexuellen, wo sie den Mann aufbauen und bestätigen oder niedermachen kann, indem sie sich verweigert und ihn ablehnt. Die Typ-8-Frau tendiert dazu, diese Macht rücksichtslos einzusetzen. Der männliche Typ 8 tendiert zur psychischen oder in seltenen Fällen physischen Vergewaltigung.

In den Zeiten, in denen nicht gestritten wird, kann Typ 8 äußerst fürsorglich sein und eine enorme Energie dafür einsetzen, seine

Beziehung oder Familie zu schützen und es ihr gutgehen zu lassen. Außerdem begegnen sich zwei Personen des achten Enneagramm-Typs häufig mit einigem Respekt, da sie ihre Offenheit und Fairness im Partner widergespiegelt finden.

Typ 8 fürchtet sich ganz im Gegensatz zu Typ 7 nicht vor Konflikten. Beziehungsschwierigkeiten geht er sofort und direkt an, wobei es fast immer zum Streit kommt, zumal wenn der Partner ebenfalls Typ 8 ist und sich als solcher nichts sagen läßt und erst recht nichts vom Partner annimmt.

Für den männlichen Typ 8 steht das Thema Liebe und Ehe für männliche Selbstbestätigung (phallisch-ödipales Beziehungsthema). Er muß als Mann allzeit stark sein und dazu die schwache Frau führen und seine Familie beschützen. Mit einer Frau, die ebenfalls Typ 8 ist, wird er hierbei auf enorme Widerstände stoßen, die Anlaß zu endlosen Auseinandersetzungen werden.

Enneagramm-Typ 9 trifft auf Enneagramm-Typ 9

Der Vorteil einer Verbindung von zwei Menschen des Typs 9 liegt darin, daß sie zusammen fast nie sexuelle Probleme haben werden. Allerdings besteht ihr Problem wie bei der Verbindung zweier Personen vom Typ 6 darin, daß sie zu Verschmelzungsphantasien und zur Symbiose neigen. Sie suchen diese Symbiose jedoch aus anderen Gründen als Typ 6: Menschen des neunten Enneagramm-Typs möchten ihre Ruhe haben, was ihnen in einer symbiotischen Beziehung zu gelingen scheint. Diese Symbiose wird dadurch verstärkt, daß die beiden Typen 9 Störungen in ihrer Beziehung wie Typ 7 radikal verdrängen. Harmonie ist ihr höchster Wert, und sie bemerken nicht, daß sie, wenn sie alles für ihre Beziehungsharmonie opfern, damit gerade diese Harmonie zerstören.

Da Personen des neunten Enneagramm-Typs sich oft sehr passiv verhalten, finden sie erst gar nicht zueinander. Sie sehen sich auch gegenseitig nicht als sehr attraktiv an, denn Typ 9 sucht stets dynamische und erfolgreiche Typen wie Typ 3 oder einen erfolgreichen Typ 7 oder 8, von denen sie sich aushalten lassen können. Dafür gestalten sie ihm als Gegenleistung eine wunderschöne Wohn- und Lebensatmosphäre und sind ihm sinnlich zugetan. Weil aber echte Typen 9 nie Karriere machen, das ist ihnen viel zu anstrengend, finden sie im anderen Typ 9 niemals, was sie suchen. Es sei denn, der eine oder gar beide sind sehr befreit und können ihre Kreativität gut vermarkten, so daß sie einen materiell abgesicherten Lebensstil möglichst ohne viel Arbeit leben können.

Als Beispiel des befreiten Typ 9 kann man Carl Gustav Jung ansehen, dessen Frau Emma aus einer sehr wohlhabenden Familie stammte und die Jung zu Beginn seiner Arbeit finanziell unterstützte.

Ich habe noch nie bewußt eine Verbindung zweier Menschen vom Typ 9 gesehen. Sie würden sich gegenseitig zu viel (berechtigte) Angst machen, daß sie in der Gesellschaft zu passiven Versagern werden würden. Obwohl Typen 9 normalerweise nur selten eine Beziehung verlassen, würden sie in diesem Fall in Panik die Beziehung fliehen. Denn alles kann Typ 9 stoisch ertragen, außer sein eigenes Spiegelbild zu betrachten. Das bringt ihn in Gefühlstiefen, die er haßt und sofort meint er, allein zu leben sei die harmonischste Lebensform für ihn.

Zusammenfassung

Typ 5, 8 und 9 werden also eher nicht mit dem ihnen gleichen Enneagramm-Typ zusammenleben.

Zwei Menschen vom Typ 5 erstarren zu leicht und werden gemeinsam an Langeweile sterben.

Menschen des achten Enneagramm-Typs brauchen Partner, die sie sich unterwerfen können und das ist auf die Dauer mit einem anderen Typ 8 nicht möglich.

Personen vom Typ 9 gehen nur selten eine Beziehung miteinander ein, da es ihnen zu viel Angst bereitet, sich selbst ständig widergespiegelt zu bekommen. Damit würden alle ihre ökonomischen Ängste und Unsicherheiten aufsteigen.

Mit therapeutischer Hilfe und/oder Disziplin können Typ 2, 4, 6 und 7 glücklich mit dem ihnen gleichen Enneagramm-Typ werden. Dabei sollte man niemals vergessen, daß ohne Disziplin und Wachsamkeit keine Beziehung die Chance besitzt, sich zu einer glücklichen, harmonischen oder kreativen Beziehung zu entwickeln.

Für kurzfristige und aufregende Beziehungen miteinander eignen sich besonders Typ 3 und 7.

Für die Familiengründung sind zwei Menschen vom Typ 1 ideal.

Durch Enneagramm-Linien verbundene Typen

Das sind die Typenkombinationen mit den größten Entwicklungs-, aber zugleich auch den größten Verwicklungschancen des Enneagramms. Diese Typen üben deswegen eine große Anziehung aufeinander aus. Betrachtet man diejenigen Typenkombinationen, die durch die inneren Linien des Enneagramms verbunden sind, ergeben sich abermals neun Kombinationen. Die beiden möglichen Bewegungsrichtungen durch das Enneagramm werden als Streß- und Entlastungsrichtung bezeichnet.

Die Entlastungsrichtung im Enneagramm:
1 → 7 4 → 1 7 → 5
2 → 4 5 → 8 8 → 2
3 → 6 6 → 9 9 → 3
(Vergleiche Abbildung 4, S. 38)

Die Streßrichtung im Enneagramm:
1 → 4 4 → 2 7 → 1
2 → 8 5 → 7 8 → 5
3 → 9 6 → 3 9 → 6
(Vergleiche Abbildung 5, S. 38)

Diese Typen sind durch die inneren Gesetzmäßigkeiten des Enneagramms miteinander verbunden, das heißt, sie hängen relativ eng miteinander zusammen. Entweder behindern sich die Partner in diesen Kombinationen oder sie weisen eine deutliche Tendenz zur Selbstverwirklichung in der Beziehung auf, wobei das eine das andere nicht ausschließt. Schauen wir uns beispielsweise die beiden Typenkombinationen Typ 1 mit Typ 4 und Typ 1 mit Typ 7 an:

Von Typ 1 aus gesehen stellt Typ 7 seinen Entlastungs- oder Selbstverwirklichungspartner dar, von dem er viel lernen kann und dessen optimistisch entspannte Verhaltensweisen ihn stabilisieren.

Vom Typ 7 aus gesehen stellt Typ 1 den Streßpartner dar, der ihn mit seiner gehemmten Korrektheit zur Weißglut bringt. Die Kombination von Typ 1 und 7 weist also beide Möglichkeiten – Streß und Entspannung – auf, es kommt darauf an, mit welchem Bewußtseinsstand man diese Herausforderungen angeht.

Grundsätzlich zeigt sich die Tendenz, daß mit einer geringen Selbsterkenntnis eher die Streßrichtung in solchen Beziehungen gelebt wird, mit einem höheren Grad der Selbsterkenntnis dagegen eher die Entlastungsrichtung, bei der man vom anderen lernt und bewußter wird.

Wenn wir die Kombination von Typ 1 und 4 betrachten, sehen wir wieder das gleiche Verhältnis: Diesmal findet Typ 4 mehr Vollständigkeit bei gleichzeitiger Entlastung in Typ 1, wobei Typ 1 von Typ 4 eher gereizt wird. Für den unbewußten Typ 1 wäre also eine Beziehung mit Typ 7 weniger problematisch als diejenige mit einem Typ 4.

Es darf bei solchen Betrachtungen nicht vergessen werden, daß wir aus Spannungen oder Streß in einer Beziehung sehr viel über uns und speziell über unsere Schattenseite lernen können. Es ist wichtig, nicht in der Art von Typ 7 eine Beziehung gleich zu verlassen, wenn die ersten Unstimmigkeiten auftreten. Im Grunde lernen sich die beiden Partner durch diese sowieso unvermeidbaren Konflikte erst richtig kennen. Es zeigt sich oft in Partnerschaften, daß es gerade die Konflikte sind, die die Partner eng aneinander binden. Es ist naiv anzunehmen, daß Beziehungen dazu da sind, glücklich zu werden.

Diese Aussage möchte ich unkommentiert stehen lassen und Ihnen als Meditationsgrundlage empfehlen.

Enneagramm-Typ 1 trifft auf Enneagramm-Typ 4

Diese beiden auf dem ersten Blick recht unterschiedlichen Enneagramm-Typen verbindet ihr Bestreben, sich eine feste und langfristige Beziehung zu schaffen. Beide blühen in einer Beziehung erst richtig auf, weil sie sich in ihr sicher und geborgen fühlen.

Allerdings ist das schon fast die einzige Gemeinsamkeit dieser beiden Enneagramm-Typen. Das größte Problem ist ihre Unterschiedlichkeit in bezug auf Sexualität und Leidenschaft. Typ 1 erschreckt die Leidenschaftlichkeit von Typ 4 bis ins Mark. Er wird durch Typ 4 mit dessen Hang zum Exzeß, mit der Kunst der Verführung und dem Auf und Ab der Gefühle konfrontiert. Die spontane Sinnenfreude von Typ 4 schlägt Typ 1 in die Flucht. Nur derjenige Typ 1, der ausgiebig an sich gearbeitet hat und sich gut kennt, kann die Kapriolen von Typ 4 ertragen, sonst wirken sie auf ihn nur anstrengend und gehen ihm auf die Nerven.

Typ 1 holt Typ 4 immer wieder auf den Boden der Realität zurück, was für den vierten Enneagramm-Typ äußerst heilsam ist. Er muß sich allerdings überwinden und die Hilfe von Typ 1 annehmen.

Aber auch Typ 4 hat es nicht leicht mit Typ 1. Diese unbeholfene Verklemmtheit und der moralische Blickwinkel von Typ 1, sein Hang zur Überkorrektheit und Zwanghaftigkeit bringen einen echten Typ 4 bis an seine, wenn nicht gar über seine Grenzen. Typ 4 als Gefühlsmensch fühlt sich oft in einer Beziehung mit einem Typ 1 von seinem Lebensnerv abgeschnitten.

Da Typ 4 Typ 1 meistens langweilig findet und Typ 1 Typ 4 unerträglich unmoralisch und körperlich, ist eine Verbindung dieser beiden Typen sehr unwahrscheinlich. Das bedeutet jedoch auch, daß gerade der gehemmt starre Typ 1 sehr viel von dem leidenschaftlichen, emotionalen Typ 4 lernen kann. Beide Typen ergänzen sich perfekt, denn auch der sich verströmende Typ 4 kann sehr viel von der Struktur und Disziplin von Typ 1 lernen. Allerdings können es nur Menschen einer hohen Bewußtseinsstufe ertragen, wirklich Neues zu lernen und Vollständigkeit zu erreichen. Wir sprechen zwar viel vom Lernen und von Lernaufgaben, aber wahrscheinlich deswegen, weil wir im Innersten alle wissen, daß wir viel zu bequem sind, in unseren Beziehungen zu lernen. Wir pflegen meist das zu lieben, was uns gleich ist, das Andere macht uns Angst. Aus diesem Grund werden Typ 1 und 4 sich eher gegenseitig ablehnen, als daß sie voneinander lernen werden.

Enneagramm-Typ 1 trifft auf Enneagramm-Typ 7

Auch Typ 1 und Typ 7 haben sehr unterschiedliche Haupteigenschaften. Typ 7 lebt die Leichtigkeit, die Typ 1 völlig zu fehlen scheint.

Für beide stellen ihre Beziehungen nicht ihren hauptsächlichen Lebensinhalt dar. Hier liegt zugleich der Grund für große Mißverständnisse zwischen beiden Typen: Typ 1 möchte eine Beziehung, hat er sie, identifiziert er sich nicht weiter mit ihr. Typ 7 dagegen braucht keine feste Beziehung, er braucht viele unterschiedliche, eher lockere Beziehungen. Typ 7 hat viele Interessen und einen stets überfüllten Terminkalender, der seine Abenteuer, aber auch seine Arbeit beinhaltet. Im Gegensatz zu Typ 1 langweilt Typ 7 die Beziehungsroutine. Er benötigt sie nicht zu seiner Sicherheit. Typ 1 möchte mit dem Partner essen gehen oder Familienbesuche machen, Typ 7 findet das fürchterlich langweilig und unerträglich. Auf die Dauer ärgert sich Typ 1 über die fehlende Bereitschaft von Typ 7, sich auf ihn einzulassen. Typ 7 dagegen ärgert sich zunehmend mehr über die tödliche Langweile von Typ 1 und empfindet dessen Vorschläge als Zumutung. Spätestens an dieser Stelle kommt es zur Krise: Typ 7 fühlt sich vom ersten Enneagramm-Typ ständig kritisiert und sieht nur noch die Schwierigkeiten der Beziehung, worauf er mit seinem »altbewährten« Fluchtmechanismus reagiert. Typ 1 läßt sich zu dem größten Fehler einem Typ 7 gegenüber verleiten, indem er ihm seine vielen sexuellen Nebenbeziehungen vorwirft. Das ist normalerweise das Ende dieser Beziehung.

Aber auch in kurzen Beziehungen können die Partner einiges voneinander lernen. Wenn diese beiden Enneagramm-Typen eine gewisse Reife erreicht haben, besteht sogar die Chance einer längerfristigen Beziehung.

So lernt Typ 1 von Typ 7 dessen extravertierte, begeisterungsfähige Art, die ihn fasziniert. Er sieht zudem, wie man sich entspannen und das Leben genießen kann, wenn man positiv in die Welt hinausgeht. Diese Lektion ist äußerst heilsam für Typ 1.

Typ 7 dagegen wird durch Typ 1 mit Eigenschaften wie Verläßlichkeit, Loyalität, Verbindlichkeit und Disziplin konfrontiert, die ihm vorher weitgehend fremd, wenn nicht gar unbekannt waren.

Zugleich lernt er vom ersten Enneagramm-Typ, daß sein Schmerz- und Unlustvermeidungsverhalten übertrieben und unnötig ist.

Enneagramm-Typ 2 trifft auf Enneagramm-Typ 4

Der zweite und der vierte Enneagramm-Typ können sehr gut miteinander auskommen, da sie beide sinnlich und leidenschaftlich sind und eine langfristige Beziehung suchen. Ist Typ 2 auf die Befriedigung und Manipulation des anderen ausgerichtet, so drückt Typ 4 eher einen deutlichen Egoismus aus. Aus diesem Grund kann ihre Beziehung sehr leicht zu einer Kollusion (neurotisches Zusammenspiel) führen. Das bedeutet, daß beide Partner den anderen perfekt in ihr neurotisches Spiel einbauen, was zunächst einmal wie Nähe wirkt und beiden Beteiligten Sicherheit verspricht. In diesem zwanghaften Spiel erfüllt Typ 2 Typ 4 alle seine Wünsche und hat auch für dessen Launen Verständnis. Typ 4 spürt, daß er in Typ 2 endlich einen sensiblen Partner gefunden hat und daß er so romantisch verführt wird, wie er es sich immer vorstellte. Ferner findet er in Typ 2 den Partner, der ihm nicht nur Sicherheit geben kann, sondern der sich auch vor der Tiefe der Gefühle nicht zu fürchten scheint. Da sieht er jedoch Typ 2 falsch. Dieser Enneagramm-Typ läßt sich nur selten auf die Gefühle seines Partners ein, da er die Kontrolle über die sexuelle und emotionale Situation behalten möchte. Er spielt ohne weiteres ein tiefes Einlassen auf den anderen perfekt. Allerdings ist Typ 4 sensibel genug, um zumindest auf die Dauer zu erkennen, daß Typ 2 eigentlich gefühlskalt ist.

Ein weiteres Problem zwischen Typ 2 und 4 liegt darin, daß Typ 2 nach einem Partner sucht, der ihn braucht. Nun ist aber Typ 4 sehr selbständig. Er braucht letztlich keinen Partner, um glücklich zu werden. Das bereitet Typ 2 größte Ängste, denn sein Abhängigkeit erzeugendes Spiel funktioniert nicht mehr.

Trotz all dieser Spannungen haben diese beiden Enneagramm-Typen eine große Chance, befriedigend miteinander leben und sich lieben zu können. Typ 2 wird auf die Dauer verstehen, daß Typ 4 ihm trotz Rückzug und Launen treu und sicher ist, und Typ 4 wird bemerken, daß Typ 2 genau der Partner ist, der ihn unterstützt und fördert und dessen Gefühlskälte sich mehr und mehr in Offenheit und Wärme wandelt. Typ 2 wird Typ 4 ab und an Egoismus vorwerfen, Typ 4 wird Typ 2 unberechtigterweise vorhalten, daß er sich nicht genügend auf ihn einläßt. Aber mit diesen Problemen werden beide Enneagramm-Typen umzugehen lernen, wenn Typ 2 Typ 4 nicht zu sehr bedrängt und Typ 4 sich nicht dauernd unverstanden zurückzieht.

Enneagramm-Typ 2 trifft auf Enneagramm-Typ 8

Der zweite Enneagramm-Typ spricht das orale Beziehungsthema an: Wie kümmert man sich nährend und helfend umeinander? Mit Typ 8 kommt das anal-sadistische Beziehungsthema ins Spiel. Das bedeutet, es geht darum, wer der Führer sein darf und wer die Rolle des passiv Geführten übernimmt. Sowohl beim zweiten als auch beim achten Enneagramm-Typ lautet das Hauptthema in der Beziehung: Abhängigkeit und die Angst, ausgenutzt zu werden. Der zweite Enneagramm-Typ läuft mit Typ 8 stets Gefahr, ausgebeutet zu werden, wobei dann erstaunlicherweise die hilfreiche Seite von Typ 2 in einen abgrundtiefen Haß umschlagen kann, der selbst Typ 8 Angst einjagt. Dennoch liebt Typ 2 Typ 8, da dieser wie kein anderer Enneagramm-Typ seinen Dienst annehmen kann. Außerdem ist Typ 8 Typ 2 gegenüber loyal, er schützt ihn und gibt ihm Sicherheit. Typ 8 dagegen ist zu wenig sensibel, um zu durchschauen, daß er es ist, den Typ 2 manipuliert. Es geht sowohl Typ 2 als auch Typ 8 um die Macht in der Beziehung, aber Typ 2 besitzt sie, indem er Typ 8 das Gefühl gibt, das Sagen zu haben. Auch wird Typ 2 schnell bemerken, daß er Typ 8 wegen dessen großer Angst, allein zu sein, subtil manipulieren kann. Typ 8 wird immer hilfloser und reagiert erschreckend autoritär. Typ 2 kann damit umgehen, worauf Typ 8 sich letztlich in seine Arbeit oder eine andere Beziehung zurückziehen wird. Der charakteristische Typ 8 bleibt dann beispielsweise lange im Büro und reagiert in der Beziehungssituation von seinem Streßpunkt aus. Er wird plötzlich passiv und depressiv wie Typ 5. Typ 2 fühlt sich nun abgelehnt und zurückgestoßen. In dieser Beziehungskrise kommt es darauf an, ob Typ 8 den Kontakt zu seiner positiven Seite aufnehmen kann und Probleme offen anspricht. Kommt es zu dieser Kommunikation zwischen den Partnern, ist der Konflikt zu lösen. Dazu wird Typ 8 bereit sein, wenn er sieht, daß seine Beziehung auseinanderbricht. Außerdem findet Typ 8 die gefühlvolle Seite von Typ 2 äußerst anziehend, da er wohl weiß, daß Typ 2 hier etwas lebt, was ihm zu fehlen scheint.

Typ 2 muß lernen, daß er seine Ziele auch offen und ohne Manipulation direkt vermitteln und vertreten kann. Außerdem wird er bei Typ 8 erleben, daß Gefühlsausbrüche reinigend sein können und nicht zu fürchten sind.

Enneagramm-Typ 3 trifft auf Enneagramm-Typ 9

Typ 9 liebt die Sinnlichkeit und er ist gelassen, was Typ 3 an ihm liebt; ferner zieht Typ 9 die Zielgerichtetheit und der Erfolg von Typ 3 an. Allerdings wird Typ 9 bald bemerken, daß Typ 3 eine emotional unbelastete Beziehung zu ihm anstrebt. Typ 9 fühlt sich austauschbar. Treten Spannungen in der Beziehung auf, ärgert sich Typ 3 paradoxerweise über den fehlenden Einsatz von Typ 9. Sein eigenes fehlendes Engagement projiziert er auf seinen Partner. Typ 9 zieht sich darauf in die Schmollecke zurück mit dem Gefühl, der Sündenbock für alles zu sein.

Auf der anderen Seite ist Typ 3 im Bett so gut, wie es Typ 9 sich nur wünschen kann und da er sich sowieso nicht leicht zu trennen pflegt, genießt er ungebrochen die positiven Aspekte der Beziehung. Ein großes Problem besteht jedoch darin, daß Typ 3 stets einen erfolgreichen Partner braucht, mit dem er glänzen kann. Typ 9 ist jedoch selten ein erfolgreicher Mensch, was ihn in den Augen von Typ 3 herabsetzt.

Da beide Enneagramm-Typen das Störende in einer Beziehung erfolgreich zu verdrängen pflegen, können sie lange Zeit glücklich zusammenleben. Typ 3 gibt Typ 9 den materiellen Rückhalt, den er braucht, um sich wohlzufühlen. Typ 9 schafft Typ 3 ein angenehmes Heim. Kann Typ 9 beide Augen zudrücken, wenn Typ 3 auf sexuelle Eroberungen aus ist, sie selten länger als eine Nacht dauern, können beide zufrieden zusammenleben.

Allerdings wirkt in ihrer Beziehung das Verdrängte wie eine Zeitbombe und es kommt darauf an, sich ehrlich über Probleme auseinandersetzen. Für Typ 3 ist das schwieriger als für Typ 9, da er wenig Zeit und Energie für private Probleme übrig hat. Im Gegensatz zu Typ 9 braucht er statt der Beziehung seine Karriere zum Glück. Diese Einstellung hindert ihn daran, ernsthaft etwas für seine Beziehung zu tun. Auf das Wort »Beziehungsarbeit« reagiert er übellaunig. Somit stehen die Chancen für eine langfristige Beziehung dieser beiden Enneagramm-Typen nicht so gut.

Enneagramm-Typ 3 trifft auf Enneagramm-Typ 6

Typ 3 und 6 können sich auf der Stelle ineinander verlieben, da jeder im anderen dessen große Sinnlichkeit spürt. Nach dieser Liebe auf den ersten Blick kommt für beide das Erwachen: Typ 3 möchte sich nicht binden und Typ 6 findet es unverständlich, warum man sich bei angenehmem Sex nicht langfristig binden möchte. Typ 6 bewundert und idealisiert Typ 3, was dieser zwar braucht, ihn aber nicht zu einer festen Verbindung bringen kann. Ist Typ 6 jedoch erfolgreich, wird er für eine feste Beziehung interessant. Diese Beziehung ist dann häufig ideal, da Typ 6 von Typ 3 dessen Leichtigkeit, Charme und Humor lernt, wobei Typ 3 bei Typ 6 erlebt, wie man sich auf den Partner einläßt. Ferner wird Typ 3 mit Typ 6 erleben können, wie man sich selbst konstruktiv in Frage stellt und daß eine Selbstdarstellung nur dann ankommt, wenn sie echt ist. Mit Typ 6 kann Typ 3 dahin gelangen, seine problematischen Seiten zu betrachten, was für den dritten Enneagramm-Typ äußerst heilsam ist. Läßt Typ 3 sich auf den Ernst und die Beziehungsforderungen von Typ 6 ein, hilft ihm das nicht nur, sein wahres Selbst zu entdecken, sondern auch ruhiger und zufriedener zu werden. Außerdem baut das den ausgeprägten Egoismus von Typ 3 ab, was ihn auf die Dauer glücklicher werden läßt. Da jedoch Typ 3 größte Schwierigkeiten hat, Fehler zuzugeben, muß Typ 6 schon sehr geschickt sein, diese bei ihm anzusprechen und Typ 3 zu einem Beziehungsgespräch zu verführen. Gelingt ihm das, können beide ihre Schwierigkeiten miteinander beheben und sich in idealer Weise ergänzen.

In einer harmonischen Beziehung wird Typ 6 die Aktivität und das Selbstbewußtsein von Typ 3 erlernen und damit sein eher unsicheres Auftreten ablegen können. Gleichzeit wird dem sechsten vom dritten Enneagramm-Typ geholfen, seine Kritiksucht und Mäkeleien einzuschränken, wenn nicht gar aufzugeben.

Enneagramm-Typ 5 trifft auf Enneagramm-Typ 7

Der fünfte und der siebte Enneagramm-Typ ergänzen sich in sehr konstruktiver Weise. Besonders wenn es sich um einen intellektuellen Typ 7 handelt, lernt er gern von Typ 5, der ihm Ruhe und Klugheit vermittelt. Bringt Typ 5 Typ 7 zum Tiefsinn, den dieser zwar nicht ablehnt, aber meist nie zuvor in seinem hektischen Leben beachtet hat, so bringt Typ 7 Typ 5 die Leichtigkeit und die Beweglichkeit. Im Gegensatz zu Typ 5 kann Typ 7 nicht nur handeln, sondern empfindet auch Lust dabei.

Ein großes Problem dieser beiden Enneagramm-Typen stellt jedoch die gemeinsame Sexualität dar. Typ 7 sexualisiert und erotisiert seine Umwelt, wohingegen Typ 5 auf Typ 7 asexuell und unerotisch wirkt. Deswegen übersieht Typ 7 meistens Typ 5, es sei denn, daß Typ 5 seine Intellektualität anspricht. Typ 5 und 7 sind die beiden Typen des Enneagramms, die sich in ihrer »Denklust« verbinden. Für beide ist Intellektualität etwas Erotisches und Lustbringendes. So gehen Typ 5 und 7 häufig enge Freundschaften ein, aber eine Liebesbeziehung wird man seltener zwischen beiden finden.

Typ 5 sucht einen treuen Partner und da hat er mit Typ 7 einen einen Fehlgriff getan. Typ 7 hat verblüffend viele Eigenschaften, aber die Treue ist niemals darunter – es sei denn, er ist abgeklärt und hat im Laufe seines Lebens viel an sich gearbeitet.

Enneagramm-Typ 5 trifft auf Enneagramm-Typ 8

Für den männlichen Typ 8 ist das Thema Liebe und Ehe als Selbstbestätigung (phallisch-ödipales Beziehungsthema) äußerst wichtig. Typ 8 ist eigentlich schwach, er überkompensiert allerdings diese Schwäche mit einer Stärke, die unangemessen wirkt. Er will in seiner Beziehung auf jeden Fall den Ton angeben. Typ 5 dagegen mit seiner ausgeprägten Klugheit und Beobachtungsgabe durchschaut dieses Spiel sogleich und verachtet Typ 8, da dieser aus seiner Sicht dümmlich und unreif reagiert. Es fasziniert ihn jedoch zugleich, wie Typ 8 mit klaren Werten in die Welt hinaustritt. Typ 5 spürt instinktiv, daß es in dieser Beziehung einiges für ihn zu lernen gibt.

Typ 5 und 8 kommen meist deswegen nicht zusammen, da Typ 8 häufig eine lüsterne Schwingung aussendet, die Typ 5 abstößt. Typ 5 ist viel zu still, als daß er von Typ 8 beachtet wird. Und selbst wenn es zu einer Beziehung zwischen beiden Enneagramm-Typen käme, würde die Distanz, die Klugheit und der Rückzug von Typ 5 Typ 8 zur Weißglut bringen. Was den kontrollierten Typ 5 dann die letzte Achtung vor Typ 8 verlieren ließe.

Kommen dennoch Typ 5 und 8 langfristig zusammen, bilden sie die ideale Verbindung. Das ist allerdings nur möglich, wenn beide sehr entwickelt sind. Typ 5 kann von Typ 8 lernen, wie man sich durchsetzt und seinen Standpunkt vertritt. Typ 8 kann von Typ 5 lernen, wie man Situationen genau beobachtet und analysiert, bevor man bewußt und kontrolliert handelt. Leider stoßen in diesen beiden Enneagramm-Typen jedoch zwei derart unterschiedliche Welten aufeinander, daß sie viel Bewußtseinsarbeit in die Beziehung investieren müssen, um die Früchte genießen zu können.

Enneagramm-Typ 6 trifft auf Enneagramm-Typ 9

Der sechste Enneagramm-Typ weist deutlich narzißtische Tendenzen auf: Aus geringem Selbstwertgefühl heraus stellt der Partner eine Erweiterung des eigenen Selbst dar. Typ 6 schmückt sich wie Typ 3 mit demjenigen Partner, der ihn erhöht und stärkt. Typ 9 – wenn er nicht gerade körperlich sehr attraktiv ist – bietet sich jedoch nicht gerade dazu an, daß man sich mit ihm schmückt.

Menschen vom Typ 6 zeigen die Tendenz, sich für den Partner aufzugeben oder ihr Partner gibt sich für sie auf. In der Kombination von Typ 6 und 9 wird sich wahrscheinlich Typ 9 eher für Typ 6 aufgeben. Die Herausforderung in dieser Beziehung liegt darin, daß sowohl Typ 9 als auch Typ 6 sich für den anderen aufgeben will. Wer soll den Starken und den Führenden in derartigen Beziehungen spielen? Natürlich bedarf es keines Oberhauptes oder Führers in einer Beziehung, aber sowohl Typ 6 als auch Typ 9 fühlen sich nur wohl, wenn für sie etwas entschieden wird. Durch diese Verwandtschaft finden sich Typ 6 und 9 gegenseitig attraktiv, sie bemerken auch die Sinnlichkeit des anderen. Aber gleichzeitig zeigt zumindest Typ 6 große Angst vor solch einer Verschmelzung, da er in ihr seine schwache Identität verliert. Aus diesem Grund bleiben Personen des Typs 6 oft ledig und pflegen oberflächliche Beziehungen, obwohl sie häufig von der gefürchteten Symbiose träumen. Typ 9, der sich mit seinem Partner stets ganz vereinigen möchte, stellt eine höchst gefährliche Beziehung und zugleich einen Spiegel für Typ 6 dar. Da ihm solch eine Nähe bedrohlich wird, kann Typ 6 sich schlecht an Typ 9 binden.

Typ 6 wie auch Typ 9 können sich bestens an ihrem Partner anpassen. Sie geraten aber nach einiger Zeit in eine Identitätskrise, da sie nicht mehr wissen, wo sie aufhören und ihr Partner anfängt. Das bedeutet konkret, daß sie jede Emotion ihres Partners sogleich auf sich beziehen und so vollkommen von den Stimmungen des Partners abhängig werden.

Bewegungsrichtungen im Enneagramm

Nach der klassischen Typenlehre des Enneagramms treten bei den neun Typen-Kombinationen, die alle durch die inneren Linien des Enneagramms miteinander verbunden sind, größere Probleme auf. Das liegt – nach der Typenlehre des Enneagramms – daran, daß bei den Verbindungen

4 und 1	7 und 5
1 und 7	5 und 8
2 und 4	6 und 9
3 und 6	9 und 3
8 und 2	

der jeweils erste Enneagramm-Typ (4, 1, 2, 3 etc.) von dieser Verbindung profitiert und sich stabilisiert, während der jeweils zweite Enneagramm-Typ (1, 7, 4, 6 etc.) durch diese Kombination in die Neurose oder in Streß gebracht wird. Allerdings darf nicht übersehen werden, daß das Leiden des einen Partners das Glück des anderen – zumindest langfristig – trübt.

Sehen wir menschliche Beziehungen unter dem Aspekt der Anpassung, zeigt sich, daß wenn in den neun Kombinationen der erste Typ sich dem zweiten annähert und der zweite Typ auf seiner Position bleibt, die Beziehung relativ entspannt verläuft. Nähert sich jedoch der zweite Typ dem ersten in dessen Verhalten an, würde das Enneagramm eine angespannte Beziehungswirklichkeit voraussagen. Dieser Fall ist schwerer zu leben als der erste, da hier zumindest auf die Dauer massive Ängste auftreten werden. Im ersten Fall kommt es allerdings nur dann zur Harmonie, wenn die Anpassung oder Annäherung an den anderen nicht zum Machtkampf wird.

Ein weiteres Problem besteht darin, daß jede Bewegung des einen Partners ebenfalls reaktiv eine Bewegung des anderen Partners hervorruft. Geht Typ 4 auf Typ 1 zu, bewegt sich Typ 1 entweder auf Typ 4 zu oder es wird seine Angst aktiviert, so daß er sich wegbewegt.

Streßtyp und Entlastungstyp

Wählen wir einen Partner, der den Streßtyp (vgl. S. 146) zu unserem Enneagramm-Typ verkörpert, können wir zwar viel von und mit ihm lernen, dieses Lernen fällt uns aber extrem schwer. Haben wir dagegen einen Partner gewählt, der unserem Entlastungstyp (vgl. S. 146) entspricht, können wir nach gewisser Beziehungsarbeit mit diesem Menschen gut auskommen und uns bei ihm ausruhen und entspannen.

Da letztlich niemand in allen Situationen einen reinen Enneagramm-Typ verkörpert, wird das Bild der Partnerwahl viel komplexer. Die verschiedenen Typen des einen Menschen kommunizieren mit den unterschiedlichen Typen seines Partners. Nehmen Sie also dieses Modell nicht als »Bibel« für die Wahl des geeigneten Partners, sondern als Anhaltspunkt, wie man mit Hilfe des Enneagramms Partnerkonflikte verstehen kann.

Ich habe zum Beispiel beobachtet, daß der Streßpunkt des Streßpunkts zu meinem Typ oft auf absolutes Unverständnis bei mir stößt. Ich sehe mich als Typ 7. Streßpunkt zu 7 ist Typ 1, Streßpunkt zu 1 ist Typ 4. Das heißt: Der strenge Typ 1 tendiert dazu, den dienenden Typ 2 mißzuverstehen, der auf andere ausgerichtete Typ 2 wiederum den auf sich zurückgezogenen Typ 5, der sensible Typ 4 den lauten Typ 8, der zurückhaltende Typ 5 den moralisierenden Typ 1, der oberflächliche Typ 7 den tiefsinnigen Typ 4 und der machtbesessene Typ 8 den lässigen Typ 7. Eine Ausnahme davon bilden jedoch die Dreieckspunkte 3, 6 und 9, denn bei ihnen ist der Streßpunkt des Streßpunkts wieder der Entlastungspunkt. Beispiel: Der Streßpunkt zu 3 ist 9. Der Streßpunkt zu 9 ist 6, wobei 6 zugleich der Entlastungspunkt zu 3 darstellt.

Die restlichen Typenkombinationen

Zwei Menschen sind immer zwei Extreme.
Friedrich Hebbel*

Es gibt noch siebenundzwanzig weitere Typenkombinationen, die ich jetzt näher betrachten werde.

Enneagramm-Typ 2 trifft auf Enneagramm-Typ 1

Der zweite Enneagramm-Typ kümmert sich um den anderen, pflegt und hilft ihm (positiv oraler Reaktionstyp). Allerdings geschieht das nur in Erwartung einer Gegenleistung, die jedoch selten geäußert wird. Typ 1 ist ein williges Objekt, da er in seiner unbeholfenen Art Hilfsbedürftigkeit ausstrahlt. Typ 2 wird von Typ 1 zunächst einmal enttäuscht sein, da Typ 1 für seinen Geschmack viel zu verklemmt ist und diese Hemmung dazu noch impertinent moralisch rechtfertigt. Gelingt es jedoch Typ 2, Typ 1 zur Sinnlichkeit zu verführen und dessen Angst vor Gefühlen und der Leidenschaft abzubauen, können beide Typen sehr harmonisch miteinander leben. Typ 2 wird Typ 1 von sich abhängig machen und kann sich sicher sein, daß er nicht so schnell verlassen wird. Da-

* Tagebucheintrag vom 3. 12. 1836.

durch wird Typ 2 aufblühen und Typ 1 Schritt für Schritt zu einem besseren Liebhaber »erziehen« und zu mehr Lebensfreude verführen. Auf der anderen Seite lernt er durch die Beobachtung von Typ 1, wie man seine Gefühle besser kontrollieren und effektiver arbeiten kann. Außerdem wird Typ 1 die manipulierende Art von Typ 2 ansprechen und ihm somit helfen, seinen Schatten zu erkennen.

Enneagramm-Typ 3 trifft auf Enneagramm-Typ 1

Der dritte und erste Enneagramm-Typ sind so unterschiedlich, wie man sich nur vorstellen kann. Sie widersprechen sich in fast allen ihren Eigenschaften. Ist Typ 3 extravertiert, kommunikativ, sexuell aktiv und wechselt schnell seine Partner, so ist Typ 1 introvertiert, gehemmt und an langfristigen Beziehungen interessiert. Für Typ 1 stellt Typ 3 den typischen unmoralischen Menschen dar, mit dem er nichts zu tun haben möchte. Außerdem ist Typ 3 für ihn zutiefst unehrlich und »karrieregeil«. Für Typ 3 verkörpert Typ 1 den bürgerlichen, gehemmten und verklemmten Typen, den zwanghaften Biedermann, der an konventionellen Werten ängstlich festhält. Einen derartigen Menschen mag Typ 3 auf den ersten Blick noch insoweit attraktiv finden, indem er eine Herausforderung zur Verführung darstellt, auf den zweiten Blick ist er jedoch unattraktiv für ihn und Typ 3 wird sich nur höchst selten längerfristig an ihn binden.

Bleiben diese beiden Enneagramm-Typen dennoch längerfristig zusammen, können sie gerade wegen ihrer Verschiedenheit vieles voneinander lernen. Ihnen ist zu raten, trotz aller Widerstände zusammenzubleiben, da das ein großer Entwicklungsschritt für beide Partner sein kann.

Enneagramm-Typ 3 trifft auf Enneagramm-Typ 2

Diese beiden Menschentypen kommen meistens auf Anhieb sehr gut miteinander aus. Sie verbindet ihre sinnlich sexuelle Ausstrahlung, aufgrund der sie sich leicht ineinander verlieben. Typ 3 genießt in dieser Beziehung die Hilfe von Typ 2 und tendiert manchmal dazu, sie auszunutzen. Zugleich fasziniert ihn, wie gut Typ 2 allgemein und insbesondere zu ihm ist. Typ 2 versucht Typ 3 von sich abhängig zu machen und zugleich bewundert er ihn. Allerdings wird die Partnerschaft bald schwierig werden, da Typ 2 mehr Sicherheit in der Beziehung braucht, als ihm sein Partner geben will. Er wird merken, daß sein Ideal einer dauerhaften Beziehung, die man gemeinsam aufbaut, mit Typ 3 schwer zu erreichen ist. Ihm erscheint sein Partner zu oberflächlich. Es zeigt sich ihm deutlich, daß Typ 3 mehr an seiner Karriere als an seiner Beziehung interessiert ist. Als Reaktion darauf hilft Typ 2 seinen Partner bei seinem beruflichen Streben. Er wird jedoch bemerken, daß Typ 3 dennoch nicht von ihm abhängig wird.

In diesen beiden Enneagramm-Typen treffen das typisch weibliche und das typisch männliche Prinzip aufeinander. Das kann einigermaßen gut gehen, denn trotz der Emanzipationsbemühungen leben die meisten Menschen in ihrer Beziehung alte Rollenmuster aus. Wenn beide sich annähern und durch Eigenschaften anderer Enneagramm-Typen ihre starre Typenzuordnung auflockern, können sie ihre Partnerschaft ohne weiteres genießen und sogar zu einer langfristigen Beziehung ausbauen.

Diese Verbindungen sind oft sehr befriedigend, wenn einer der Partner eine große Hingabefähigkeit zeigt, der andere sich aktiv und ungebrochen an seinem Begehren erfreuen kann. Wichtig ist, daß diese Rollen nicht ein für allemal festgeschrieben werden und der eine Partner immer und in jedem Bereich der aktive, der andere immer der passive ist. Diese beiden Enneagramm-Typen sind in der glücklichen Lage, mit dem Problem von Nehmen und Genommenwerden produktiv umzugehen.

Enneagramm-Typ 4 trifft auf Enneagramm-Typ 3

Typ 3 und 4 können sich sehr leicht ineinander verlieben, da beide häufig eine starke sexuelle Ausstrahlung zeigen. Sie sind leidenschaftlich und sinnlich. Dazu kommt, daß Typ 4 gern verführt und Typ 3 ein attraktives Verführungsobjekt darstellt. Auch kann sich Typ 3 nicht nur sehr gut auf die ungewöhnlichen sexuellen Spiele von Typ 4 einlassen, er kann sie sogar noch genießen. Auf der Ebene von Lust und Sinnlichkeit passen diese beiden Enneagramm-Typen deshalb bestens zusammen.

Der Unterschied tritt da zutage, wo sie ihre Ansprüche an eine Partnerschaft äußern. Typ 4 mit seinem Hang zum Festklammern möchte eine feste Beziehung. Typ 3 dagegen wünscht sich den Partner als pflegeleichtes Lustobjekt, alles andere macht ihm Angst und raubt ihm die Energie, die er zum Ausbau seiner Karriere braucht. Ein weiteres Problem besteht darin, daß sowohl Typ 3 als auch Typ 4 täglich eine gehörige Portion Anerkennung brauchen. Typ 3 will hören, wie brillant er ist, Typ 4 braucht die Bestätigung, daß er geliebt wird und beide brauchen dazu die Beteuerung, daß sie attraktiv sind. Beide sind jedoch oftmals viel zu sehr mit sich selbst beschäftigt, um die Bedürfnisse des Partners wahrzunehmen und zu befriedigen. So fühlen sich beide leicht ungeliebt und vernachlässigt. Diese beiden Enneagramm-Typen haben nämlich zu allen Überfluß noch einen Hang dazu, sich in ihrem Stolz verletzt zu fühlen. Daß Typ 4 hauptsächlich mit seinen Gefühlen beschäftigt ist und Typ 3 meistens mit seiner Außendarstellung fördert auch nicht gerade das gegenseitige Verstehen.

Trotz dieser Schwierigkeiten können Typ 3 und 4 miteinander glücklich werden, wenn Typ 4 Typ 3 derart sexuell betören kann, daß er mit ihm eine langfristige Beziehung eingeht und wenn beide sich regelmäßig Zeit füreinander nehmen. Zeigt Typ 4 offen seine Verletzungen, kann er mit Zuwendung von Typ 3 rechnen. Ist Typ 4 dazu noch erfolgreich und gut aussehend, kann er wirklich der Traumpartner für Typ 3 sein.

Enneagramm-Typ 5 trifft auf Enneagramm-Typ 1

Dies ist die Kombination der beiden sexuell scheuesten Typen des Enneagramms. Es ist schwer vorstellbar, wie sich diese beiden Typen finden. Typ 5 ist häufig sexuell desinteressiert und sehr zurückhaltend; Typ 1 ist derart gehemmt, daß er ein Interesse am anderen gar nicht signalisieren kann. Könnte Typ 5 sich überwinden, Typ 1 seine Zuneigung zu zeigen, würde das Typ 1 wahrscheinlich gar nicht bemerken. Und selbst wenn diese beiden sexuell und emotional gehemmten Typen zusammenkommen, würden sie sich nur in ihren Hemmungen verstärken und sich nicht gegenseitig helfen können. Sowohl Typ 5 als auch Typ 1 brauchen einen offeneren Enneagramm-Typ, der ihnen Wege zum Beziehungsglück aufzeigt.

Enneagramm-Typ 5 trifft auf Enneagramm-Typ 2

Dem fünften Enneagramm-Typ bekommt es sehr gut, wenn er von Typ 2 so richtig umsorgt und verwöhnt wird. Der Argwohn von Typ 5 seiner Umwelt gegenüber wird dadurch langsam aber sicher abgebaut, und Typ 5 wird offener werden und seine Gefühle äußern können. Dadurch, daß Typ 2 gut Probleme anzusprechen vermag, kann er Typ 5 mit unbekannten Gefühlen in Kontakt bringen und dessen Selbsterkenntnis fördern. Typ 2 kann sich sicher sein, daß Typ 5 grundsätzlich treu und loyal ist. Beide können sich über die Ideale finden, denen sie dienen. Das mag nun eine Weltanschauung sein oder die Ansicht, wie man seine alltägliche Arbeit zu bewältigen hat. Gerade wenn beide intellektuell ausgerichtet sind, ergeben sich viele Anknüpfungspunkte.

Typ 5 ist nicht so leicht in die Abhängigkeit zu locken wie andere Enneagramm-Typen. Das irritiert Typ 2 zunächst, aber er kann es ertragen und akzeptieren. Wenn er allerdings bemerkt, wie loyal und treu Typ 5 ist, macht Typ 2 sich keine Sorgen mehr.

Typ 5 fällt es nicht schwer, seinem Partner die Sicherheit zu vermitteln, die dieser zu seinem Glück braucht. Typ 2 und 5 ergeben eine ideale Verbindung, wenn es Typ 2 gelingt, Typ 5 dazu zu bewegen, sich emotional und auch sexuell zu öffnen.

Enneagramm-Typ 5 trifft auf Enneagramm-Typ 3

Typ 5 und 3 können dann eine fruchtbare Verbindung eingehen, wenn beide intellektuelle Interessen miteinander teilen. In diesem Fall haben sie vieles auszutauschen. Typ 3 wird Typ 5 sicherlich dahin bringen, daß dieser sich der Kommunikation mit ihm öffnet. Beide bewundern das Wissen des anderen. Dadurch, daß Typ 5 sehr autark und selbständig ist, kann er das Unabhängigkeitsbestreben von Typ 3 verstehen. Letztlich sind sowohl Typ 3 als auch Typ 5 Einzelgänger. Typ 5 lernt von Typ 3 entweder eine gewisse Freude am Handeln, oder er bleibt passiv und läßt Typ 3 für sich handeln.

Letzteres läuft oftmals auf eine Beziehung mit konventionellem Rollenverhalten hinaus, in der der weibliche Partner die Rolle von Typ 5 übernimmt und der männliche diejenige von Typ 3.

In befriedigenden sexuellen Beziehungen nimmt jeder der Partner abwechselnd die sich hingebende Rolle von Enneagramm-Typ 5 und die aktiv anmachende Rolle von Typ 3 ein. Es ist für beide notwendig, von ihrem Partner das Gefühl vermittelt zu bekommen, begehrenswert zu sein, so wie es genauso wichtig ist, sich ganz hingeben und fallenlassen zu können. Diese Erfahrungen können Typ 3 und 5 emotional öffnen. Im idealen Fall können sie beide mit aktivem Begehren und passiver Hingabe kreativ spielen.

Enneagramm-Typ 5 trifft auf Enneagramm-Typ 4

Typ 5 und 4 verstehen sich gut aufgrund ihrer Zurückgezogenheit und ihrer Sensibilität. Beide haben oftmals das Gefühl, daß sie von der Außenwelt nicht verstanden werden. Das hilft bei der gegenseitigen Annäherung. Beide Enneagramm-Typen sehnen sich nach einer festen und langfristigen Beziehung. Typ 5 kann schon deswegen so harmonisch mit Typ 4 zusammenleben, da er sich nicht mit dessen Launen identifiziert, sie also nicht persönlich nimmt. Als guter und zugleich objektiver Beobachter relativiert Typ 5 die Subjektivität von Typ 4 und läßt sich von dessen Dramatik nicht hinreißen. Zugleich lernt Typ 5 von Typ 4 sich mehr seinen Gefühlen und seiner Sinnlichkeit zu öffnen. Die größten Unstimmigkeiten in dieser Beziehung sind im Bereich der Sexualität zu erwarten. Dort muß der leidenschaftliche Typ 4 dem etwas gehemmten und zurückhaltenden Typ 5 gegenüber als Lehrer auftreten. Besonders für Typ-4-Frauen, die diese Rolle genießen, ist Typ 5 der geeignete Partner.

Enneagramm-Typ 6 trifft auf Enneagramm-Typ 1

Tiefenpsychologisch betrachtet, zeigt sich im Typ 6 eine Tendenz zum Narzißmus. Aus geringem Selbstwertgefühl heraus wird der Partner als eine Erweiterung des eigenen Selbst angesehen. Typ 6 möchte sich mit Typ 1 schmücken und von ihm erhöht und gestärkt werden. Weil Typ 1 jedoch eher unbeholfen und nicht »repräsentabel« wirkt, wird er nur in Ausnahmefällen von Typ 6 als Partner gewählt und zwar dann, wenn er die eigene Stärke und Stabilität deutlich nach außen darstellen möchte. Hier tritt aber zugleich das nächste Problem auf: Typ 1 möchte gern eine feste Beziehung, die sich Typ 6 in der Tiefe seines Herzens auch wünscht. Allerdings löst dieser Wunsch bei ihm gleichzeitig Angst vor der Verschmelzung aus. Typ 6 weiß um seine Tendenz zur Symbiose und befürchtet, seine an sich schon schwache Identität zu verlieren, wenn er sein Symbiosebedürfnis ausleben würde. Ihm wird die besserwisserische Art von Typ 1 als unerträgliche Bevormundung erscheinen. Diese Beziehung wird von enormen Spannungen geprägt sein, es sei denn, beide Partner bringen die Disziplin auf, über ihre wahren Bedürfnisse offen zu reden. Typ 6 wird das Oberlehrerhafte von Typ 1 fürchterlich auf die Nerven gehen, wobei Typ 1 meint, daß er seinem Partner hilft, indem er dessen Verhältnisse ordnet. Typ 1 dagegen kann die sich anpassende Art von Typ 6 nur schwer ertragen. Auch die Sexualität ist kein problemloses Feld in solch einer Beziehung, da sich eigentlich Typ 6 einen körperbetonteren Partner wünscht.

Enneagramm-Typ 6 trifft auf Enneagramm-Typ 2

Typ 6 und 2 können sich auf der Ebene ihrer Sinnlichkeit treffen. Im Beziehungsalltag stellt sich bei dieser Kombination stets die Frage, wer in dieser Beziehung führt und entscheidet. Typ 6 läßt sich zweifelsohne lieber führen, Typ 2 ist es aber nicht gewohnt, offen die Führung zu übernehmen. Er dient lieber. Da jeder einen starken Partner im anderen erwartet, wird jeder von seinem Partner enttäuscht sein, was sich in Angst vor der gemeinsamen Lebensbewältigung zeigt. Beide haben in dieser Beziehung die Chance, die Angst vor eigenständigen Entscheidungen und vor der Verantwortung abzulegen. Letztlich übernimmt Typ 2 sowieso die Verantwortung und die Führung in der Beziehung, er täte es allerdings lieber aus dem Hintergrund.

Als sehr heilsam empfindet Typ 2 die Treue und Loyalität von Typ 6, genauso wie es Typ 6 gut tut, daß Typ 2 ihm hilft.

Enneagramm-Typ 6 trifft auf Enneagramm-Typ 4

Diese Beziehung erfüllt genau das Bedürfnis von Typ 6 nach einem repräsentativen Partner. Typ 4 ist etwas besonderes, er fällt auf und liebt es, anders zu sein als andere Menschen. Wenn Typ 6 die Launen von Typ 4 ertragen kann und seine nachtragende Art vergißt, können sich beide bestens ergänzen. Typ 4 wird das Klammern von Typ 6 ein Sicherheitsgefühl vermitteln und auch im Bett werden sich beide Enneagramm-Typen voraussichtlich gut verstehen. Typ 4 wird Typ 6 anregen, etwas kühner zu sein, und Typ 6 bietet Typ 4 Stabilität. Dabei wird wahrscheinlich Typ 4 den Ton angeben und Typ 6 wird ihm ein guter ausführender Geist sein. Diese Beziehung mag zwar nach konventionellen psychologischen Maßstäben nicht gerade ideal sein, aber dafür lebbar und lebendig, wenn sich beide Typen nicht in ihrer melancholischen Seite verstärken.

Enneagramm-Typ 6 trifft auf Enneagramm-Typ 5

Typ 5 und 6 sind nicht sehr sinnliche und sexuell aktive Typen, außerdem sind sie beide relativ unsicher. Die Wahrscheinlichkeit, daß sie in einer Liebesbeziehung zusammenkommen, ist nicht groß. Allerdings verstehen sie sich oft sehr gut auf der intellektuellen Ebene. Den starken und erfahrenen Partner, den Typ 6 ständig sucht, kann er in Typ 5 finden, der durch seine Unabhängigkeit wirklich stark ist. Er ist einer der wenigen Typen, die sich in einer Liebesbeziehung nicht verlieren. Aber das Desinteresse von Typ 5 an der Sexualität wird Typ 6 abschrecken. Wo soll er in dieser Beziehung mit seiner Sinnlichkeit hin? Leider ist Typ 6 niemand, der seinen Partner zum perfekten Liebhaber erzieht. Da sich diese beiden Enneagramm-Typen allerdings eine feste und langfristige Beziehung wünschen, können sie trotz aller Unstimmigkeiten in einer eher distanzierten Beziehung mit stark freundschaftlichem Charakter zusammenleben. Das ist die Beziehungsform, die Typ 5 liebt und die Typ 6 gerade noch ertragen kann, ohne massive Trennungsängste zu bekommen.

Enneagramm-Typ 7 trifft auf Enneagramm-Typ 2

Der siebte und zweite Enneagramm-Typ passen sehr gut zusammen. Während in einer solchen Beziehung Typ 7 die eher männliche, nach außen gehende Rolle spielt, so wird Typ 2 sich wahrscheinlich in die weiblich dienende Rolle fügen. Aus konventioneller Sicht ist das die ideale Verbindung in der Partnerschaft. Das Positive liegt unter anderem darin, daß sowohl Typ 7 als auch Typ 2 in einer Beziehung ihre Geschlechterrollenidentität entwickeln können. Speziell wenn Typ 7 ein Mann ist, kann er ein »richtiger« Mann sein und Typ 2 kann die »richtige« Frau sein. In dieser Rollenverteilung können beide Typen gut ihre Weiblichkeit beziehungsweise Männlichkeit erleben. Dabei muß Typ 2 allerdings seine Eifersucht überwinden, da Typ 7 nur in den seltensten Fällen treu sein wird. Erkennt Typ 2, daß Treue nun wirklich nicht alles in einer Beziehung ist, wird er mit Typ 7 glücklich zusammenleben und auch Wege und Mittel finden, ihn an sich zu binden. Allerdings stellt die Tendenz zur Untreue von Typ 7 eine große Herausforderung für Typ 2 dar, der am liebsten die sexuelle und emotionale Situation kontrolliert. Auf der anderen Seite kann es Typ 2 oft auch nicht ertragen, wenn er sich von seinem Partner abhängig fühlt. Typ 7 wird die Hilfe von Typ 2 genießen und ihm so viel Freiheit lassen, wie er braucht. In dieser Situation kann sich ein unsicherer Typ 2 leicht abgelehnt fühlen, da er meint, daß Typ 7 seine Hilfe nicht annimmt. Sexuell wird diese Beziehung wahrscheinlich aufregend und befriedigend sein, besonders wenn Typ 7 der männliche Partner und Typ 2 der weibliche Partner ist.

Enneagramm-Typ 7 trifft auf Enneagramm-Typ 3

Der siebte und der dritte Typ stehen sich von allen Enneagramm-Typen am nächsten. Beide sind auf sexuelle Abenteuer aus, die sie ungebrochen genießen können, beide haben Schwierigkeiten, sich auf eine langfristige Beziehung einzulassen und leben sehr zufrieden als Singles. Zwischen diesen beiden Enneagramm-Typen wird es also selten zu einer langfristigen Partnerschaft kommen, aber sie können sich gegenseitig wunderschön verführen und viel Spaß miteinander haben. Diese Kombination spiegelt die ideale lockere und angstfreie Beziehung wieder und es ist sehr gut möglich, daß beide Partner sich immer wieder treffen und sich wie in »Tausendundeine Nacht« gemeinsam genießen. Das ist wahrscheinlich die angstfreieste und pflegeleichteste Beziehung unter Enneagramm-Typen, jedoch auch die oberflächlichste, da keiner der beiden Typen befürchten muß, vom anderen entlarvt zu werden.

Solch eine Beziehung ist von der Wahrheit geprägt, daß man im Grunde nichts von seinem Partner erwarten sollte, sondern daß es darauf ankommt, ihm Liebe, Lust und Freude zu schenken. »Geliebtwerden ist nichts, lieben ist alles«, heißt es treffend bei Hermann Hesse.

Enneagramm-Typ 7 trifft auf Enneagramm-Typ 4

Typ 7 und 4 faszinieren sich zunächst auf der sexuellen Ebene. Dort passen sie ideal zusammen und können sich wunderbar befriedigen. Dazu kommt, daß beide Partner sehr unkonventionell sind, was sie ebenfalls zueinander zieht. Auf der Beziehungsebene kommt es jedoch leicht zu Spannungen, wenn Typ 4 mehr Aufmerksamkeit, Tiefgang und Treue von Typ 7 verlangt. Typ 7 versetzt diese Forderung in Panik und normalerweise wird er an dieser Stelle die Beziehung verlassen, wenn ihn Typ 4 nicht wieder so wunderbar verführt, daß er alles andere vergißt. Typ 4 lernt in dieser Beziehung die Leichtigkeit von Typ 7 und Typ 7 die tiefe Emotionalität von Typ 4 zu verstehen. Dabei ist es jedoch für Typ 7 nicht so einfach, die Launen von Typ 4 zu ertragen und sich nicht mit ihnen zu identifizieren. Typ 7 möchte es allen recht machen, und die Launen von Typ 4 nimmt er als persönliche Kritik. Dieses Mißverständnis kann die Beziehung zwischen Typ 4 und 7 leicht vergiften. Die Beziehung zwischen diesen beiden Enneagramm-Typen wird stets sehr aufregend und hochdramatisch sein, auch wenn Typ 7 weniger Dramatik lieber wäre.

Enneagramm-Typ 7 trifft auf Enneagramm-Typ 6

Typ 6 und 7 können leicht zusammenfinden, da Typ 6 auf der Suche nach einem starken Partner über kurz oder lang immer auf Typ 7 treffen wird. Typ 7 bietet sich als attraktiver Partner an. Aber Typ 6 weiß noch nicht, daß ihm in diesem Partner jemand begegnet, der die größten Ängste vor seinen Klammertendenzen hat. Sobald Typ 6 diese Beziehung enger werden läßt, wird Typ 7 einen Schritt zurück gehen. Die Sicherheit, die Typ 6 in einer festen Beziehung braucht, wird er durch Typ 7 niemals bekommen. Die Art von Typ 7 jagt Typ 6 Angst ein; er wird sich unsicher in so einer Beziehung fühlen und sie nicht ertragen können. Zunächst wird er mit Beziehungsgesprächen auf Typ 7 zugehen, die dieser jedoch meistens für eine Überproblematisierung hält. Dazu kommt noch, daß Typ 6 der lockeren Fröhlichkeit von Typ 7 zunehmend mehr mißtrauen wird. Für Typ 7 funktioniert entweder eine Beziehung oder er sucht sich eine neue Beziehung, denn Leiden und Beziehungsarbeit sind nicht seine Sache – es sei denn, der Partner ist äußerst attraktiv und zugleich so klug, Typ 7 davon zu überzeugen, daß wahre Lust die Frucht dieser Beziehungsarbeit sein wird. Einem Typ 4 könnte das gelingen, bei Typ 6 stehen die Chancen schlechter, da dessen ernste Art Typ 7 nicht packen kann.

Finden Typ 7 und 6 zusammen, brauchen sie in Krisensituationen ihrer Beziehung professionelle Hilfe durch einen Psychologen.

Enneagramm-Typ 8 trifft auf Enneagramm-Typ 1

Mit dem achten Enneagramm-Typ wird die Macht angesprochen (anal-sadistisches Beziehungsthema). Die alte Frage des idealistischen deutschen Philosophen Georg Wilhelm Friedrich Hegel (1770–1831) »Wer ist Herr und wer ist Knecht?« prägt diese Beziehung. Und daß Typ 8 der Herr und Typ 1 der Knecht ist, daran gibt es aus der Sicht von Typ 8 keinen Zweifel. In einer anders strukturierten Beziehung könnte Typ 8 nicht leben. Nur ein Typ 1, der sich problemlos unterordnen kann, ist für diese Beziehung geeignet. Typ 1 zeigt jedoch meist starke Autonomiebestrebungen und greift Typ 8 nicht nur mit seiner Prinzipientreue und Pingeligkeit an, sondern stellt auch dessen Vormachtstellung in Frage. Typ 1 läßt sich nicht so leicht beherrschen, was für einen entwickelten Typ 8 eine heilsame Erfahrung ist.

Der durchschnittliche Typ 1 wird Typ 8 verachten, wenn er dessen unsensible Art bemerkt. Kann er diese für kurze Zeit als reizvoll ansehen, so wird sie ihm schnell zu primitiv und erscheint ihm als unkorrekt. Dazu kommt, daß Typ 1 einen inneren Widerstand gegen die spontanen Verführungen von Typ 8 aufbringt. Typ 8 fühlt sich von diesem Widerstand herausgefordert und wird ihn zu brechen versuchen. Von Typ 1 wird dieses Verhalten wie eine Vergewaltigung aufgenommen. Da er im Gegensatz zum zweiten und sechsten Enneagramm-Typ keine ausgeprägte masochistische Seite besitzt, findet Typ 1 solche Spiele unerträglich, und er wird so schnell wie möglich aus einer derartigen Beziehung fliehen. Damit hat er zwar die Chance vertan, seine tief verdrängten Aspekte kennenzulernen, zum anderen rettet er sich aber vor der totalen Ausbeutung.

Enneagramm-Typ 8 trifft auf Enneagramm-Typ 3

Typ 8 und 3 werden wahrscheinlich nicht zusammenfinden, es sei denn für eine kurze Affäre. Typ 3 ist viel zu stark für Typ 8 und findet dessen Zwang, alles beherrschen zu wollen, äußerst lächerlich. Das kann Typ 8 derart verunsichern, daß er auf der Stelle den Partner verläßt. Typ 3 ist wahrscheinlich der einzige Enneagramm-Typ, der Typ 8 dessen Schwäche zeigen kann. Typ 8 dagegen bleibt der Hang zur Unkorrektheit seines Partners nicht verborgen. Im Grunde sind nämlich Typ 3 und 8 beide auf Macht aus. Typ 3 geht allerdings den »eleganten« Weg, während Typ 8 nach der Holzhammermethode vorgeht und deswegen auch längst nicht so erfolgreich ist. Für Typ 3 kann das »Ausprobieren« von Typ 8 eine interessante Erfahrung sein. Hierbei kann er lernen, sich bedingungslos hinzugeben. Aber nach dieser Erfahrung wird Typ 8 für ihn uninteressant, da er keine Lust hat, sich von seiner Karriere abhalten zu lassen. Typ 8 kann von Typ 3 lernen, daß Machtausübung ihre Grenzen hat und daß sie Ausdruck seiner inneren Schwäche ist, die Typ 3 aufdeckt und letztlich amüsant findet.

Typ 3 kann Typ 8 tief kränken, und da Typ 8 niemals ein Risiko eingeht, wird er sich von Typ 3 fernhalten oder sich selten in größere Konkurrenzkämpfe mit ihm einlassen.

Enneagramm-Typ 8 trifft auf Enneagramm-Typ 4

Auch mit Typ 4 wird es Typ 8 äußerst schwer haben. In dieser Kombination stoßen die beiden größten Gegensätze des Enneagramms aufeinander: der hochsensible Typ 4 und der unsensible Typ 8. Typ 4 wird nicht im Traum daran denken, sich Typ 8 zu unterwerfen, da ihm dessen ungeschliffene Art abstößt. Typ 8 aktiviert in Typ 4 dessen Hochmut: Er fühlt sich einem solchen Typen haushoch überlegen. Es kann zwar sein, daß er sich die Besonderheit einer masochistischen Erfahrung gönnt und daß er das ganz andere einmal ausprobiert, aber für eine Beziehung findet Typ 4 Typ 8 zu dumm, unsensibel und gewöhnlich. Typ 8 gefällt die herausfordernde, verführerische Art von Typ 4, doch dessen Eigenständigkeit, dessen Launen und innerer Rückzug werden ihn abschrecken, wenn auch dessen Tiefsinn und bewegtes Gefühlsleben ihn fasziniert. Typ 4 wird Typ 8 nicht den Gefallen tun, ihn als Boß der Beziehung anzuerkennen und das verunsichert Typ 8 derart, daß er eine solche Beziehung trotz großer sexueller Attraktion schnell flieht.

Enneagramm-Typ 8 trifft auf Enneagramm-Typ 6

Typ 8 und der sechste Enneagramm-Typ passen ziemlich gut zusammen. Die stark masochistischen Tendenzen von Typ 6 lassen ihn die Art von Typ 8 als beruhigend und sicher erfahren. Typ 8 kann sich in dieser Beziehung als der Boß erleben, da Typ 6 sich nichts sehnlicher als eine Führung wünscht. So können sich die sadistische und masochistische Tendenz dieser beiden Enneagramm-Typen perfekt ergänzen.

Beide wollen eine feste Beziehung, und durch ihre perfekte Ergänzung wird diese auch zustande kommen. Beide werden ihre sexuellen Exzesse genießen. Typ 8 wird das sichere Gefühl des Herrschens, Typ 6 das sichere Gefühl, sich ganz und gar hingeben zu können und dadurch den anderen zu binden, haben. Durch diese Erfahrung werden sich beide Typen auflockern, und Typ 8 wird zu dem Partner werden, der sich fürsorglich um seine Familie und seinen Partner kümmert; Typ 6 wird aufgelockert und offener werden und der Welt nicht immer nur ernst begegnen. Probleme gibt es, wenn Typ 6 besonders unter Streß seine Schattenseite auslebt und mißtrauisch und zweifelnd Typ 8 begegnet. Das, wie auch die Tendenz zur Unterwürfigkeit von Typ 6, kann Typ 8 nur schwer ertragen. Er vermißt bei diesem Verhalten die Klarheit des Partners.

Enneagramm-Typ 8 trifft auf Enneagramm-Typ 7

Typ 7 findet Typ 8 für eine schnelle Erfahrung nebenbei interessant, sonst wird er sich eher über dessen Machtbesessenheit amüsieren. Da aber beide extravertierte Typen und an der Sexualität interessiert sind, kommen sie leicht für kurze sexuelle Erfahrungen zusammen, die beide sehr genießen können. Typ 7 ist naiv und zugleich stark genug, die Dominanz von Typ 8 zu ertragen und mit Genuß den sich Hingebenden zu spielen. Typ 8 läßt sich aufgrund seiner unsensiblen Art leicht täuschen und stellt sich vor, in Typ 7 den geeigneten Partner für sich gefunden zu haben. Ehe er sich versieht, ist Typ 7 ihm aber entschwunden und hat ihn sogleich wieder vergessen. Typ 8, der sich binden wollte, hat in seiner Blindheit den absolut falschen Partner gewählt. Typ 7 ist ihm durch seine Beweglichkeit, seine große Erfahrung im sexuellen Bereich und seine Leichtigkeit so überlegen, daß Typ 8 der Beziehung mit ihm hilflos ausgeliefert ist. Da sich Typ 8 – wie auch Typ 7 – nur in größter Not mit seinen Gefühlen beschäftigt, bekommt er gar nicht mit, wie ihm in einer solchen Beziehung geschieht. Das treibt selbst Typ 8 in größte Ängste.

Das ist jedoch nur die unbewußte Seite dieser Kombination, auf der bewußten Seite passen diese beiden Enneagramm-Typen sehr wohl zusammen. Diese beiden Typen können sehr viel gemeinsam unternehmen und da sie relativ unkompliziert sind, haben sie meist viel Spaß miteinander. Typ 7 kann mit Typ 8 spielerisch kämpfen und dessen Machtbesessenheit verringern; Typ 8 kann die Vergnügungssucht von Typ 7 auf ein erträgliches Maß reduzieren. Jeder Partner kann in dieser Verbindung den anderen auflockern und so diese Beziehung genießen.

Enneagramm-Typ 9 trifft auf Enneagramm-Typ 1

In dieser Kombination ist es fast sicher, daß Typ 9 um Typ 1 wirbt. Selbst wenn Typ 1 sich in Typ 9 verliebt, wird er größte Schwierigkeiten haben, ihm das mitzuteilen.

Der neunte und der erste Enneagramm-Typ passen relativ gut zusammen. Typ 1 hat eine zurückhaltene Art, die Typ 9 keine Angst bereitet und in der er sich selbst wiederfindet. Typ 9 liebt aus Typ 1 dessen verborgene Sinnlichkeit heraus. Da beide Typen eine feste Beziehung für ihre persönliche Entfaltung brauchen, werden sie sich schnell aneinander binden, und Typ 9 wird die Verläßlichkeit von Typ 1 lieben. Wichtig ist in dieser Beziehung, daß Typ 1 einen gewissen Erfolg in seinem Beruf hat und Typ 9 die Gestaltung der häuslichen Atmosphäre übernimmt. Bei dieser strikten Rollenteilung werden beide glücklich. Typ 1 wird weniger kritiksüchtig und Typ 9 seltener in seine obligatorischen depressiven Zustände verfallen. Typ 1 wird lernen, viele seiner Hemmungen und seine Zwanghaftigkeit abzubauen. Ihm wird in Krisensituationen zwar die Unentschlossenheit und träge Bequemlichkeit von Typ 9 nervös machen, aber er wird lernen mit dieser typischen Seite seines Partners verständnisvoll umzugehen. Diese Beziehung kann sich für beide Enneagramm-Typen sehr heilsam auswirken.

Enneagramm-Typ 9 trifft auf Enneagramm-Typ 2

Bei der Verbindung von Typ 9 mit Typ 2 besteht das Problem darin, daß jeder dem Partner dienen möchte. Glücklicherweise können sie das auf verschiedenen Ebenen tun: Typ 9 dient Typ 2 im privaten Bereich, wohingegen Typ 2 Typ 9 dadurch dient, daß er die Außenkontakte für ihn regelt. Typ 2 möchte die Macht in der Beziehung besitzen, nur soll es keiner bemerken. Allerdings wird sich Typ 2 vorzüglich in einen attraktiven, das heißt weitgehend befreiten Typ 9 verlieben. Die Beziehung von Emma und Carl Gustav Jung kann unter diesem Aspekt gesehen werden: Emma Jung war zunächst in der Rolle des attraktiven und reichen Typ 2, C. G. Jung in derjenigen des genialen, aber relativ erfolglosen Typ 9, der besonders nach der Trennung von Freud in dunkle Stimmungen verfiel.

Normalerweise möchte Typ 9 keine Karriere machen, weil ihm das zu anstrengend ist, und deswegen ist er für Typ 2 oft unakzeptabel, da zu unprofiliert. Aber wie am Beispiel von C. G. Jung deutlich wird, kann der befreite und bewußte Typ 9 ohne weiteres seine Erfolge besonders im Bereich der Therapie und Kunst haben. Er braucht nur einen guten Manager oder Agenten, der sich um die Vermarktung seiner »Produkte« kümmert.

Typ 9 und 2 können sich beide äußerst treu sein und diese Beziehungsform genießen, ohne sie als einschränkend zu empfinden. Typ 9 genießt es, von Typ 2 völlig akzeptiert zu werden, und Typ 2 erfreut sich an der Anerkennung und Wertschätzung, die er von Typ 9 bekommt. In dieser Beziehung fühlt sich jeder durch den anderen angenommen.

Enneagramm-Typ 9 trifft auf Enneagramm-Typ 4

Typ 9 ist dem vierten Enneagramm-Typ zwar wesensverwandt, aber Typ 4 ist ihm fast stets zu anstrengend. Er hat schon mit seinen eigenen Gefühlen genug zu tun. Die von Typ 4 bringen ihn zu leicht aus dem Gleichgewicht und lassen die Beziehung zu unruhig werden. Für Typ 4 wirkt Typ 9 zu konventionell und hausbacken. Er sucht ständig nach Größerem und dem Besonderen, das Typ 9 nicht unbedingt verkörpert. Die Passivität von Typ 9 kann Typ 4 an seine Grenzen bringen, denn er braucht speziell in Zeiten seiner dunklen Stimmungen einen stabilen und aktiven Partner, der ihn ins Leben zurückbringt. Typ 4 benötigt idealerweise einen geerdeten und zugleich sensiblen Partner und nicht solch einen hochgradig emotionalen wie Typ 9. Bei dieser Kombination besteht die Gefahr, daß beide Typen sich im Weltschmerz verlieren und sich in einer Haltung zurückziehen, daß keiner sie versteht. Diese Haltung kann als klassische Projektion gesehen werden, da sie verschleiert, daß diese beiden Enneagramm-Typen nicht miteinander zurechtkommen. Sowohl Typ 9 als auch Typ 4 brauchen einen extravertierten Partner, ein introvertierter Partner verstärkt zu leicht ihre Überidentifikation mit ihren Gefühlen. Von dieser Kombination ist zumindest dem abzuraten, der sein Leben nicht in permanenter Spannung leben möchte.

Enneagramm-Typ 9 trifft auf Enneagramm-Typ 5

Wenn Typ 5 in dieser Beziehung den Außenkontakt übernimmt, ist diese Kombination ideal. Typ 5 ist sensibel genug, um auf Typ 9 eingehen zu können, und zugleich besitzt er den intellektuellen Überblick und die innere Distanz, um mit den Gefühlen von Typ 9 umzugehen. Typ 5 strahlt die Stärke aus, die Typ 9 anzieht, und er kennt die Rückzugstendenzen von Typ 9 von sich selbst. Beide müssen allerdings in solch einer Beziehung lernen, aktiver zu werden und nach außen zu gehen. Denn letztlich sind diese beiden Enneagramm-Typen menschenscheu.

Die Starrheit von Typ 5 kann durch die Emotionalität von Typ 9 aufgelockert werden. Typ 9 wird sich geduldig und hingebungsvoll den tief verdrängten inneren Problemen von Typ 5 annehmen und zugleich als dessen Lehrer in der Sexualität auftreten.

Enneagramm-Typ 9 trifft auf Enneagramm-Typ 7

Typ 7 kann sich schnell in Typ 9 verlieben, da ihn die laszive Passivität von Typ 9 äußerst fasziniert. Oftmals träumt Typ 7 davon, so wie Typ 9 ruhig, passiv hingebungsvoll und zufrieden zu sein. Indem er sich mit Typ 9 sexuell vereinigt, hofft Typ 7 etwas von dieser Ruhe abzubekommen. Daß er dabei Typ 9 romantisiert, spielt keine Rolle, und er versteht auch nicht, welche Angst Typ 9 hat, sich in der Außenwelt zu bewähren.

Typ 7 sieht die Seite in Typ 9, die er so gern besäße. Für ihn ist der Weg, an dieser ruhigen und selbstzufriedenen Seite teilzuhaben, mit Typ 9 zu schlafen. Wie kein anderer weiß Typ 7 um die Magie der Sexualität, die unter anderem darin besteht, daß man im sexuellen Akt all sein Wissen und seine Erfahrungen austauschen kann.

Typ 7 ist für Typ 9 zwar ein sexuell attraktiver Partner, aber seine Unruhe, seine sexuelle Getriebenheit kann er nur schwer ertragen, außerdem fühlt er sich von Typ 7 ständig angetrieben. Die oberflächliche und schnelle Lebensweise von Typ 7 jagt ihm größte Angst ein. Typ 9 kann nicht verstehen, daß Typ 7 zwar die gleichen Verschmelzungsphantasien wie er hat, diese aber nicht in einer festen Beziehung, sondern in für ihn »unverbindlichen« Kontakten auslebt. Das hängt damit zusammen, daß Typ 7 im Gegensatz zu Typ 9 große Angst vor der absoluten Hingabe hat, weswegen er aber andererseits auch von ihr fasziniert ist.

Enneagramm-Typ 9 trifft auf Enneagramm-Typ 8

Typ 9 und 8 passen gut zusammen, wenn Typ 8 nicht zu brutal und zu unsensibel ist. Da jedoch jeder Enneagramm-Typ Anteile von anderen Typen aufweist, gibt es ohne weiteres Typen 8, die eine gewisse Sensibilität und sogar einen kultivierten Lebensstil haben. Ein solcher »gemäßigter« Typ 8 ist ein gesuchter Partner für Typ 9. Typ 8 geht in dieser Beziehung nach außen und trifft dort alle Entscheidungen. Typ 9 gibt sich ihm hin und genießt die häusliche Atmosphäre, die er gestaltet. Typ 8 wird stellvertretend für Typ 9 Karriere machen, und er kann sich des Typs 9 ganz sicher sein, da dieser sich an ihn klammert. Die Passivität von Typ 9 wird die sadistische Seite von Typ 8 ansprechen und beide können sich im sadomasochistischen Spiel lustvoll befriedigen. Außerdem setzt Typ 9 mit der Zeit immer mehr seine Stärke ein und bringt so Typ 8 den Widerstand entgegen, den dieser braucht.

Typ 9 wird in dieser Beziehung lernen, wie man in unserer Gesellschaft etwas bewirkt und wie man sich durchsetzt; Typ 8 lernt, daß auch Geduld, Passivität und die Gefühle ihre Berechtigung haben. Wenn Typ 8 die konfliktscheue und träge Seite von Typ 9 akzeptiert und Typ 9 über unsensible Ausbrüche von Typ 8 hinwegsieht, können diese beiden Enneagramm-Typen harmonisch und glücklich zusammenleben.

Jede Partner-Kombination hat ihre Chancen und Tücken

Jede Partnerschaft besitzt ihre Ecken und Kanten, so daß man in jedem Fall Beziehungsarbeit leisten muß. Eine perfekte Beziehung fällt leider nicht vom Himmel. In der modernen spirituellen Szene bezweifeln Gruppenleiter wie beispielsweise das junge deutsche Medium Aean Weber, ob man überhaupt eine Beziehung »machen« kann. Eine Beziehung hängt für viele mit dem Weg des Zulassens und des Sich-Öffnens zusammen. Man wird dann schon, so hofft man, seinen Seelenpartner anziehen.

Wenn wir eine Beziehung auch nicht erzwingen können, halte ich diese passive Einstellung gegenüber der Beziehungsfindung für ein naives und regressives Wunschdenken.

Es ist fraglich, ob langfristig gesehen solche Beziehungen wie die von Typ 8 und 6 beispielsweise, in denen sich die Erwartungen der Partner ergänzen, glücklicher verlaufen, als Beziehungen, in denen die Erwartungen der beiden Partner sich nicht erfüllen. Nehmen wir Typ 7 und Typ 4, bei denen gegensätzliche Beziehungserfahrungen aufeinandertreffen: Bedeutet das zwangsläufig, daß sie miteinander zum Unglück verdammt sind?

Oder haben sie die Chance gerade aus einer solchen Beziehung zu lernen?

Die meisten von uns entwickeln ihr Bewußtsein durch oft schwierige Liebesbeziehungen. Es kommt auf den Bewußtseinsstand beider Partner an, ob man mit einem von seinen Erwartungen abweichenden Partner umgehen kann. Wird man gemeinsam lernen oder ängstigen einen die Unterschiede und Auseinandersetzungen, so daß man den »unpassenden« Partner flieht?

Lernt man mit einem Partner, dessen Erwartungen von den eigenen abweichen, wird man die Starrheit des eigenen Enneagramm-Typs durch Merkmale eines anderen oder mehrerer anderer Enneagramm-Typen auflösen. Bleibt man seinen Erwartungen treu, wird man die Eigenschaften des eigenen Enneagramm-Typs zuspitzen und statt Selbstverwirklichung in der Beziehung eher Starrheit und auf die Dauer Unzufriedenheit finden. Zunächst kann einem allerdings eine starre Beziehung als ideal und problemlos vorkommen. Diese Beziehungssituation ist vom neurotisierenden Zusammenspiel beider Partner geprägt.

»Neurotisierend« heißt, daß man stets gleiche Verhaltensweisen wiederholt, ohne zu bemerken, daß einen gerade diese Verhaltensweisen am Glücklichsein hindern. Dieses neurotische Zusammenspiel ist an ständig wiederkehrenden Streitigkeiten um alltägliche Kleinigkeiten zu erkennen. Zwischen den Partnern ist ein unbewußtes Spiel entstanden, womit sich beide auf ihren jeweiligen Bewußtseinsstand festschreiben, da sie sich so gut zu ergänzen meinen. Das hängt mit ihren gleichartigen Schwierigkeiten zusammen, die sie jeder für den anderen sehr anziehend werden lassen.

Wenn Typ 9 seine Introversion und Typ 7 seine Extraversion auslebt, mag ihnen das zu Beginn wie eine Seelenpartnerschaft vorkommen. Alles scheint ideal zu passen und man ergänzt sich gut. Auf die Dauer führt diese Art der Ergänzung jedoch unweigerlich zu Problemen, da man auf ein spezielles Verhaltensschema festgelegt wird und es keinen Spielraum für Alternativen gibt.

Paarkombinationen mit eher positivem Potential

Entlastungstypen

Hier kommt es auf die Perspektive an. Nähert sich der erste Typ dem Verhalten des zweiten Typs an, entspannt und heilt das den ersten Typ. Andererseits wird jedoch der erste Typ den zweiten Typ unter Druck setzen. Man kann hier also die Perspektiven nicht vertauschen.

1 → 7	3 → 6
2 → 4	6 → 9
4 → 1	9 → 3
5 → 8	
8 → 2	

Gleiche Enneagramm-Typen
Sie haben die Chance wegen ihrer Gleichheit gut miteinander auszukommen – besonders dann, wenn sie immer wieder an ihrer Beziehung arbeiten.

1 – 1	4 – 4
2 – 2	6 – 6
3 – 3	7 – 7

Typen des gleichen Enneagramm-Abschnitts (gleiches Tertial)
Partner, die dem gleichen Enneagramm-Abschnitt angehören, finden sich oft spontan attraktiv, was jedoch nicht unbedingt bedeutet, daß sie eine langfristige Beziehung eingehen.

1 – 2	4 – 5	7 – 8
1 – 3	4 – 6	7 – 9
2 – 3	5 – 6	8 – 9

Gleiche Verhaltensweisen der Partner
Sie wirken sich positiv aus, da sie als Verständnis empfunden werden.

1 – 9 Beide sind scheu und überfordern sich nicht.
2 – 5 Beide sehnen sich nach einer langfristigen Beziehung.
2 – 6 Für beide ist die Sinnlichkeit wesentlich.
3 – 4 Beide erfreuen sich an exzessivem Sex.
3 – 7 Beide gehen gern aufregende kurze Beziehungen ein.

Unterschiedliche Verhaltensweisen der Partner
Sie wirken sich positiv aus, da sie als sich ergänzende Verhaltensweisen empfunden werden.

2 – 7 männliches und weibliches Rollenverhalten
2 – 9 Führen und Geführt-Werden
6 – 8 Führen und Geführt-Werden
7 – 9 extravertiertes und introvertiertes Verhalten

Paarkombinationen mit eher negativem Potential

Streßtypen
Hier kommt es auf die Perspektive an. Nähert sich der erste Typ dem Verhalten des zweiten Typs an, wird der erste Typ den zweiten Typ unter Druck setzen. Der zweite Typ findet jedoch seine Entlastung in der Annäherung an den ersten Typ. Man kann die Perspektiven hier also nicht vertauschen.

1 → 4	3 → 9
2 → 8	6 → 3
4 → 2	9 → 6
5 → 7	
7 → 1	

Gleiche Enneagramm-Typen
Diese Typen stressen sich gerade wegen ihrer Gleichheit.

5 – 5
8 – 8
9 – 9

Gleiche Verhaltensweisen der Partner
Sie wirken sich negativ aus, weil hier gleiche Verhaltensstrukturen aufeinanderstoßen.

1 – 5 sexuelle Hemmung behindert eine Annäherung
3 – 5 Selbständigkeit behindert eine engere Verbindung
3 – 8 beiderseitiger Machtwille schließt feste Beziehung aus
4 – 9 Sensibilität beider Partner läßt die Beziehung schwierig werden

Unterschiedliche Verhaltensweisen der Partner
Sie wirken sich negativ aus, da sich keiner der beiden Partner verstanden fühlt.

1 – 6 sexuelle Erwartungen widersprechen sich
1 – 8 die Einstellung zur Autorität in der Beziehung widerspricht sich
4 – 7 Vorstellungen über Verbindlichkeiten in einer Beziehung widersprechen sich
4 – 8 Sensibilität widerspricht sich
6 – 7 Vorstellungen von Bindungen in einer Beziehung widersprechen sich

Muß es immer die »Zweierkiste« sein?

Ich benutze bewußt diesen Szeneausdruck »Zweierkiste«, da dieser Begriff anschaulich das Gefühl der Enge und des Eingesperrtseins vermittelt. Das ist der Schatten jeder Zweierbeziehung, von Männern und auch von Frauen in der Zweierbeziehung gefürchtet.

Glücklicherweise wird man aber nicht nur in der Zweierbeziehung glücklich. Die Paarbeziehung ist nur die verbreitetste Möglichkeit, um seine Beziehungen zu leben, es gibt auch andere Formen der verbindlichen Liebesbeziehungen, wie seit einigen Jahren unter anderem die deutsche Gruppe ZEGG zeigt, die für eine freie, aber verbindliche Sexualität und ein neues Verständnis der Partnerschaft eintritt.*

Ich stelle die Zweierbeziehung, auf der all diese Betrachtungen beruhen, in Frage. Eine Zweierbeziehung zu leben halte ich für die schwierigste Aufgabe in unserem Leben. Das liegt meiner Meinung nach nicht nur daran, daß wir zu unbewußt und egoistisch sind, sondern auch daran, daß man kein Eigentum am Körper und der

* ZEGG (= Zentrum für experimentelle Gesellschaftsgestaltung), Rosa-Luxemburg-Straße 39, 14806 Belzig. Diese Gruppe gibt auch eine gleichnamige Zeitschrift heraus, in der sie ihre Ideen darstellt.

Seele des Partners anmelden kann. Ich bin davon überzeugt, daß die Zeit der langfristigen monogamen Beziehungen (trotz Aids) vorbei ist. Für viele Sozialwissenschaftler ist das ein Faktum, das sich nicht zuletzt in der Scheidungsstatistik niederschlägt, die besagt, daß jeder Dritte eine »lebenslange« Beziehung nicht mehr leben kann oder will. Lebenslange, monogame Beziehungen scheinen uns nicht mehr zu entsprechen und dennoch suchen wir sie – aus Gewohnheit?

Die deutsche Soziologin Regula Heinzelmann* propagiert konsequent die offene Partnerschaft. Darunter versteht sie eine Hauptbeziehung, an die sich mehrere Nebenbeziehungen anlagern. Wenn es hier klare Abmachungen und Grenzen gibt, scheint eine »Gruppenehe« oder inklusive Beziehung ohne weiteres lebbar zu sein. Falls wir uns zu eindeutigen Liebesverträgen durchringen können**, werden auch ungewohnte Formen der Beziehung lebbar. Eifersucht ist meiner Erfahrung nach eher zu überwinden als der oftmals alltägliche Beziehungskrampf, der für die treue Zweierbeziehung typisch ist. Wie sagt ein französisches Sprichwort so treffend: »L'amour est l'enfant de la liberté« (die Liebe ist das Kind der Freiheit). Wir richten die Liebe mit besitzgierigen Ansprüchen wie »Du gehörst mir« unweigerlich zugrunde. Aber Freiheit macht auch angst. Gegen dieses »mulmige« Gefühl hilft, sich klarzumachen, daß Freiheit keineswegs Unverbindlichkeit bedeutet. C. G. Jung war der Ansicht, daß die Voraussetzung für eine gute Ehe die Freiheit ist, dem Partner untreu werden zu dürfen.

Wir wählen meist die exklusive Zweierbeziehung völlig unbewußt und automatisch, da wir in unserem Gefühls- und spirituellen Leben so ungebildet sind, daß wir uns nur das Konventionelle vorstellen können. Die Unreife dieses allgemein üblichen Standpunkts zeigt sich in seiner »Entweder-oder-Haltung«, die stets exklusive, das heißt ausgrenzende, Beziehungen prägt. Wie gesagt, es sollte uns klar sein, daß wir keinen Alleinbesitz am Partner langfristig durchsetzen können. Und selbst, wenn es uns gelingt,

* Vgl. Regula Heinzelmann: Die neuen Paare. Anleitung zur Polygamie, München 1994.

** Vgl. Klausbernd Vollmar, Cal Cannon: Der Liebesvertrag, München 1995.

zerstören wir damit die Magie und Lebendigkeit unseres Partners, die wir mögen. Das Problem mit dem Monopol auf den Partner liegt nicht zuletzt darin, daß wir unweigerlich das zerstören, was wir lieben. Diese Erfahrung hat jeder von uns immer wieder machen müssen, aber wir wollen sie einfach nicht wahrhaben und stürzen uns mit wackerer Don-Quichoterie abermals in den Zweierbeziehungskampf mit der Devise: »Alles wird jetzt besser werden.« Der produktive und meiner Ansicht nach auch spirituelle Ausweg aus dieser Misere ist die inklusive Beziehung. Liebe grenzt nicht aus, sondern schließt ein.

Im Zeitalter der neuen Prüderie werden heute inklusive Beziehungen oft als überholte Erfahrungen der sechziger und siebziger Jahre abgetan, die sich nicht bewährt haben. Es gibt inzwischen viele Menschen, die in inklusiven Beziehung leben und nur auf diese Weise zufrieden lieben und arbeiten können. Inklusive Beziehungen sind fast immer lebendiger und ehrlicher als exklusive Beziehungen. Sie verlangen aber auch viel mehr Wachheit als jede exklusive Beziehung.

Mich irritiert, daß ich mich mit diesem Lob der inklusiven Beziehung plötzlich im konservativen Lager der Theosophen und besonders bei dem berühmten englischen Medium Alice Ann Bailey (1880–1949) wiederfinde, die die Gruppenbeziehung als die kommende Beziehungsform des »New Age« ansahen. Auf die popularisierte Form von Alice Bailey bezog sich die Hippie-Bewegung, die die Bildung von Kommunen und das Ausleben freier Sexualität unterstützte.

Als ich mit der bekannten englischen Psychotherapeutin Cal Cannon Workshops zum Thema »Verträge in Beziehungen« durchführte, wurde mir deutlich, daß in Beziehungen, wenn deutliche Absprachen getroffen werden, viel mehr möglich ist, als wir uns klarzumachen wagen. Ich halte letztlich den Beziehungsvertrag selbst für gar nicht so wichtig, entscheidend ist, daß der Prozeß, so einen Beziehungsvertrag zu entwerfen, das Wesentliche ist, da er den Partnern klarmacht, was sie wirklich wollen. Bei diesen Workshops über Beziehungsverträge bemerke ich immer wieder, daß nur sehr wenige Menschen ihr Leben lang mit ein und dem selben

Partner zusammenleben wollen. Wenn man ehrlich zu sich ist, fühlt man sich häufig zu mehreren Partnern gleichzeitig hingezogen. Ich konnte häufig beobachten, daß Menschen, wenn sie sich richtig verlieben, auch für viele andere Menschen Liebe empfinden und sich von ihnen sexuell angezogen fühlen. Dem braucht man zwar nicht unbedingt immer nachzugeben, aber man sollte es auch nicht in jedem Fall unterdrücken.

Die Beschäftigung mit dem Liebesvertrag und dem Enneagramm macht mir deutlich, daß es viele Formen des Zusammenlebens gibt, in denen wir glücklich werden können. Jede Form hat ihre Vor- und Nachteile. So gestalten sich inklusive Beziehungen beispielsweise schwierig, wenn Kinder geboren werden. Ob man in einer treuen Zweierbeziehung oder einem Netzwerk inklusiver Beziehungen lebt, ist meiner Meinung nach nicht entscheidend. Es geht nämlich weniger um die Form der Beziehung als um das Bewußtsein, mit dem wir eine Beziehung leben. Dieses Bewußtsein wird mit der Enneagramm-Arbeit geschaffen. Sie hilft uns zu entscheiden, in welcher Beziehungsform wir leben wollen.

Auch für Gruppenbeziehungen kann man die aufzeigten Ausführungen über das Zusammentreffen der unterschiedlichen Enneagramm-Typen anwenden.

Neun Schritte zur vollendeten Partnerschaft

Im Anfang schien die Liebe leicht,
die dann zum Rätsel ward.
Hafis

Modell einer Beziehung

In diesem Kapitel führe ich in das Prozeßmodell des Enneagramms ein. Wer dieses Modell versteht, ist der Liebe nicht mehr hilflos ausgeliefert, denn wenn man die gesetzmäßigen Schritte eines Beziehungsverlaufs kennt, versteht man das, was man zuvor als Schicksal erlebt hat. Uns wird klar, wie unsere Verhaltensmuster von gelernten Glaubenssätzen und Überzeugungen abhängig sind. Außerdem hilft uns das Prozeßmodell des Enneagramms zu verstehen, was wir wirklich in der Partnerschaft suchen.

Das Enneagramm zeigt, an welcher Stelle des Prozesses beide Partner stehen und welches dementsprechend ihr Blickwinkel ist, der den inneren Linien des Enneagramms entspricht. Wir erkennen zum Beispiel, daß die Bildung einer Beziehung zunächst von einem kindlichen Wunsch nach Verschmelzung geprägt ist. Wir möchten mit dem Partner ein gemeinsames Selbst bilden. Solche Wünsche müssen im Verlauf einer Beziehung abgebaut werden, da regressive Verschmelzung eine Beziehung auf die Dauer zerstört. Erwachsene können nicht wie Kinder leben, sie würden sonst permanent auf der rechten (unbewußten) Seite des Enneagramms bleiben und sich dort immer von den Enneagramm-Punkten 1 bis 4 und zurück bewegen. Die Idee, daß wir mit unserem Partner alle Bedürfnisse befriedigen können und im immerwährenden Glück leben werden, müssen wir vergessen, beziehungsweise spätestens ab Enneagramm-Punkt 4 überwinden. Erwachsensein bedeutet, zu wissen und akzeptieren zu können, daß die Ideale der Paarbeziehung niemals voll erfüllt werden. Mit dieser Einsicht haben wir einen wichtigen Schritt getan, um auf die linke Seite des Enneagramms zu gelangen.

Jetzt habe ich schon viel vom »Paar« gesprochen. Was ist eigentlich ein Paar? Ich verstehe in diesem Enneagramm-Buch als ein Paar zwei Menschen, die sich zusammengehörig fühlen wollen und somit eine mehr oder weniger feste und abgeschlossene Beziehung leben und damit einen Teil ihrer individuellen Handlungsfreiheit opfern.

In der Mythologie verbindet sich das Paar in der Heiligen Hochzeit (hieros gamos) zu einer zunächst sehr abgeschlossenen Einheit wie Shiva und Shakti, aber auch Ishtar und Tammuz und selbst Zeus und Hera – um nur die bekanntesten Beispiele zu erwähnen. Im Mythos steht das Paar für den Frühling, der neue Fruchtbarkeit schafft (erstes Enneagramm-Tertial). Aber wir dürfen nicht vergessen, daß nach jedem Frühling auch der Herbst und der Winter (zweites Enneagramm-Tertial) folgen. Der Mythos der Heiligen Hochzeit läßt stets einen Partner sterben und ist somit nicht nur ein Mythos von der Liebe, sondern auch einer des Todes und der Trennung.

Der deutsche Psychoanalytiker Jürg Willi hält eine in sich abgeschlossene Beziehung für einen pathologischen Zustand.* Dieser Zustand ist meist von kindlicher Naivität oder von moralischen Verschmelzungsideologien geprägt. Es sind die letzten Sekunden in der Kulturgeschichte, die die Paarideologie hervorbrachten und die die Isolation der Kleinfamilie als Idylle anzubieten pflegt. Unser aller latenter Impuls zur Untreue zeigt ganz deutlich, daß in unserem tiefsten Herzen noch das Hordenbewußtsein wohnt. Der deutsche Theologieprofessor Dietrich Stollberg** betont, daß im Gegensatz zur landläufigen Meinung eine Nebenbeziehung nicht unbedingt die Hauptbeziehung sprengen muß, sondern daß sie oftmals wie ein Puffer wirkt. Ein solcher Puffer stellt Kontakt her und

* Jürg Willi: Die Zweierbeziehung, Reinbek 1975, S. 194.

** Dietrich Stollberg: Von der Zwei zur Drei. Die Psychosomatik von Paarbeziehung und Dreieck als Herausforderung, Antwort und Hoffnung. In: Peter Michael Pflüger (Hrsg.): Das Paar. Mythos und Wirklichkeit, Olten, Freiburg 1988, S. 90f.

entlastet die Hauptbeziehung, die häufig durch den Anspruch auf umfassende Bedürfnisbefriedigung überfordert ist. Ein Partner ist niemals in der Lage, alle Bedürfnisse des anderen Partners zu befriedigen. So ergeben sich häufig Funktionsteilungen in der Beziehung, die zum Phänomen des Hausfreunds und der Hausfreundin führten.

Es muß also nicht unbedingt eine feste Paarbeziehung sein, die wir suchen. Bisweilen braucht man eine sogenannte Liebelei, eine unverbindliche Beziehung. Ab und zu kann speziell für Männer (nach neueren Untersuchungen auch zunehmend für Frauen) eine befriedigende Sexualität ganz unpersönlich sein. Das geben wir aber aus moralischen Gründen nicht zu. Wir wollen auch nicht sehen, daß mit der Liebe als exklusiver Zweisamkeit die meisten Paare überfordert sind.

Man wird in Beziehung und Ehe immer wieder an die Grenzen seiner Belastbarkeit stoßen. Auch wird man nicht vermeiden können, »Fehler« zu begehen. Man schwankt zwischen regressiv kindlichen (präpersonalen) und progressiv erwachsenen (transpersonalen) Verhaltensweisen. Der Wunsch nach Einssein hat eine progressive Seite, die die Verbindung mit allen Menschen betont.

Wir sehen, daß uns auf dem Weg in eine wie auch immer geartete Beziehung viele Schwierigkeiten erwarten. Die Arbeit mit dem Enneagramm macht uns aufmerksam, solche Gefahren schnell zu erkennen, um ihnen begegnen zu können, wenn es noch früh genug ist.

Zur Liebe und Beziehung gelangen wir durch einen oftmals längeren Prozeß, der deutlich voneinander abgegrenzte Entwicklungsstufen beinhaltet.

Der Prozeß einer Beziehung folgt einer inneren Logik und einem eigenen Rhythmus, den das Enneagramm verdeutlicht. Ob eine Verliebtheit zur Beziehung oder gar Ehe wird oder ob die Verbindung schnell auseinandergeht, ist nicht zufällig. Es gibt bestimmte Stufen und Wendepunkte, an denen ein Paar entweder seine Beziehung stärkt oder sie aufgibt. Wir haben es also mit vorhersagbaren Stadien der Partnerschaft zu tun, wobei jedes Stadium eine besondere Aufgabe stellt. Diese Stadien können in ihrer Dynamik leichter verstanden werden, wenn man sie auf das Enneagramm bezieht, wobei die neun Punkte des Enneagramms neun Stadien der Liebe, Sexualität und Beziehung aufzeigen.

Das Prozeßmodell der Beziehung verdeutlicht die Schritte, die man in einer Beziehung macht: Man überspringt Stufen, geht vorwärts und rückwärts, bleibt auf bestimmten Stufen stehen, jedoch muß man alle Stufen durchlaufen haben, um zu einer befriedigenden Partnerschaft zu gelangen. Die verschiedenen Stationen des Enneagramms werden von unterschiedlichen Personen in unterschiedlicher Geschwindigkeit durchlaufen. Im persönlichen Erleben werden diese Stadien nicht als klar voneinander abgegrenzt erlebt, aber es hilft, ein Bewußtsein über diese verschiedenen Stadien zu haben und zu wissen, in welchem Stadium man sich gerade befindet. Am schwersten ist es, Beziehungsprobleme frühzeitig zu erkennen. Jede Partnerschaft durchläuft bestimmte Phasen, die durch das Enneagramm verstanden und erkannt werden können. Jede dieser Phasen verändert die Beziehung und beide Partner und bietet neue Herausforderungen und Aufgaben.

Liebe wird geschaffen, und eine Beziehung ist ein Prozeß. Jede Entwicklungsphase bringt typische und unumgängliche Krisen mit sich. Leider laufen jedoch Veränderungen in Beziehungen selten bei beiden Partnern gleichzeitig ab, das bringt große Probleme mit sich.

Um sich schneller im Enneagramm als Prozeßmodell zurechtfinden zu können, gebe ich vor der ausführlichen Beschreibung eine tabellarische Kurzform.

Bedeutung der Enneagramm-Punkte im Prozeßmodell
Enneagramm-Punkt 1 Bereich der Voraussetzungen; alles ist bereit, damit etwas geschehen kann Blickrichtung: 1 → 4: Blick auf zu erwartende Widerstände im Prozeß (negativ) 1 → 7: Blick auf das gewünschte Ziel; Visualisierung von Idealen (positiv)
Enneagramm-Punkt 2 Erkennen der Aufgabenstellung, Auseinandersetzung mit den Voraussetzungen, die man mitbringt und vorfindet Blickrichtung: 2 → 4: Blick auf zu erwartende Widerstände im Prozeß (negativ) 2 → 8: klare Sicht des Ziels (positiv)
Enneagramm-Punkt 3 erster Schockpunkt mechanischer Schock Impuls von außen, neue Qualität Blickrichtung: 3 → 6: erahnen der nächsten Stufe (Zielfeld) 3 → 9: Blick auf den Abschluß dieses Prozesses
Enneagramm-Punkt 4 Erkennen der Begrenzungen, Widerstände und Spannungen Blickrichtung: 4 → 1: Blick zurück, Besinnung auf die Voraussetzungen 4 → 2: Blick zurück, Besinnung auf die Aufgabenstellung

Enneagramm-Punkt 5

Maximale Spannung, da man etwas erreichen will und zugleich permanent mit Widerständen konfrontiert wird. Leiden an der scheinbaren Unerreichbarkeit des Ziels.
Problematischer Übergang von der rechten zur linken Seite des Enneagramms.

Blickrichtung:
5 → 7: kreative Inspiration zur Vollendung des Prozesses beziehungsweise zum Erreichen des Ziels (positiv)
5 → 8: ungetrübter Blick aufs Ziel (positiv)

Beide Blickrichtungen sind positiv, man hat den wichtigsten Entwicklungsschritt getan, ist sich dessen allerdings noch nicht bewußt.

Enneagramm-Punkt 6

zweiter Schockpunkt
bewußter Schock
Impuls von außen, neue Qualität

Dieser Enneagramm-Punkt ist »intelligenter« als der dritte Enneagramm-Punkt: Er besitzt mehr Information. Das Bewußtsein ist durch die Erfahrungen des zweiten Tertials angereichert.

Enneagramm-Punkt 7

Die ersten deutlichen Ergebnisse werden erreicht; man weiß, daß man am Ziel angelangt ist.

Blickrichtung:
7 → 1: a) Blick auf einen neuen Prozeß (progressiv)
7 → 1: b) Bewußtsein, von wo man gekommen ist (regressiv)
7 → 5: Blick zurück auf die überwundenen Schwierigkeiten (regressiv)

Enneagramm-Punkt 8 Das Ziel ist vollständig erreicht, der Prozeß ist vollendet. Blickrichtung: 8 → 2: a) Blick auf einen neuen Prozeß (progressiv) 8 → 2: b) ein letztes Bewußtmachen der Aufgabe (regressiv) 8 → 5: Blick zurück auf die überwundenen Schwierigkeiten (regressiv)
Enneagramm-Punkt 9 dritter Schockpunkt Übergangspunkt zu einem neuen Prozeß Ein kurzer Moment vollkommener Erfüllung, in dem man den Überblick hat und in jede Richtung schauen kann.

Beziehungsprozesse im Enneagramm

Die erste Liebe

Am Enneagramm-Punkt 1 befinden wir uns im Babyalter. Die Liebe ist ganz auf sich selbst beschränkt, das Ich und die Umwelt sind nicht getrennt: Wir erleben die klassische symbiotische Beziehung zur Umwelt, die sich später beim Erwachsenen als destruktive Sehnsucht ausdrücken kann. Diese Beziehung zwischen Kleinkind und Mutter stellt das verlorene Paradies dar, das Erwachsene immer wieder vergeblich suchen.

Am Enneagramm-Punkt 2 wird Innen und Außen und damit auch Ich und Du unterschieden. Die Mutter als Objekt bringt dem Kind als Subjekt die Befriedigung aller Bedürfnisse. In diesem Stadium wird gelernt, die Liebe auf ein Objekt zu richten. Jetzt können Verlustängste entstehen, die eine lebenslange (regressive) Sehnsucht nach symbiotischen Beziehungen erzeugen.

Am dritten Enneagramm-Punkt wird das Kind eigenständiger und unabhängiger, da es einen eigenen Willen entwickelt, den es in der Umwelt durchzusetzen versucht (erste Trotzphase). Es kommt zu Konflikten mit der Umwelt. Hier entsteht aber auch die Bereitschaft, andere Menschen und die eigenen Grenzen zu verstehen.

Am Enneagramm-Punkt 4, etwa im Alter von vier bis sechs Jahren, beginnt das Kind seine Eltern als Vorbild anzusehen. In dieser Phase wird das Kind sich seines Geschlechts bewußt. Das zeigt sich unter anderem in einem ausgeprägten Schau- und Zeigedrang. Wird dieser von den Eltern unterbunden, können extremere Formen des Voyeurismus und Exhibitionismus entstehen.

Glückliche Erfahrungen auf den Enneagramm-Stufen 1 bis 4 erleichtern die spätere Liebes- und Beziehungsfähigkeit. Das »Suchbild« des Partners festigt sich danach im Alter vom fünf bis acht Jahren.

Am Enneagramm-Punkt 5 werden erwachsene Paare wie Vater und Mutter in Spielen nachgeahmt, um sich dann am Enneagramm-Punkt 6 von den Eltern befreien zu können, was sich zunächst in der Anbetung von Idolen zeigt, auf die alle Sehnsüchte projiziert werden. Auf der Stufe des fünften Enneagramm-Punkts wendet sich der Jugendliche zum ersten Mal ganz klar von seinen Eltern als primäres Liebesobjekt und Liebesmodell ab. Dennoch werden ihn seine Eltern mehr oder weniger deutlich zeitlebens in seiner Liebesfähigkeit beeinflussen.

Am Enneagramm-Punkt 7 ist der Jugendliche an seinem ersten großen Ziel angelangt: Die erste Liebe markiert den Beginn der Adoleszenz. Wie sie erlebt wird, ist sehr prägend für die weitere emotionale Erfahrung und körperliche Erlebnisfähigkeit in der Liebe. An diesem Enneagramm-Punkt spielt wie beim Kleinkind an den Enneagramm-Punkten 1 und 2 das Küssen und Streicheln eine große Rolle. Der erste Kuß stellt den Höhepunkt dieser Phase dar. Genitale sexuelle Erfahrungen werden in dieser Phase über die Selbstbefriedigung gewonnen, die den Jugendlichen auf den Beischlaf vorbereitet.

Am Enneagramm-Punkt 8 finden nach einer mehr oder weniger ausgeprägten Petting-Phase die Entjungferung beim Mädchen und die erste Beischlaferfahrung beim Jungen statt. Das ist die Phase der sexuellen Experimente mit dem anderen (oder auch gleichen) Geschlecht, die am Enneagramm-Punkt 9 zur ersten lockeren Paarbeziehung führen. Dadurch wird die emotionale Trennung von den Eltern weiter vergrößert.

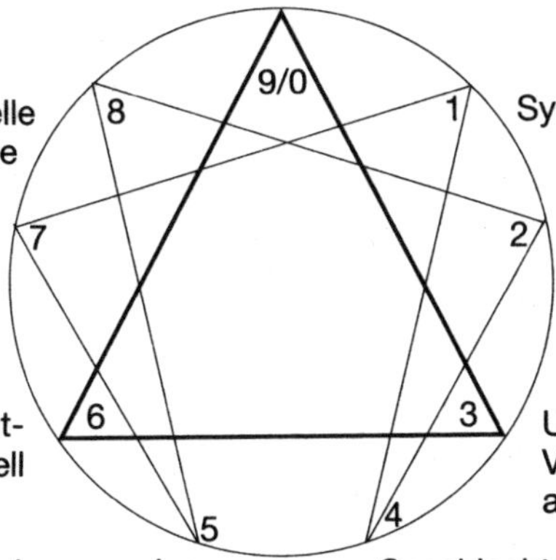

Abbildung 6: Die Entwicklung der ersten Liebe

Die Verbindung vom ersten zum siebten Enneagramm-Punkt zeigt, daß die symbiotische Erfahrung des Kleinkinds in der ersten Liebe erneut gesucht wird. Diese Regression drückt sich schon äußerlich darin aus, daß beide Enneagramm-Stadien (1 und 7) durch Küssen und Streicheln geprägt sind. Nur durch diese sinnlichen Erfahrungen kommt es zu einer Geschlechtsidentität. Das Enneagramm verdeutlicht dies durch die Verbindung von 1 mit 4.

Am Enneagramm-Punkt 2 werden zum ersten Mal die Eltern konkret erfahren, wodurch sie am vierten Enneagramm-Punkt zum Vorbild werden können. Gleichzeitig stellt diese erste Bildung eines Liebesobjekts die Grundlage jeglicher Sexualität dar, die am Enneagramm-Punkt 8 in der ersten genitalen sexuellen Erfahrung mit dem anderen Geschlecht bei Mann und Frau ihre Erfüllung findet.

Eine neue Qualität wird mit dem dritten Enneagramm-Punkt erreicht, wenn der Unterschied zwischen Ich und Du klar erkannt wird. Erst jetzt erlebt sich das Kind als eigenständiges Wesen, was die Grundlage dafür bietet, sich am sechsten Enneagramm-Punkt ein nicht-elterliches Liebesobjekt zu wählen. Das ist der nächste große Schritt in die Eigenständigkeit, der sich letztlich in der Paarbeziehung am Enneagramm-Punkt 9 bewähren muß. Die spielerische Nachahmung der Beziehungsstruktur der Eltern übt das konkrete Liebes- und Sexualverhalten ein, was die Verbindung von 5 zu 7 und 8 ausdrückt.

Der Enneagramm-Punkt 6 gibt die neue Qualität des konkreten Suchens nach Liebe und Befriedigung außerhalb der Familie wieder, was dann zur genitalen Sexualität an den Enneagramm-Punkten 7 und 8 führt.

Die Enneagramm-Linien, die die innere Struktur der Entwicklung zur ersten Liebe wiedergeben, zeigen zugleich Risiken der Fehlentwicklung auf. Wird beispielsweise am Enneagramm-Punkt 1 die symbiotische Erfahrung des Kindes gestört, kann es zu Schwierigkeiten am vierten und siebten Enneagramm-Punkt bei der Geschlechtsidentität kommen. Man bleibt oft in der Regression stekken, die dann nicht nur innerhalb der ersten Liebe ausgelebt wird, sondern zur Suche in jeder Liebesbeziehung wird.

Können die Eltern nicht als Modell für eine Beziehung herhalten, was heutzutage bei der hohen Trennungsrate fast der Normalfall ist, ist auch die erste Liebeserfahrung (7 und 8) davon überschattet.

Wir sehen also, wie die Linien des Enneagramms funktionale Zusammenhänge in der Entwicklung der Liebesfähigkeit wiedergeben.

Die Entwicklung einer Beziehung

Enneagramm-Punkt 1: Die Beziehungsbereitschaft

Alles fängt damit an, daß man sich seines Bedürfnisses nach einer Beziehung und nach Sexualität bewußt wird. Gleich zu Beginn dieses Prozesses muß gelernt werden, sich von seinen Idealen zu befreien. Ein glückliches Leben in der Illusion ist auf die Dauer nicht möglich. Wer auf den einzig Richtigen wartet, wartet ewig. Außerdem ist das Suchen ein Ausdruck von Bindungsangst.

Am ersten Enneagramm-Punkt fühlt man sich für eine Bindung bereit. Es besteht eine innere Bereitschaft zu Nähe, die einen befähigt, die Hindernisse der kommenden Enneagramm-Punkte aus dem Weg zu räumen. Man sucht einen Partner, der seinem inneren Suchbild entspricht. Er soll unser eigenes Wesen ergänzen. Man möchte sein Ideal eines »Lebenstraums« gemeinsam mit diesem Partner verwirklichen.

Zu dieser Beziehungsbereitschaft gehört auch, daß man sich »vermarkten« kann. Man bietet sich gestylt, interessant und in angenehmer Verpackung an, um Aufmerksamkeit zu wecken. Anziehung ist immer auch sexuell – selbst in prüden Zeiten des moralischen Denkens.

In solchen Suchphasen können Frauen diszipliniert eine Stunde pro Tag Gymnastiken machen, die ihre Brüste vergrößern und ihren Bauch verkleinern, obwohl sie zuvor für eine Viertelstunde Meditation nie die Zeit aufbringen konnten. Männer streichen plötzlich durch edle Herren-Boutiquen, um sich schick zu kleiden, und lesen abends im Bett, wie der perfekte Liebhaber Frauen verführt. Das alles nutzt aber nichts, denn Sie wirken nur dann unwiderstehlich und faszinierend, wenn Sie Sie selbst sind.

Vorsicht vor zuviel Faszination, die meist nur ein neurotisches Zusammenspiel ankündigt. Je faszinierender man zum Beispiel eine Frau auf Anhieb findet, umso schwieriger wird die Beziehung mit ihr. Das scheint geradezu ein Gesetz zu sein, das wohl deswegen mit solcher Unentrinnbarkeit abläuft, da die Faszination auf unreflektierten Projektionen beruht.

Hüten Sie sich auch vor Schwärmereien. Die Schwärmerei ist eine Liebesgeschichte ohne Risiko, da sie sich nur in der Phantasie abspielt. Solch ein Verhalten sollte man eigentlich nach der Pubertät (Enneagramm-Punkte 6 und 7 im Enneagramm der ersten Liebe) überwunden haben.

Am ersten Punkt sollten Sie sich darüber bewußt werden, warum Sie eine Beziehung suchen. Oft verstecken sich hinter dem Beziehungswunsch äußere Bedingungen wie das Bedürfnis, von zu

Hause wegzukommen oder regelmäßig und relativ bequem Sex und Zuneigung zu erhalten und nicht zuletzt der Kinderwunsch*.

Da man das Enneagramm der Beziehung in jeder langfristigen Beziehung mehrmals (wenn auch auf unterschiedlichen Bewußtseinsstufen) durchläuft, gerät man öfters wieder an den ersten Enneagramm-Punkt. Sie machen die Erfahrung, daß sie dann manchmal Ihren Körper von altem Ballast vergangener Erfahrungen reinigen müssen. Alles, was in früheren Beziehungen »schiefgelaufen« ist – besonders an den Enneagramm-Punkten 4 und 5 –, kann jetzt auf der körperlichen Ebene bereinigt werden. Das ist der Weg der Bioenergetik, der deswegen so wichtig ist, da sich jede unverarbeitete emotionale Erfahrung körperlich niederschlägt.

Am ersten Enneagramm-Punkt öffnen sich gemäß den inneren Linien des Enneagramms zwei Perspektiven: Die eine richtet sich auf den Enneagramm-Punkt 4. Damit wird uns bei Offenheit für eine Beziehung klar, daß eine Beziehung auch Arbeit bedeutet. Wenn wir auch stets anderes erhoffen, wissen wir doch tief in unserem Inneren, daß eine Beziehung nicht nur »Honigschlecken« ist. Das drückt die Enneagramm-Verbindung 1 › 4 aus. Die andere Perspektive ist diejenige auf den siebten Enneagramm-Punkt. Sie entspricht unseren Phantasien und Wünschen an diesem Punkt: Wir sehnen uns nach einer engen Beziehung, nach Geborgenheit und Zärtlichkeit und stellen uns unser Ziel atemberaubend romantisch vor. Das ist allerdings auch nötig, denn anders bekämen wir nicht die Energie, uns völlig auf unser Ziel zu konzentrieren.

Aufgaben am ersten Enneagramm-Punkt
Machen Sie sich Ihre Motive für die Partnerwahl bewußt. Befreien Sie sich von Ihren idealen Partnervorstellungen. Zeigen Sie Ihre sexuellen Bedürfnisse. Hüten Sie sich vor Schwärmereien.

* Vergleiche dazu genauer: Judith Sills: Liebe nach dem ersten Blick, Reinbek 1993, S.45f.

Enneagramm-Punkt 2: Die Verliebtheit

Verliebtheit, so unbewußt sie sich äußern mag, ist ein Akt des Willens, das Ergebnis einer Entscheidung, die am ersten Enneagramm-Punkt getroffen wurde. Sie verlieben sich nicht, ohne sich für Sexualität und/oder eine Beziehung geöffnet zu haben. Zugleich kommt hier ein Paradoxon ins Spiel: Wenn man so richtig verliebt ist, liebt man auch andere Personen. Denn im Grunde hat man sich häufig eher abstrakt für die Liebe statt konkret für einen Partner entschieden.

Daß der Partner, den man zu lieben denkt, nicht unbedingt gemeint ist, zeigt die Rolle der Projektion in der Verliebtheit. Die Augen des Verliebten sehen also nicht den Partner, sondern oft nur sich und die eigenen Wünsche. »Liebe ist die Fähigkeit, Ähnliches an Unähnlichem wahrzunehmen«, sagte Theodor W. Adorno und betonte damit ebenfalls den egozentrischen Charakter der Verliebtheit. Sich bisweilen zu verlieben, gehört trotzdem geradezu zur psychischen Gesundheit und wehrt Depressionen ab. Die meisten Menschen der westlichen Welt sehen die Verliebtheit als das positivste soziale Ereignis in ihrem Leben an, es wird höher als ein Lottogewinn eingeschätzt!

Im Gegensatz zur allgemeinen Meinung verlieben sich Männer schneller, öfter und heftiger als Frauen. Dabei zeigt sich oft deutlich, daß Frauen wesentlich realistischer mit Gefühlen umgehen können als die meisten Männer.

Die typische Situation am zweiten Enneagramm-Punkt sieht so aus: »Liebe macht blind.« Wir wollen an das Wunderbare im anderen und somit in uns selbst glauben, also idealisieren wir den Partner. Wir bemerken gar nicht, daß wir am Anfangsstadium der Verliebtheit unsere ganze Innenwelt projizieren. Da am zweiten Enneagramm-Punkt die Kommunikation weitgehend indirekt ist, können wir alles aus ihr heraushören, was wir wollen. Man hat in dieser Phase noch nichts Konkretes, woran man sich halten kann. Wir kennen den Partner noch nicht und nehmen ihn nur höchst verschwommen durch die Brille unserer Wünsche und Sehnsüchte wahr.

Projektionen sind im Gegensatz zur landläufigen Meinung keineswegs nur schlecht, sondern sie können in der Liebe positive Potentiale in uns freisetzen. Wir lieben, weil wir in dem Geliebten seine besten Möglichkeiten sehen. Die Liebe gibt dem Partner wiederum die Kraft, die positiven Möglichkeiten, die wir auf ihn projizieren, wirklich zu leben.

Die positive Seite, die aus uns »herausgeliebt« wird, bleibt auch nach einer Trennung bestehen. Deswegen ist es wichtig, eine Trennung ohne Schuldgefühle durchzuführen. Trennung ist ein tiefer Seelenschmerz, der uns häufig verleitet, den Partner zu entwerten. Aber mit der Entwertung des Partners entwerten wir auch unsere eigene Liebesfähigkeit.

Der bewußte Umgang mit der Projektion setzt voraus, daß man sich seine Beziehungsphantasien klar macht und erkennt, daß sie zum besseren Leben führen können. Nicht wahrgenommene Beziehungsphantasien äußern sich als ewige Vorwürfe in einer Beziehung. Nehmen Sie sich jedoch vor Verschmelzungsphantasien in acht. Sie meinen, den Partner genau zu verstehen und seine Gedanken lesen zu können. Sie fühlen sich eins, aber Sie sind es nicht. Fast jedes Liebespaar fällt auf diese Illusion herein und muß erkennen, daß jeder für sich ein eigenes Wesen ist, es auch sein möchte und muß. Hüten Sie sich also vor Aussprüchen wie »Ich könnte Dich vor Liebe fressen«, dahinter versteckt sich zumindest eine der vier Formen der unseligen Verschmelzung:

1. Liebe wird als Einssein empfunden: man projiziert seine gesamte Innenwelt auf den Partner und vereinnahmt ihn so (narzißtische Reaktionsweise).

2. Die Einheit in der Liebe wird durch ein gegenseitiges Umsorgen erlebt (orale Reaktionsweise).

3. Man verschmilzt wie das Streit-Ehepaar im Kampf miteinander (anale Reaktionsweise).

4. Man verschmilzt durch gegenseitige Bestätigung (hysterische Reaktionsweise).

Bei jeder dieser vier Formen der Verschmelzung ist eine gehörige Portion Projektion im Spiel.

Wenn am Ende der Phase des zweiten Enneagramm-Punkts die Verliebtheit vergeht, bekommen Sie leicht das Gefühl, Ihr Partner paßt nicht zu Ihnen. Das hängt weniger mit Ihrem Partner als mit Ihnen selbst zusammen. Sie wollen das Magisch-Rauschhafte der Verliebtheit nicht der Realität opfern. Die Verliebtheit ist zu einer Droge geworden. Sie trennen sich nach diesem Stadium, um mit einem neuen Partner die Verliebtheit erneut zu genießen. Betrachten Sie deshalb die Wiederholungen in den typischen Abläufen Ihrer Beziehungen genau. Sie können Ihnen am besten sagen, ob die Ablehnung des Partners mit Ihrer Bindungsneurose zusammenhängt oder aus tieferer Einsicht heraus gerechtfertigt ist.

Die Verliebtheitsphase des zweiten Enneagramm-Punkts kann lange aufrechterhalten werden. Wenn Sie sich und Ihren Partner aufmerksam beobachten, wird der schwierige Übergang von Verliebtheit zu Liebe erleichtert. Oft zerbrechen Beziehungen am Realitätsschock, der erst an den Enneagramm-Punkten 4 und 5 zum Ausdruck kommt. Am Enneagramm-Punkt 2 schauen sich die verliebten Paare zehnmal häufiger in die Augen als an allen anderen Enneagramm-Punkten: Verliebtheit ist ein Phänomen des Augenblicks. Am Ende dieser Phase nimmt der Blickkontakt ab, was als sehr schmerzlich empfunden wird.

Trotz aller Verliebtheit vermutet man schon am zweiten Enneagramm-Punkt, daß es Krisen und Widerstände in der Beziehung geben wird. Das drückt die Enneagramm-Perspektive 2 › 4 aus. Diese Perspektive ist deswegen so wichtig, da sie uns ein realistisches Bild dessen gibt, was wir in der Beziehung zu erwarten haben. Verliebte versuchen diese unangenehme Perspektive oft zu verdrängen. Statt dessen lieben sie den Blick auf das Ziel hin: die glückliche Partnerschaft.

Aufgaben am zweiten Enneagramm-Punkt
Nehmen Sie Ihre Beziehungsphantasien wahr. Machen Sie sich Ihre Projektionen bewußt. Vermeiden Sie Verschmelzungsphantasien. Achten Sie auf Wiederholungen in Ihren Beziehungsabläufen.

Dieser Ablauf vom ersten zum zweiten Enneagramm-Punkt kann auch – wenn auch selten – umgekehrt sein: Man trifft jemanden und bemerkt dadurch erst seine Bedürfnisse. In diesem Fall steht am Enneagramm-Punkt 1 die Situation, in der man eine Person kennenlernt und erst am Enneagramm-Punkt 2 wird man sich seiner Bedürftigkeit bewußt.

Enneagramm-Punkt 3: Die Sexualität

Man schläft zum ersten Mal mit dem Partner. Das verändert, ob man will oder nicht, grundsätzlich die Beziehung; sie wird nie mehr wie vorher sein. Der Sex ist die intensivste Kommunikation, die wir kennen. Sich dagegen zu entscheiden, ist auch eine Entscheidung gegen den eigenen Körper.

Der dritte Enneagramm-Punkt ist also von der Sexualität gekennzeichnet. Die mit ihr verbundene Intimität verlangt nach Offenheit und dem Wagnis, ehrlich zu sein. Aber wir können auch gar nicht anders, als im sexuellen Erleben wir selbst sein, da der Körper niemals lügt. Man kann zwar dem Partner einen Orgasmus vorspielen, aber der eigene Körper weiß um den Betrug, der weniger gegenüber dem Partner als gegenüber sich selbst stattfindet.

Sexualität ist für viele Menschen unter anderem deswegen so schwer, da sie aus Angst vor dem Urteil des Partners Hemmungen und Leistungsstreß aktiviert.

Wichtig ist am dritten Enneagramm-Punkt, die Verbindung zwischen Sexualität und Aggression zu sehen. Dort, wo ich mich sexuell einlasse, kann ich meist offen Wut und Aggression vor dem anderen ausdrücken. Die in der Sexualität erfahrene Intimität befreit mich außerdem, auch negative Spannungen auszudrücken.

Den freien Aggressionsausdruck in der Beziehung halte ich für genauso notwendig wie das Spiel der Sexualität. Wo in Beziehungen die Aggression nicht bewußt und frei ausgedrückt werden kann, kommt es leicht zu Gewalttätigkeit.

Aufgaben am dritten Enneagramm-Punkt
Folgen Sie Ihrem eigenen Gefühl statt der Moral. Beugen Sie sich nicht dem Diktat des idealen Körpers. Drücken Sie Ihre Sexualität und Aggressionen bewußt aus.

Enneagramm-Punkte 4 und 5: Die Spannungen

Die Enneagramm-Punkte 4 und 5 werden oft nach etwa drei Monaten erreicht, sofern man sich täglich sieht. Ihr Einfluß verstärkt sich in den nächsten zwei Monaten: Es ist die Zeit der Spannungen und des Beziehungsstreits.

Man ist dem Partner zwar wie vorher von ganzem Herzen zugetan und doch wird der Reiz immer stärker etwas zu sagen oder zu tun, womit wir uns gegenseitig rasend machen. Das scheint gegen unseren Willen zu geschehen: Wir streiten und sagen Verletzendes, obwohl wir es eigentlich gar nicht wollen.

Aber es gibt auch eine eigenartig positive Seite des Streits. Es ist schön, wenn man sich konstruktiv streiten kann.

In jedem Streit testen wir mehr oder weniger bewußt aus, wie weit der Partner zu uns hält und wieviel Schwierigkeiten ihm unsere Liebe wert ist. Wissen wir, daß unser Partner ohne weiteres einen Streit ohne Trennungsgedanken ertragen kann, macht uns das sicher in unserer Liebe.

An den Enneagramm-Punkten 4 und 5 lernt man, mehr Distanz zu zeigen und sich nicht mehr so stark mit seinen Gefühlen zu identifizieren. Distanz muß allerdings, um fruchtbar zu sein, sinnvoll genutzt werden. Obwohl jeder eine gewisse Distanz in seiner Beziehung braucht, haben wir doch alle Angst davor, unseren Partner durch sie zu verlieren.

Das Thema Distanz der Enneagramm-Punkte 4 und 5 kann auch die Angstlust* aktivieren: Der Streit trennt und verbindet zugleich und vermittelt den Partnern dabei ein Gefühl der Lust. Nach dem Streit geht man ins Bett, um sich zu vertragen. Soll wieder eine sexuelle Spannung aufgebaut werden, streitet man abermals, bevor man miteinander schläft. Dieser Streit und der permanente Wechsel von Distanz und Nähe wird so zum dramatischen Beziehungsritual. Solchen durch Streit verbundenen Paaren hilft es oftmals, sich klarzumachen, daß es sich nur über die Dinge zu streiten lohnt, die man auch wirklich ändern kann.

Viele Paare zeigen andererseits deutlich, daß die Unfähigkeit zu streiten, beide Partner unglücklich macht. Man befürchtet zwar meistens – wenn man nicht gerade starke Anteile des achten Enneagramm-Typs besitzt – daß der Streit zur Beendigung der Beziehung führt, die Erfahrung zeigt jedoch das Gegenteil: Paare, die sich streiten können, festigen damit ihre Beziehung. Die Unfähigkeit zu streiten, verweist auf eine regressiv symbiotische Beziehungsstruktur hin. Als Erwachsener weiß man spätestens ab Enneagramm-Punkt 4, daß es ohne Aggression auch keine Liebe gibt.

Kampf und Streit bedeuten die Artikulierung der eigenen Bedürfnisse und das Erlernen, tragbare Kompromisse zu schaffen. Hier kommt die gesunde Distanz ins Spiel, bei der beide Partner lernen müssen, nicht alles zu persönlich zu nehmen. Das ist sehr schwer. Beim Streiten sollte man sich stets fragen, ob es um die Sache oder um eine Machtprobe geht. Beim fruchtbaren Streit treffen sich beide Partner als »liebende Feinde«, die nicht rivalisieren, sondern denen es letztlich um Weiterentwicklung und ein Verstehen von sich selbst und dem anderen geht.

In dieser Phase muß man lernen, sich abzugrenzen. Im Enneagramm zeigt die Bewegung der inneren Linien 1 → 4 → 2 → 4 → 1 und so weiter einen Prozeß an, der von Verschmelzung zur Abgrenzung und wieder zur Verschmelzung hin und her pendelt. Das ist der ewige Rhythmus einer Beziehung, solange wir uns nicht ein höhe-

* Vgl. zum Begriff »Angstlust« genauer: M. Balint: Angstlust und Regression, Stuttgart 1960.

res Bewußtsein erarbeitet haben und somit auf die linke Seite des Enneagramms gelangt sind.

An den unteren beiden Enneagramm-Punkten müssen sich besonders Frauen davor hüten, nicht ihre Sexualität zur Bestrafung einzusetzen. Wenn der Liebhaber nicht so will wie man selbst, gibt es keine Sexualität.

Waren an den Enneagramm-Punkten 1 und 2 weitgehend die positiven Projektionen wirksam, so wirken an den Enneagramm-Punkten 4 und 5 die negativen Projektionen. Sie zeigen sich darin, daß man den Partner beschuldigt und ihn ändern will. Alle Fehler sieht man bei ihm, sich selbst empfindet man als unschuldig. An diesem Enneagramm-Punkten müssen wir lernen, uns auf das Positive zu konzentrieren.

Sich auf das Negative beim Partner zu konzentrieren, stoppt jedes Wachstum der Beziehung. Sehen Sie die positive Seite darin, daß durch Krisen Ihre Kommunikation ehrlicher wird, Spielchen aufhören und man sich und den anderen bewußter wahrnimmt.

Wir befinden uns im Feld der Trennungen. Leider überwindet man die Enneagramm-Punkte 4 und 5 nie für immer, sondern man gelangt in seiner Entwicklung als Paar immer wieder an diese Stelle. In der Regel etwa alle fünf bis sieben Jahre wird man in einer festen Beziehung wieder intensiv mit diesen Enneagramm-Punkten konfrontiert.

Hauptgründe für Steitigkeiten in Beziehungen:

1. negatives Denken; Gegenmittel: die Einsicht, daß Streitigkeiten die Beziehungssituation reinigen und klären,

2. indirekte Kommunikation und die sogenannten Spielchen, mit denen man den Partner beherrschen möchte; Gegenmittel: die Disziplin, in der Situation klar und für den Partner verständlich seine Gefühle ausdrücken,

3. hohe Erwartungen; Gegenmittel: Mitgefühl für den Partner zeigen,

4. Überidentifizierung mit seinen Gefühlen; Gegenmittel: bei jedem Gefühl beobachten, ob man dieses Gefühl mechanisch zeigt und die Gefühle einen regieren,
5. ein mehr oder weniger unbewußtes Konkurrenzverhalten; Gegenmittel: dem Partner regelmäßig mitteilen, was man an ihm liebt,
6. die Isolation des Partners; Gegenmittel: ihn offen zu fragen, was er oder sie meint.

Enneagramm-Punkt 4: Der Liebesvertrag

In jeder Beziehung wird unbewußt ein Beziehungs- oder Liebesvertrag geschlossen, der Regeln, Rollen und Erwartungen festlegt. Würden wir diesen Liebesvertrag bewußt schließen, würde uns durch die Arbeit an ihm klar werden, was wir wirklich von unserem Partner und dieser Beziehung wollen und was nicht, was wir bereit sind zu geben und wo unsere Grenzen liegen. Jeder Liebesvertrag setzt voraus, daß man einen Vertrag mit sich selbst schließt, daß man sich beispielsweise um diese Beziehung bemüht und sich an gewisse Regeln halten wird. Ohne solche gemeinsam akzeptierten Regeln wandelt sich jede Beziehung erschreckend schnell in Leid.

Mit dem vierten Punkt betreten wir das zweite Tertial des Enneagramms, das den Übergang von der Verliebtheit zur Liebe prägt. Am vierten Enneagramm-Punkt lernen wir, daß die Liebe nicht nur ein schönes Gefühl ist, das man in harmonischer Zweisamkeit genießen kann, sondern daß die Liebe auch Leiden schafft.

Durch die Spannungen am vierten Enneagramm-Punkt wird die Angst aktiviert, den Partner zu verlieren. In solchen Angstsituationen werden unsere Handlungen von der Abwehrhaltung unseres Enneagramm-Punktes diktiert, das heißt, gerade jetzt reagiert beispielsweise Typ 1 starr wie ein typisch strenger Typ 1. Dadurch wird die Angst erhöht, was dazu führt, daß man sich auf Dauer den Reaktionen desjenigen Enneagramm-Typs annähert, der in Richtung des Streßpunktes liegt. Typ 1 reagiert launisch wie Typ 4, Typ 2 unsensibel wie Typ 8, Typ 3 träge wie Typ 9, Typ 4 manipulierend wie Typ 2, Typ 5 oberflächlich wie Typ 7, Typ 6 karrieristisch wie Typ 3, Typ 7 starr wie Typ 1, Typ 8 depressiv wie Typ 5 und Typ 9 klammernd wie Typ 6. Solche Verhaltensweisen wirken zwanghaft. Sie erzeugen die destruktive Schattenprojektion auf den Partner. Unsere egozentrischen Interessen treten in den Vordergrund, und wir vergessen die Vision der Verliebtheitsphase der ersten beiden Enneagramm-Punkte. Wäre man sich hier des unbewußt geschlossenen Liebesvertrages bewußt, könnte man nachschauen und sich daran erinnern, was man mit dem Partner einst erreichen wollte.

In einer langfristigen Beziehung durchläuft man das Enneagramm viele Male. Der Beginn einer Beziehung ist die Phase, in der man sich regelmäßig trifft und in den Freundeskreis des Partners eingeführt wird. Man kann das leicht als Verlust der Freiheit und als Enge erleben, was an diesem Punkt schnell eine Krise produziert. Alles wird einem zu nah. Man sucht innerlich Distanz. Die Bedürfnisse des anderen werden oft in Vorwürfen deutlich, die wir einander machen. Allerdings gehen wir mit Vorwürfen wie auch mit Selbstbezichtigungen immer in die Irre, da wir einzig und allein den Partner oder nur uns als Ursache alles Beziehungsübels ansehen. Wir wollen nicht die wechselseitigen Abhängigkeiten und Verwicklungen in unserer Beziehung wahrnehmen.

Um aus dieser Phase herauszukommen, könnten wir an den Enneagramm-Punkten 4 und 5 einmal die Woche ein auf etwa zwei Stunden begrenztes Beziehungsgespräch führen. Jeder spricht, so offen er kann, ohne bohrende Fragen und Drängen, über sich. Wichtig ist bei solch einem Liebes- oder Beziehungsgespräch zu erkennen, daß die vorgebrachte Sicht der Beziehung weder objektiv richtig noch falsch ist, sondern einfach eine subjektive Empfindung widergibt.

Idealerweise sollten die dabei angesprochenen Fragen in dem vorangehenden Liebesvertrag geklärt worden sein. Versuchen Sie zunächst, das Zentralthema ihrer Unzufriedenheit zu benennen. Folgende Fragen müssen offen gestellt werden:

Wieviel Selbständigkeit brauche ich?
Was will ich von meiner Beziehung?
Was will der Partner von mir?

Indem Sie sich auf Ihre Unzufriedenheit besinnen und sich diese bewußt machen, beginnen Sie die wichtige Entdeckungsreise in Ihr verborgenes Inneres. Machen Sie sich stets klar, daß Unzufriedenheit keineswegs ein Zeichen mangelnder sozialer Anpassung oder gar einer »seelischen Erkrankung« ist, sondern sie stellt im Gegenteil dazu den ersten Schritt auf eine neue, ganzheitliche Sicht- und Lebensweise dar.

Es hilft, in diesen Konflikten die positiven Situationen der Anfangszeit Ihrer Beziehung wiederaufleben zu lassen – nicht um zurückzugehen, sondern um sich der gemeinsamen Liebe und Zuwendung zu erinnern. Dieser Rückblick entspricht der Logik des Enneagramms, in dem der Punkt 4 mit dem ersten und zweiten Enneagramm-Punkt verbunden ist.

Nachdem Sie sich mit diesen Problemen beschäftigt haben, können Sie das Beziehungsgespräch beginnen, wobei drei Punkte zu beachten sind, um es fruchtbar werden zu lassen:

1. die Dauer des Gesprächs wird auf zwei Stunden begrenzt,
2. man verpflichtet sich, ein derartiges Gespräch regelmäßig durchzuführen und
3. man bleibt stets beim Thema, das heißt, man spricht nur über die Partnerschaft.

Am vierten Enneagramm-Punkt tendieren die Partner dazu, sich zu trennen. Man kann den anderen nicht mehr ertragen. Wenn man der Statistik Glauben schenken darf, dann stehen Unehrlichkeit und Unfähigkeit in der Äußerung der Gefühle an der ersten Stelle aller Trennungsgründe (30,5 Prozent). Eine neue große Liebe spielt nur bei zehn Prozent aller Trennungen eine Rolle. Es sind also nicht die äußeren Bedingungen, die eine Beziehung zerbrechen lassen.

Ein großes Problem entsteht, wenn ein Partner jetzt versucht sich weiterzuentwickeln und die ewige Wiederholung (Enneagramm-Punkt 1 → 2 → 3 → 4 → 1 → 2 etc.) durchbrechen möchte. Es ist der Sprung ins Unbekannte, der den Neuanfang charakterisiert. Das wird schon durch die inneren Linien des Enneagramms ausgedrückt: Am Punkt 4 ist man rückwärts seiner Vergangenheit verbunden, am Punkt 5 gibt es keine Rückbindung mehr, beide inneren Linien weisen auf die Zukunft (Punkte 7 und 8). Nur die Sehnsucht als treibende Kraft läßt uns die von egoistischer Verliebtheit geprägte rechte Seite des Enneagramms verlassen, um auf die linke Seite hinüberzugelangen. Bei diesem Schritt muß man alles hinter sich lassen, weswegen sich nur wenige auf dieses Abenteuer einlassen.

Nicht nur daß beide Partner selten zum gleichen Zeitpunkt den Willen zur Veränderung in sich spüren, macht diesen Übergang so schwer, sondern auch daß hier ein »freiwilliges Opfer« verlangt wird, um mit Gurdjieffs Worten zu sprechen. Dieses Opfer ist drastisch: Sie müssen Ihre Sexualität in der Beziehung aufgeben. Das liegt darin begründet, daß uns die Sexualität an die gewohnten Verhaltensweisen der rechten Enneagramm-Seite bindet. Die rechte Seite des Enneagramms findet ihr Ziel im unbeschwerten sexuellen Genuß, der eine Basis für jegliche spirituelle und geistige Weiterentwicklung darstellt. Hier muß man lernen, sich in der Sexualität nicht zu sehr zu verwickeln, weswegen Gurdjieff bei einem seiner wenigen Aussprüche zur Sexualität betonte, daß wir Gefühl und Sexualität (auf der Bewußtseinsstufe der rechten Enneagramm-Seite) nicht miteinander verbinden sollten. Erst auf der linken Enneagramm-Seite lernen wir, echte Gefühle auszudrücken. Um dahin zu kommen, müssen wir alle alten Verhaltensweisen ablegen. Das gelingt nur dann, wenn wir – zumindest für einige Zeit – jeglichen Sex mit unserem Partner aufgeben.

Es gibt zwei wichtige Hinweise, an denen man bemerken kann, ob man wirklich neues Gebiet betritt:

1. die gewohnten Wiederholungen nehmen ab und verschwinden sogar und

2. die Symbolik und die Bilder der Träume ändern sich.

Aufgaben am vierten Enneagramm-Punkt

Erinnerung an die Visionen der ersten Verliebtheitsphase.
Sich das Zentralthema seiner Unzufriedenheit bewußt machen.
Sich verdeutlichen,
a) was man von dem Partner und der Beziehung will
b) was der Partner von einem erwartet.

Enneagramm-Punkt 5: Der Umgang mit dem Konflikt

Dieser Enneagramm-Punkt ist wie Punkt 4 von der Konfliktsituation geprägt. Sie sagen: »Meine Wünsche zählen!« und distanzieren sich von Ihrem Partner. Häufig gehen Sie jetzt Ihre eigenen Wege und ziehen sich in sich zurück. Sie reagieren wie ein verletztes Kind. Sehnten Sie sich an den ersten Enneagramm-Punkten nach der Bindung, nimmt jetzt die Sehnsucht nach der Freiheit und Eigenständigkeit überhand. Diese Sehnsucht nach Freiheit – so berechtigt und notwendig sie auch ist – hat oft etwas eigenartig Abstraktes. Wie Sie konkret diese Freiheit ausleben wollen, bleibt häufig im Dunkeln. Es ist einem wichtig, von der Enge der Beziehung wegzukommen, wobei es oft die Beziehung ist, die einem die eigene Enge erst bewußt macht. Besonders wenn Sie Ihre Freiheit in negativen Begriffen ausdrücken, indem Sie nur bestimmen können, was sie nicht wollen, gehen Sie besser davon aus, daß Sie mit Ihrer eigenen inneren Unfreiheit konfrontiert werden.

Tritt der Satz »Ich möchte meine Freiheit nicht verlieren« bei Ihnen in den Vordergrund, sollten Sie über folgende Fragen nachdenken:

Was meine ich mit Freiheit? An welche Freiheit denke ich?
Freiheit wovon – Freiheit wofür?
Muß man in der Beziehung unweigerlich Freiheit verlieren?
Gewinnt man durch die Beziehung nicht auch Freiheit?

Die Beziehung verlangt Beziehungsarbeit, die man gerade jetzt in der Krise nicht aufbringen möchte. Man reagiert von seinem Streßpunkt aus, da man schwer unter der Partnerschaft leidet. Der fünfte Enneagramm-Punkt ist von den Vorstellungen geprägt: Ich bin das Opfer und mein Partner ist mein Peiniger, ich will mich entwickeln, doch mein Partner hält mich fest. Die Verbindung des fünften Enneagramm-Punkts zum siebten und achten macht uns deutlich, daß wir an dieser Stelle nur weiterkommen, wenn wir unser Ziel nicht aus den Augen verlieren. Die Visualisierung der positiven Partnerschaft, die wir uns für das dritte Tertial des Enneagramms erhoffen, kann uns dabei helfen. Solange Sie sich eine bessere Beziehung vorstellen können, kann sich die Beziehung auch wirklich bessern. Sie müssen »nur« Ihre alten Beziehungsmuster, die die rechte Enneagramm-Seite prägten, loslassen. Wir werden eine befriedigende Partnerschaft an den Enneagramm-Punkten 7 und 8 erreichen, wenn wir jetzt trotz großer innerer Distanz und dem Opfer der Sexualität die Beziehung nicht verlassen. In dieser Phase bleibt man zusammen, wenn man sich immer wieder sagt, daß die Beziehung und nicht das eigene Ich an erster Stelle stehen sollte. Die Probleme sind als Reinigungen oder Lehrsituationen zu sehen, an denen man als Paar wächst. Das ist jedoch schwer, da uns Trennungsphantasien beherrschen und wir aus der alten und gewohnten Beziehung herausgefallen sind.

Auch der Versuch, den Partner durch Aggression, Wut und Drohungen zu manipulieren, ist zwar menschlich, aber keine erfolgversprechende Lösung des Problems. Die Aufgabe des fünften Enneagramm-Punkts besteht unter anderem in der Schattenintegration: Sie erkennen im Partner diejenigen Seiten, die Sie an sich radikal ablehnen. Schauen Sie sich die Schattenseiten genau an und fragen Sie sich, wie diese von *Ihnen* gelebt werden.

Machen Sie sich klar, daß die Kritik- und Distanzphase eine ganz normale Phase in jeder Beziehung darstellt. Jeder besitzt eine Abwehr gegen die Liebe und das emotionale Sich-Einlassen. Wer das ehrlich äußern kann, schafft auf die Dauer wieder Intimität. Alles andere steht im Dienst der Aufrechterhaltung eines falschen Selbstbilds.

Der Partner verbringt weniger Zeit mit einem, macht kritische Bemerkungen, wo er früher überschwenglich war, und zu allem Überfluß erlahmt das sexuelle Interesse, bis es ganz aufhört. Man spricht nicht mehr über die Beziehung und speziell nicht über ihre Zukunft. Jetzt kommt es darauf an, für Beziehungsgespräche offen zu sein und das fällt in dieser Situation sehr schwer. Man muß Wut und Unbehagen ausdrücken, um die Beziehungssituation zu reinigen.

Destruktiv ist die typische Situation, in der sie fragt: »Was ist los mit dir?« und er antwortet: »Nichts«. Sie versteht daraus, daß er in Ruhe gelassen werden will und sich nicht mit der Beziehung auseinandersetzen möchte. Jetzt müßte der Mut für die Frage »wie siehst du unsere Beziehung?« aufgebracht werden.

Seien Sie sich bewußt, daß Beziehungsgespräche zu Beginn einer Beziehung sehr schwierig sind. Man ist ängstlich und unsicher, da man die Reaktionen des anderen nicht kennt. Man weiß nicht, wie man mit dem Abblocken des Partners umgehen kann. Das macht gerade da sprachlos, wo man sprechen sollte. Oft ist es wichtiger, *wie* man etwas sagt, als was man sagt.

Bei Beziehungsgesprächen helfen altbekannte Kommunikationsregeln: Erst spricht der eine, der andere hört nur zu, dann wartet er zehn Atemzüge (oder meditiert erst darüber), bevor er antwortet, wobei der andere ihn nicht unterbrechen darf. Eines der wichtigen Dinge, die am Punkt 5 zu lernen sind und ohne dessen Beherrschung man niemals über den fünften Enneagramm-Punkt hinausgelangt: Nehmen Sie nichts persönlich. Sich gekränkt und beleidigt zu fühlen, ist ein Ausdruck davon, daß man sich selbst zu wichtig nimmt. Und enthalten Sie sich jeglicher Schuldzuweisungen, die selbst dann nicht weiterführen, wenn sie berechtigt erscheinen.

Ferner sollten Sie beachten, daß negative Energien immer im Kleinen entstehen. Man muß lernen, auf seine innere Stimme zu hören und zugleich den Mut aufzubringen, das Unbehagen anzusprechen. Das lohnt sich immer. Normalerweise warten wir zu lange, bis die Probleme zu schwer lösbar geworden sind.

Genauer betrachtet, ist man am Enneagramm-Punkt 5 eigentlich nicht beziehungsfähig und beziehungswillig. Um auf die linke Seite des Enneagramms zu gelangen, mußte man am vierten Punkt die Sexualität in der Beziehung opfern, um zu neuen Verhaltensweisen zu gelangen. Man muß erst Punkt 7 erreichen, um für eine Beziehung offen zu sein und wahre Liebe leben zu können.

Aufgaben am fünften Enneagramm-Punkt

Stets sein Ziel im Auge zu behalten.
In der Beziehung standhalten statt aus ihr zu fliehen.
Negative Seiten, die man am Partner zu erkennen meint, bei sich selbst zu sehen.
Wut und Unbehagen möglichst früh verständlich auszudrücken.
Krisenphasen als Reinigungsphasen zu betrachten.

Enneagramm-Punkt 6: Die Vergebung

An diesem Punkt wird die Beziehungskrise durch die Vergebung beendet. Man ist gemeinsam durch schwierige Zeiten gegangen, hat eine neue Beziehungsqualität erreicht und seine Beziehung stabilisiert. Das zeigt sich auch darin, daß negative Projektionen zumindest teilweise zurückgezogen werden können. Unser abgelehntes Enneagramm-Element, das wir auf den Partner projizierten, wird von uns bewußt wahrgenommen. Der Schmerz hat uns zur Selbsterkenntnis getrieben. Es entsteht eine intensive Intimität durch den produktiven Ausdruck von Aggressionen, denn solange Sie nicht wütend auf Ihren Partner gewesen sind, sind Sie ihm nicht nahe gekommen. Im Umgang mit den Aggressionen an den vorigen beiden Enneagramm-Punkten ist Ihre Beziehung gewachsen.

Die Versöhnung und Vergebung wurde nicht zuletzt durch die Beziehungsgespräche erzeugt. Man hat nach den Kämpfen und Verhandlungen ein realistischeres Bild von sich selbst und vom anderen gewonnen. Es wäre ideal, wenn Sie von jetzt ab regelmäßig solche stabilisierenden Beziehungsgespräche führen würden. Allerdings warnt uns oft eine innere Stimme davor, dabei alles zu erzählen, was wir denken und phantasieren: Es kommt auch in diesen Gesprächen auf den Ausgleich von Diskretion und Offenheit an.

Die neue Qualität, die wir an diesem Enneagramm-Punkt erreicht haben, zeigt sich auch äußerlich in ersten gemeinsamen Anschaffungen und dem Wunsch zusammenzuziehen. Durch die inneren Linien des Enneagramms ist Punkt 6 mit den Punkten 3 und 9 verbunden. Die Beziehung zum dritten Enneagramm-Punkt zeigt sich darin, daß sich jetzt auch der Sex in Ihrer Beziehung verändert. Wenn man gelernt hat, miteinander zu streiten, kann man auch seine Sexualität ungehemmter und befriedigender miteinander ausleben. Bedenken Sie stets, daß die Sexualität die intensivste Kommunikationsform darstellt, die einem zur Verfügung steht, und wahrscheinlich auch die ehrlichste, da unser Körper nicht lügt.

Die Verbindung des sechsten mit dem neunten Enneagramm-Punkt zeigt sich darin, daß wir jetzt die Grundlagen geschaffen haben, uns zur höchsten Stufe der Beziehung, zur bedingungslosen Liebe hinzuentwickeln.

Aufgaben am sechsten Enneagramm-Punkt
Vergebung. Bewußte Wahrnehmung der eigenen Projektionen. Regelmäßige Durchführung von Beziehungsgesprächen.

Enneagramm-Punkt 7: Die eigentliche Beziehung

Am siebten Enneagramm-Punkt lebt ein Paar zusammen. Das wird jetzt nicht mehr als Einengung, sondern eher als selbstverständlich angesehen, kann manchmal aber trotzdem zu Verstimmungen führen. Jeder der Partner muß plötzlich seine Entscheidungen – beispielsweise einmal allein sein zu wollen oder allein auszugehen – erklären, wodurch ihm bewußt wird, wie der andere an seinem Leben teilnimmt. All das kennzeichnet eine neue Situation, in der sich das Bewußtsein beider Partner verändert. Es entsteht ein Paar-Selbst, das das individuelle Selbst jedes Partners beinhaltet, ohne es zu ersetzen. Allmählich addieren sich gemeinsame Erfahrungen zur gemeinsamen Geschichte. Hier sind wir wieder an eine Stelle des Enneagramms angelangt, wo man sich wie zuvor am zweiten Enneagramm-Punkt vor Verschmelzungsphantasien in acht nehmen muß. Das Paar-Selbst darf nicht das individuelle Selbst eines jeden Partners ersetzen. Trotz der engen Beziehung bleibt jeder der beiden Partner ein Individuum, doch fühlt man sich als Paar verbunden.

Für spätere Konflikt-Situationen schafft man am siebten Enneagramm-Punkt die gemeinsame Geschichte, was äußerst stabilisierend wirkt. Jetzt kann man zufrieden auf den Anfang der Beziehung am ersten Enneagramm-Punkt zurückschauen und erkennen, daß trotz Krisen der Wunsch nach einer echten Partnerschaft positiv eingelöst wurde.

Diese Rückblicke, wie dieser vom siebten zum ersten Enneagramm-Punkt, sind äußerst wichtig, um uns zu klar zu machen, was wir in unserer Beziehung erreicht und wie wir uns verändert haben. So war es am Krisenpunkt 4 äußerst wichtig, zu den Enneagramm-Punkten 1 und 2 zurückzuschauen, um uns zu erinnern, daß wir uns nach einer Beziehung sehnten und wie schön die Verliebtheit in den Partner war. Das schuf die Voraussetzung dafür, daß wir am zweiten Krisenpunkt, dem Enneagramm-Punkt 5, ungebrochen das Ziel (Enneagramm-Punkte 7 und 8) im Auge behalten konnten. An den beiden Enneagramm-Punkten 7 und 8 geht die Perspektive zurück und dieser Rückblick symbolisiert eine bewußtseinsschaffende Schau der eigenen Beziehungsgeschichte. Am siebten Enneagramm-Punkt schauen wir nämlich auf die Erfahrungen des fünften Enneagramm-Punkts zurück, an dem wir lernten, produktiv mit Krisen und Konflikten umzugehen. Die Erinnerung dieser Erfahrung ist unbedingt nötig, um die Beziehung langfristig stabilisieren zu können.

Aufgaben am siebten Enneagramm-Punkt
Nicht das individuelle Selbst im Paar-Selbst aufzulösen. Regelmäßiger, bewußtseinsbildender Blick zurück zum Beginn der Beziehung.

Enneagramm-Punkt 8: Das Plateau

Am achten Enneagramm-Punkt genießt man die Beziehung. Man kann zwar theoretisch noch zwischen Zugehörigkeit und Unabhängigkeit, zwischen Nähe und Distanz wählen, hat sich aber für Zugehörigkeit, Loyalität und Nähe entschieden. In dieser Plateauphase entscheiden sich Paare zu heiraten. Sie ist wie die Verliebtheitsphase mit romantischen Bildern besetzt. Die Verbindung des achten mit dem zweiten Enneagramm-Punkt zeigt sehr deutlich, daß wir uns auf der Plateauphase abermals vor Phantasien und Illusionen hüten müssen, und auch davor anzunehmen, daß man Beziehungskrisen ein für allemal überwunden habe. Sie kehren immer wieder und das drückt sich im Enneagramm darin aus, daß wir die neun Stufen der Beziehung auch immer wieder durchlaufen – zumindest dreimal. Beim ersten Mal erleben wir alle neun Enneagramm-Punkte wie hier beschrieben. Beim zweiten Mal durchlaufen wir diese Punkte als Ehepaar oder als Lebenspartner und das letzte Mal durchläuft man das Enneagramm als altes und abgeklärtes Paar.

Eine große Gefahr liegt besonders beim zweiten Durchlaufen des Enneagramms darin, daß die vormals auf- und anregende Beziehung sich zunehmend in eine Scheinbeziehung verwandelt, die nur aus einem kommunikationsarmen Nebeneinander der Partner besteht. Solche Beziehungen bleiben beim zweiten Durchgang durch das Enneagramm am Punkt 2 hängen. Man spürt das Unbehagen, das man jedoch durch die reibungslose Verwaltung des Alltags überdeckt. Da man sich – oftmals aus falsch verstandener Scham – einer Hilfe von außen nicht öffnet, die am Enneagramm-Punkt 3 dem Prozeß eine neue, produktive Richtung geben würde, bleibt man in einem erstarrten Nebeneinander hängen. An dieser Stelle könnte das Miteinander durch das Beziehungsgespräch wieder hergestellt werden, auf das das Paar am Punkt 3 aufmerksam gemacht würde und das es am Punkt 4 (im Idealfall) als regelmäßiges Ritual durchführt.

Aufgaben am achten Enneagramm-Punkt
Sich für die Beziehung zu entscheiden und sich ganz auf sie einzulassen. Bewußtmachen der Illusion, alle Krisen überwunden zu haben.

Enneagramm-Punkt 9: Die Ehe

Die Ehe oder eheähnliche Beziehung ist der Endpunkt in diesem Enneagramm-Zyklus und stellt zugleich den Übergang zu einem neuen Enneagramm-Zyklus dar.

Die Ehe ist ein dynamischer Prozeß. Das Enneagramm macht uns klar, daß wir nie zur Ruhe kommen. Immer wieder durchlaufen wir das Enneagramm – allerdings stets auf einer anderen, meist höheren Bewußtseinsstufe: Beziehung ist ein ständiger Lernprozeß.

Es hängt davon ab, mit welchem Bewußtsein man eine Ehe bzw. Partnerschaft eingeht und führt: Man kann sie als Weg vom unbeschwerten Lebensabschnittspartner zum potentiellen Scheidungsopfer oder als Entwicklung vom einsamen Egoisten zum gesellschaftsfähigen Individuum sehen. Man muß sich vollständig verlieben können, aber man muß sich auch, falls es anliegt, wieder anmutig entlieben können. Man kann die Liebe meist nicht halten. Und wahrscheinlich ist es ein verbreitetes Mißverständnis, daß es in einer Ehe um die Liebe geht. Im Vordergrund der Ehe steht vielmehr das Aufgeben starrer Ich-Strukturen, bei denen sich beide Partner bestens helfen können.

Am Enneagramm-Punkt 9 muß man die oft hartnäckig verinnerlichte Haltung überwinden, die Ehe als ein Gefängnis anzusehen. Im Idealfall stellt dieser letzte Enneagramm-Punkt die bedingungslose Liebe dar.

Es ist auf jedem Fall empfehlenswert, regelmäßig über den Begriff der bedingungslosen Liebe zu meditieren. Fragen Sie sich beispielsweise, wie die bedingungslose Liebe für Sie aussehen kann. Gibt es eine bedingungslose Liebe, die nicht mit Selbstaufgabe, Abhängigkeit und Hörigkeit zusammenhängt?

Übrigens: Ob man in der Ehe oder in einer eheähnlichen Partnerschaft zusammenlebt, spielt eine unwesentliche Rolle, denn beide sind die enge Verbindung zweier sich liebender Menschen.

Ehe und Treue sind in unserem Kulturkreis heute fragwürdig geworden. Das entspricht der Lockerung der Bindungen und Normen auf allen Gebieten. Ehe und Treue wurden in der Vergangenheit zu oft mißbraucht, um Egoismus oder Bequemlichkeit auszuleben, Verlustängste zu betäuben und Besitzansprüche durchzusetzen. So gehen heute viele Paare eine Ehe nicht mehr ein, da sie ihre Eigenständigkeit bewahren wollen und diese auch vom Partner erwarten. Sie befürchten eine Banalisierung der Liebe und Beziehung, wenn diese legalisiert ist. Oft wollen sie nur zeitlich begrenzte Beziehungen, an die man sich nicht klammert. Die westliche Welt ist in ein neues Zeitalter kurzfristigerer Beziehungen eingetreten. Man spricht heute von Lebensabschnittspartnern. Eigentlich ist das eine Art Liebe ohne Nebenabsichten und Verpflichtungen: Sie will den Partner nicht abhängig machen, sucht keine wirtschaftliche oder emotionale Geborgenheit. Sie stellt aber auch eine Gratwanderung zwischen egoistischer Bindungsangst und Liebesfähigkeit dar.

Eine Ehe wird von der Hoffnung getragen, daß man Beziehungsprobleme immer wieder lösen kann. Das sollte man an den Punkten 1–8 des Enneagramms gelernt haben, wozu noch eine vernünftige Selbstbeherrschung und Selbstkontrolle kommt. Nicht ehefähig oder beziehungsfähig zu sein, ist oft der Ausdruck davon, daß man geizig nichts von seinem Leben weggeben will.

In der Ehe bindet man sich innerlich und äußerlich. Sie ist der bewußte Verzicht auf andere Beziehungsmöglichkeiten. Die Entscheidung für den Partner stellt eine klare Entscheidung gegen andere mögliche Partner dar. Das wirft die Frage auf, ob sich dieser Verzicht lohnt und ob die Bindung etwas Positives bringt, das man zu Beginn noch nicht kennt und überblicken kann. Die Entscheidung zur Heirat ist radikal, es gibt nur noch ja oder nein: entweder man ist verheiratet oder nicht. Diese Entscheidung prägt und beeinflußt viele andere Entscheidungen.

Der neunte Enneagramm-Punkt ist vom Übergang in den Stand der Ehe geprägt. Die Ehe selbst gehört einem abermaligen Durchlaufen des Enneagramms an. Der Enneagramm-Punkt 9 charakterisiert im engeren Sinne einzig die mehr oder weniger kurze Zeit, in der man sich auf die Ehe freut und die Hochzeit, die im wahrsten Sinne des Wortes eine hohe Zeit als besonders glückliche Zeit darstellen soll.

Das Symbol der Ehe ist der goldene Ring, durch den man bei der Hochzeit seinen Finger steckt. Hierbei ist die sexuelle Symbolik nicht zu übersehen. Aber es geht auch um Gold, das Geld und ökonomische Macht verdeutlicht. Gleichzeitig stellt es das alchimistische Symbol der Läuterung dar. Die Ehe basiert also auf gemeinsamer Sexualität, Ökonomie und der Läuterung der Partner. Die Tragweite dieser Aussage ist einem jedoch nur selten bei der Hochzeit bewußt.

Aufgaben am neunten Enneagramm-Punkt
Sich bewußt für die Bindung zu entscheiden. Gemeinsame Reflexion des Stellenwerts der Treue mit dem Partner.

Wie es jetzt weitergehen könnte – ein kurzer Überblick:

Erstes Tertial des Enneagramms Aufbau- und produktive Phase der Ehe die aktivste Phase der Ehe
Enneagramm-Punkt 1 Finden der Identität als Paar, eigenes Heim, Verteilung der Aufgaben und Verantwortungen, Abgrenzung nach außen, gemeinsames Gut und Geld, Anpassungsprozeß
Enneagramm-Punkt 2 Kinder? Will man die exklusive Zweisamkeit beenden?
Erster Schockpunkt Die Krisen der mittleren Jahre *Enneagramm-Punkt 3* Man fühlt sich eingeengt, die Beziehung wirkt langweilig, andere Partner scheinen viel aufregender zu sein.
Zweites Tertial des Enneagramms Versuch der Überwindung der Krisen und Zweifel
Enneagramm-Punkt 4 Gemeinsame Identität und feststehende Rollen- und Aufgabenverteilung, jetzt entsteht eine Revolte gegen das selbst Geschaffene, man will die eigenen Interessen nicht mehr seiner Beziehung/Familie unterordnen.
Enneagramm-Punkt 5 Außereheliche Beziehungen geben neuen Schwung, große Gefahr der Trennung, da neue Beziehungen aufregender als die alte Beziehung wirken. Furcht, das zu verlieren, was man nicht mehr genießen kann. Männer haben es oft schwerer, sich zu trennen. Falls sie sich dennoch trennen, fliehen sie erstaunlich illusionsoffen gleich in eine neue Beziehung.

Zweiter Schockpunkt Die Altersehe *Enneagramm-Punkt 6* Vergebung und Versöhnung
Drittes Tertial des Enneagramms Die abgeklärte Beziehung des Alters
Enneagramm-Punkt 7 Die Pensionierung des Mannes läßt das Paar enger zusammenrükken, gemeinsame Feinde sind Krankheit und Tod.
Enneagramm-Punkt 8 Größere Abhängigkeit voneinander, man ist auf gegenseitige Hilfe angewiesen.
Dritter Schockpunkt Die Auflösung der Ehe *Enneagramm-Punkt 9* Ein Partner stirbt.

In folgender Tabelle werden noch einmal alle Schritte in einer »normalen« Partnerschaft übersichtlich zusammengefaßt. Dabei zeigt sich, daß die Entwicklung einer Beziehung als (Individuations-)Prozeß (im Sinne C. G. Jungs) anzusehen ist, bei dem wir uns vervollkommnen. Der Abbruch einer Beziehung ist schmerzhaft, weil wir unseren Vervollkommnungsprozeß unvollendet lassen.

Zugleich verdeutlicht diese Tabelle den unterschiedlichen Blickwinkel von Mann und Frau in einer Beziehung. Erlebt der Mann seine Stärke in der Außenwelt und seine Schwäche in der Innenwelt, so haben wir bei der Frau die Tendenz zu einem umgekehrten Erlebnis: Die Frau wird noch heute weitgehend dahin sozialisiert, daß sie ihre Stärke in der Innenwelt und ihre Schwäche in der Außenwelt erlebt.

Wie dem auch sei: Liebe und Begehren bedeuten für Mann und Frau etwas Verschiedenes. Das ist einer der Hauptgründe für Mißverständnisse und Enttäuschungen.

Erstes Tertial Lernfelder der Beziehungsfähigkeit vom Eros geprägt
Enneagramm-Punkt 1 Die Beziehungsbereitschaft Man ist bewußt oder unbewußt zu einer Beziehung bereit und gibt bewußt oder unbewußt die entsprechenden Signale. Herausforderung: Bei der Wahl des Partners tritt die Angst vor der Ablehnung auf.* Unterschied Mann und Frau: Beziehungsbereitschaft ist beim Mann fast immer sexuell motiviert (sexuelle Anziehung). Der Mann ist primär auf die Befriedigung seines Triebes aus. Die Frau erlebt zunächst das Gefühl der Liebe und ein Bedürfnis nach Nähe, das nicht primär sexuell, sondern eher erotisch geprägt ist. Die Enneagramm-Linie 1 → 7 zeigt beim Mann auf, wie das Begehren seinen rein sexuellen Charakter verliert, wenn die gegenseitige Verständigung verbessert wird. Der Frau ist es klar, daß die Liebe ihre Grundlage in der Kommunikation findet.

* Laut Statistik wird bei Frauen ein fester Partner etwa ab dem 21. Lebensjahr, bei Männern etwas später gewählt. Es entsteht das Gefühl, daß man sich jetzt nach einem geeigneten Partner umsehen muß. Torschlußpanik tritt bei Frauen etwa ab 30, bei Männern etwa ab 40 auf. Man nimmt plötzlich wahr, daß die Umwelt in Paaren geordnet ist und man selbst noch alleine dasteht. Das forciert die systematische Partnersuche.

Enneagramm-Punkt 2
Die Verliebtheit

Man bildet über den Partner Idealvorstellungen und himmelt ihn an (pubertäre Liebe). Später testet man den erwählten Partner, ob er sich für eine Beziehung eignet.

Herausforderung:
Man muß seine Illusionen und Projektionen durchschauen.
Es tritt die Angst auf, den falschen Partner gewählt zu haben.

Unterschied Mann und Frau:
Der Mann verliebt sich schon, wenn er die Möglichkeit der sexuellen Triebbefriedigung sieht. Die Verliebtheit der Frau ist nicht unbedingt sogleich auf sexuelle Triebbefriedigung ausgerichtet, sondern wird eher von archetypischen oder sozialisierten Bildern von Beziehungsfreuden geprägt.
Die Enneagramm-Linie 2 → 4 zeigt, daß die Liebe beim Mann die Bindungsangst aktualisiert, die durch das Begehren 4 → 1 (den Magnetismus des anderen) wieder aufgelöst wird. Bei der Frau zeigt diese Linie 2 → 4, daß das Begehren mit der Lust an der Bindung zusammenhängt, die wiederum von der Liebesbereitschaft geprägt ist (4 → 1).

Erster Schockpunkt
Enneagramm-Punkt 3
Die Sexualität

Die Verführung ist erfolgreich. Der erste Sex überhaupt (Entjungferung) oder mit diesem Partner. Danach wird eine neue Beziehungsebene erreicht.

Herausforderung:
Es werden Sexualängste aktiviert (man ist nicht attraktiv genug, zu unerfahren etc.)

Unterschied Mann und Frau:
Die vom Mann positiv erlebte Sexualität führt zur Idee einer festen Partnerschaft. Durch die Gedanken an eine feste Beziehung werden zugleich die Bindungsängste aktualisiert. Der Mann fühlt sich hin- und hergerissen zwischen dem Wunsch nach enger Beziehung und dem nach Freiheit. Für die Frau ist oft die Verliebtheit die Grundlage dafür, daß sie die Sexualität genießen kann.

Zweites Tertial
Lernfelder zur Überwindung von Krisen
von der Aggression und Enttäuschung geprägt

Enneagramm-Punkt 4
Spannungen und Ängste vor Verlust und Bindung zugleich

Die Phase des Zweifels, die durch die aufsteigenden Bindungsängste hervorgerufen wird. Es ist schwierig – nach der Theorie des Enneagramms – die Punkte 4 und 5 zu überwinden. Dort geht es um den Umgang mit der Aggression.

1. Herausforderung:
Die schleifenartige Bewegung 1 → 4 → 2 → 4 → 1 etc. tritt immer wieder auf, da man nicht in der Lage ist, vom vierten zum fünften Enneagramm-Punkt überzugehen: Man kann seine Bindungsängste nicht überwinden. Die Gefahr besteht darin, in der Schleife 1 → 4 → 2 (Begehren, Bindungsangst, Verliebtheit) gefangen zu bleiben. Unter dem Druck der Bindungsangst fällt man immer wieder auf die Enneagramm-Punkt 1 oder 2 zurück.
Lösung: In solch einem Fall ist es günstig, wenn man spielt, keine Bindungsängste zu haben. Bei diesem Spiel merkt man, wo man sich selbst im Weg steht, und so gelingt eine Verminderung wenn nicht gar eine Auflösung der Bindungsängste.

2. Herausforderung:
Es gibt ferner die unproduktive Schleife 3 → 4 → 3 → 4 etc. bei der man zwanghaft immer wieder verführt, um dann Angst vor der Verführung zu bekommen (das zeigt sich oft daran, daß man nach oberflächlichem Kontakt relativ schnell beim Partner ein Haar in der Suppe findet).
Lösung: Hier muß ebenfalls die Bindungsangst bearbeitet werden, da man sonst im tiefen Unglück endet.

Unterschied Mann und Frau:
Wenn man sich trennt, genießen Frauen zunächst das Alleinsein. Männer erliegen leichter den Wiederholungsschleifen, da sie sich gleich wieder binden. Frauen sind meist die Trennungsaktiven*, sie spüren schneller, wenn die Beziehung nicht mehr »läuft«. Bei ihnen bewirkt der Schock über die gescheiterte Beziehung eine Angst vor Wiederholung.

Die Frau erliegt leicht einer Sehnsucht nach Verschmelzung. Sie empfindet Lust an der Bindung und Bindungsangst tritt seltener auf. Damit sind allerdings gleich zwei Probleme gegeben:

1. das Problem der Regression (völlige, geradezu kindliche Hingabe an den Partner) und

2. die radikale Hingabe an die Beziehung schreckt den Partner ab und aktualisiert bei ihm Bindungsängste. Die Frau bemerkt die Bindungsangst an kleinen Veränderungen in der Gestik und Stimmung des Partners und reagiert mit Unsicherheit.

Enneagramm-Punkt 5
Der Umgang mit Konflikten und Krisen

Nachdem man die Frustrationen des Enneagramm-Punkts 4 durchgestanden hat, gelangt man in die Verhandlungsphase. Man handelt mit dem Partner aus, wie die Struktur der Beziehung aussehen soll; dabei kommt man an seine Aggressionshemmungen und Aggressionsängste.

Herausforderung:
Man muß folgende Illusionen überwinden:

1. es gibt den richtigen Partner und
2. man kann mit einem Partner glücklich und zufrieden sein.

* Ehen werden in Mitteleuropa zu 80 Prozent auf Betreiben der Frau geschieden.

Unterschied Mann und Frau:
Die Liebe schlägt in Haß um, da der Mann erkennt, daß der andere nicht alle seine Bedürfnisse befriedigen kann. Das macht aggressiv. Die Frau haßt ihren Partner, da er nicht zu bemerken scheint, daß sich die Beziehung verschlechtert oder er der Beziehung gegenüber gleichgültig ist. Hier trennt sich oft die Frau.
Wenn die Beziehungsdynamik ideal verläuft, lernt der Mann am vierten und fünften Enneagramm-Punkt zu geben, die Frau dagegen zu nehmen.
Die Enneagramm-Linie 5 → 8 zeigt, daß der Haß auf den Partner aufgelöst werden kann, wenn ich den anderen und mich selbst verstehe (Mitgefühl). Man versteht seine eigenen unangemessenen Reaktionen, die zumeist auf Projektionen beruhen.

Zweiter Schockpunkt
Enneagramm-Punkt 6
Die Vergebung

Sind die Phasen 4 und 5 überstanden, vergibt man sich, und es kommt zur engen Beziehung. Der geeignete Partner ist gefunden, man läßt sich auf eine feste Bindung ein.

Herausforderung:
Vergebung setzt Ich-Überwindung voraus.

Unterschied Mann und Frau:
Hier wird versucht, eine gleichberechtigte Ordnung zu schaffen, bei der der Mann Gewaltverzicht in der Einforderung seiner (sexuellen) Bedürfnisse übt, die Frau bewußt auf Psychoterror verzichtet. Die Frau sehnt sich nach einer Beziehungsordnung, die eine Aufteilung der Pflichten festsetzt und bei der der Mann sich auch um die Beziehung kümmert.

Drittes Tertial
Die Beziehungswirklichkeit
von der Weisheit geprägt

In diesem Tertial lernt man, daß viele Vorstellungen über die Liebe illusionär waren. Bisher wurde die Grundlage der Nähe und Intimität gelernt, jetzt wird diese Intimität unter den »erschwerten« Bedingungen einer engen Beziehung gelebt. Entwicklung der Beziehung.

Enneagramm-Punkt 7
Die verbindliche Beziehung

Man zieht zusammen und verbringt viel Zeit gemeinsam. Das »Normale« ist, zusammen zu sein. Die Frage nach Kindern kommt auf.

Unterschied Mann und Frau:
Bei Frauen ab Mitte dreißig entsteht eine Torschlußpanik in bezug auf das Kinderkriegen. Männer sehen Kinder leicht als Belastung, wenn nicht gar als Bedrohung.
Die Enneagramm-Linie 7 → 5 symbolisiert die Einsicht, daß die Verständigung nur unter der Voraussetzung verbessert werden kann, wenn man akzeptiert, daß der andere einen nie vollständig befriedigen wird. Kommunikation setzt realistische Erwartungen voraus.

Enneagramm-Punkt 8
Die Plateauphase

Man hat verbindliche Rituale herausgebildet, die eine gewisse Sicherheit und das Verstehen des anderen sichern, und hat sich nach allen Kämpfen arrangiert. Man erlebt Glück – was immer das auch sein mag.

Herausforderung:
Die Überwindung der Illusion, daß keine schwierigen Krisen mehr kommen können.

Unterschied Mann und Frau: Männer und Frauen haben sich ein Verständnis der eigenen Bedürfnisse als auch derjenigen des Partners erarbeitet. Die Enneagramm-Linie 8 → 2 zeigt, daß das Verständnis des anderen auf der Liebe beruht, denn die Liebe motiviert uns, den anderen bedingungslos anzunehmen. Man fühlt, daß man den anderen braucht.
Dritter Schockpunkt *Enneagramm-Punkt 9* Übergang zu einer neuen Phase der Beziehung.

Fast jede Beziehung läuft nach dem Schema dieser Tabelle ab. Da wir in unseren Beziehungen meistens erschreckend mechanisch handeln, ähnelt sich die Dynamik von Beziehungen sehr.

Ein typisches Problem von Paaren besteht darin, daß sie sich nicht parallel entwickeln. Über die Jahre kann sich jeder von seinem Partner wegentwickeln, was am vierten und fünften Enneagramm-Punkt deutlich wird. Enneagramm-Typen, die ursprünglich bestens zusammenpaßten, können sich im Laufe der Zeit zu Spannungstypen entwickeln.

Die Verwandlung von Beziehungsleiden in Beziehungsfreuden

Im alltäglichen Beziehungsleben ist es äußerst wichtig, sich stets darüber bewußt zu sein, was man tut. Man darf sich nicht selbst mit seiner eigenen Phantasie hypnotisieren. Versuchen Sie so oft es geht, Ihre Beziehung möglichst objektiv zu betrachten, ohne gleich bewerten und verändern zu wollen. Das ist nicht einfach, aber ohne diese Disziplin werden sie kein Bewußtsein über Ihre Beziehungswirklichkeit bekommen. Nur wenn man genau versteht, was man tut, kann man seine Beziehungswirklichkeit ändern. Die Arbeit mit dem Enneagramm bewahrt uns davor, uns ständig etwas vorzumachen. Ein Blick auf unser Beziehungsenneagramm zeigt sogleich, wo wir stehen, was wir nicht sehen wollen und was unsere nächsten Schritte und Aufgaben sind. So lernt man, seine Beziehung objektiv zu betrachten.

Nutzen Sie die Tabelle der neun archetypischen Schritte einer Beziehung (S. 217f.), um sich darüber bewußter zu werden, wo Sie stehen. Die Verbindungen der Enneagramm-Punkte zeigen Ihnen, wie Sie Gefahren durch eine positive Perspektive früher erkennen und so produktiv umwandeln können. Haben Sie entdeckt, an welchem Enneagramm-Punkt Sie in Ihrer Beziehung stehen, hilft es, sich folgende Fragen zu stellen:

a) Was erlebe ich in dieser Situation?
b) Was sind meine Lernaufgaben?
c) Was kann ich tun, um hier weiterzukommen?

Man sollte deutlich sehen, daß es das »Böse« (Destruktive) gibt – auch in einer noch so guten Beziehung. Man muß das akzeptieren. Im Zusammenleben zwischen Mann und Frau kommt es unweigerlich zu Machtkämpfen und Streitigkeiten. Um nicht enttäuscht zu werden, muß man bewußt sein und zu seiner Individualität stehen – ohne negative Gedanken zu entwickeln. Ein Bewußtsein aufzubauen bedeutet, seine Gedanken im Idealfall so zu kontrollieren, daß sie die Beziehungswirklichkeit nicht stören. In Krisen an den Enneagramm-Punkten 4 und 5 hilft es deshalb besonders, sich täglich mit dem Beziehungsenneagramm zu beschäftigen.

Bedenken Sie dabei immer, daß der Partner die gleichen Schwierigkeiten wie Sie hat. Um Mitempfinden mit dem Partner zeigen zu können, muß man sich seiner Unterschiedlichkeit und Individualität bewußt sein. Man versucht dabei, sich über sein Verhalten und das des Partners klar zu werden, ohne den Wunsch zu haben, es zu ändern. Man muß also in einer Beziehung seine Muster erkennen und bemerken, wie krank sie machen. Anders gibt man sein eingefahrenes Verhalten nicht auf.

Ein Problem sind unsere ständig ablaufenden Assoziationen, diese ewigen Monologe in unserem Kopf. Sie halten uns in der Vergangenheit gefangen. Wir sehen die Welt so, wie wir sie zu sehen gewohnt sind. Wir können erst die Wirklichkeit unserer Beziehung als das erkennen, was sie ist, wenn wir diese alten Denkmuster aufgeben und wirklich kreativ werden.

Des weiteren ist es wichtig, seinen Egoismus aufzugeben: Wir sind ständig darum besorgt, ob wir in der Beziehung gut wegkommen und ob es uns gutgeht. Das ist eine üble Gewohnheit. Versuchen Sie, Ihre Beziehung immer wieder von einer neuen Perspektive aus zu betrachten. Es kommt dabei nicht darauf an, daß man sich nun Tag und Nacht mit seiner Beziehung beschäftigt. Es ist die Tiefe der Beschäftigung, die zählt.

Zur Aufgabe des Egoismus gehört es auch, daß man lernt, nicht gleich »sauer« zu sein, sich nicht persönlich angegriffen zu fühlen. Üben Sie, einen ganzen Tag lang sich nicht beleidigt zu fühlen. Kann man das, hat man schon viel gewonnen und ist für den anderen leichter erreichbar.

Unser Egoismus drückt sich in Beziehungen auch darin aus, daß wir unsere Partner ständig zu ändern versuchen. Dabei hat keiner das Recht, dem Partner sein Leben vorzuschreiben. Bei fast allen Menschen, die zusammenleben, wird das jedoch versucht und führt unweigerlich zu Konflikten.

Man kann in der Partnerschaft auf Fortschritte hinarbeiten – aber sie zu erreichen, ist eine Gnade, die man nur erfährt, wenn man dafür gearbeitet hat. Es geht leichter, wenn man seine Ziele regelmäßig bewußt visualisiert: Erst wenn man sich eine beglückende, anregende und erregende Beziehung vorstellt, zeigt sich, was der Partner alles sein kann und welche positiven und negativen Züge er in einem selbst belebt. Teil einer solchen Visualisierung ist auch die Sehnsucht nach dem eigenen Ganzwerden. Dabei unterscheiden sich die Bilder der bewußten Visualisierung von denen der unkontrollierten Phantasie durch den Willen, der in sie investiert wird. Wenn man konsequent auf Fortschritte hinarbeitet, nimmt man normalerweise zwei unterschiedliche Haltungen ein:

1. Man wünscht mit ganzer Kraft, daß es zu einem Fortschritt kommt. Diese Einstellung, Erfolg erzwingen zu wollen, stammt aus der Angst vorm Mißerfolg. Sie ist letztlich negativ.
   Natürlich braucht man in seiner Beziehung immer Ziele. Aber es ist wichtig, diese Ziele so klein zu halten, daß man sie auch

wirklich erreichen kann. Ein wichtiges kleines Ziel ist beispielsweise, sich vorzunehmen, bis zum Nachmittag nicht negativ zu reagieren.

2. Man geht das Bedürfnis nach einem Fortschritt in der Beziehung sehr entspannt und ohne große Erwartungshaltung an: So kann man sehr viel mehr ändern und seine Energien viel besser zielgerichtet einsetzen.

Sexualität und Bewußtsein

Was Sie über Sex und Liebe wissen sollten

Die Selbstverständlichkeit, mit der wir mehr fernsehen als Liebe machen, ist an Trostlosigkeit nicht zu übertreffen.
M. L. Moeller*

Sexualität ist die Mystik des »normalen« Menschen, weil sie jeden von uns für neue Wahrnehmungen öffnet. Sie ist aber auch die machtvollste Wurzel des Egoismus. In alten Kulturen feierte man rituell sexuelle Orgien, um das Gefühl der Getrenntheit zu überwinden. Heute vereinigen wir uns als Paar mit dem anderen, um der eigenen Abgeschlossenheit zu entrinnen und die Persönlichkeit des anderen zu ergründen. Die Sexualität ist die kraftvolle Basis der Schöpfung. In ihr lebt die spirituelle Kraft. Es ist auch nicht verwunderlich, daß schon König Salomo im Hohen Lied die spirituelle Seite der Sexualität preist. Auch die mittelalterlichen arabischen Dichter wie Rumi, Hafis, Nisani und Nirdad sehen in der Sexualität den Widerschein der Kraft Gottes. Es ist das Bedürfnis nach Sex, das uns die Liebe und im stärkeren Maße Verliebtheit halluzinieren läßt.

Um das Mysterium der Sexualität zu begreifen, brauchen Sie Zeit und Erfahrung. Es lohnt sich, seine Sexualität zu ergründen, denn man kann nicht sein Bewußtsein erweitern, wenn man sexuell verklemmt ist. Man muß einen ehrlichen und persönlichen sexuellen Ausdruck erlernen, wie man auch lernen muß, konzentriert zu meditieren. Eine spielerische, freudvolle Sexualität zu entwickeln, ist ein ebenso wichtiger Schritt auf dem Weg zu einem höheren Bewußtsein, wie zu lernen, beim Meditieren nicht einzuschlafen. Die enge Verbindung zwischen Sexualität und Meditation wird

* Michael Lukas Moeller: Die Liebe ist das Kind der Freiheit, Reinbek 1984, S. 41.

dadurch deutlich, daß nur ein leerer Geist das Wesen der sexuellen Liebe erfassen kann. Es geht darum, der Sexualität eine Seele einzuhauchen, so daß die Energie des Sexual-Chakras (Svadisthana) auf die Ebene des Herz-Chakras (Anahata) gehoben und dort verfeinert wird. Das ist die Hinwendung zur »Großen Geliebten« beziehungsweise zum »Großen Geliebten«.

Bei der Liebessehnsucht, wie sie sich im ersten Enneagramm-Tertial zeigt, geht es keineswegs nur egoistisch um die Lust und das Wohlbefinden des Ich, sondern vielmehr um die Beziehung zum Höheren Selbst. Nicht von ungefähr schildern deshalb viele Mystiker die Vereinigung mit dem Höheren Selbst (Gott) mit eindeutig erotisch-sexuellen Bildern.

Wir müssen das Enneagramm immer wieder von 1 bis 9 bei unseren Beziehungserfahrungen durchlaufen. Es bedarf mehrerer »Runden«, um zu begreifen, daß das, was wir im Außen suchen, die Aufhebung einer Spannung im eigenen Inneren ist. Immer kann uns dabei ein Partner bei der Aufhebung dieser Spannungen helfen, indem er unsere besten Möglichkeiten aus uns »herausliebt«. Die Verliebtheit des ersten Enneagramm-Tertials ist nicht nur ein Ausdruck von Blindheit, sondern auch der eines Sehens: Man sieht die Chancen des anderen und spornt ihn durch seine Liebe an, diese wahrzunehmen. Man erkennt in der Verliebtheit das Göttliche (Höhere Selbst) im anderen, das er einmal fähig sein wird zu leben. Deswegen ist es wichtig, sich in den Krisenzeiten am vierten Enneagramm-Punkt auf diese Verliebtheitsphase zurückzubesinnen, um an die dort erlebte Vision der göttlichen Vereinigung anzuknüpfen. Die Energie, um vom vierten zum fünften Enneagramm-Punkt zu gelangen, kommt aus der Quelle dieser Vision und des Erlebnisses der »göttlichen Vereinigung«.

Zu Beginn einer Beziehung ist die Sexualität oft so beherrschend, daß sie als göttlich oder auch unpersönlich erlebt wird: Wir haben die Vorstellung, uns als Göttin und Gott zu vereinigen und damit verbindet sich in uns unsere weibliche und männliche Seite.

Langeweile oder Leidenschaft

Der Mensch braucht den Beischlaf wie die Nahrung.
Koran, Sure »Der Tisch«

Noch zur Zeit unserer Eltern gab es festgelegte Verhaltensregeln im erotischen und sexuellen Spiel zwischen den Geschlechtern. Heute müssen wir uns unsere Regeln selbst aufstellen. Gehen Sie dabei nach Ihrem eigenen Empfinden vor. Eins ist jedoch beruhigend: Das Bett ist der einzige Ort, an dem man ungestraft gierig sein darf, deswegen rieten die alten chinesischen Ärzte ihren Patienten: »Sei genügsam bei Tisch und unersättlich in der Liebe.«

Im mittelalterlichen Arabien, jener Welt der verfeinerten Genüsse wie sie uns in »Tausendundeine Nacht« begegnet, war man der Ansicht, daß man nur genießen kann, was man nicht liebt. Liebe und Sexualität wurden weitgehend als zwei unterschiedliche Welten gesehen. Mutter und Schwester liebt man, heißt es in der arabischen Liebeskunst, aber ein Mädchen oder eine Frau des Harems genießt man mit allen Raffinessen.

Männliche Sexualität drückte sich bis ins 18. Jahrhundert hinein darin aus, daß man regelmäßig »Pilgerfahrten ins Reich der Lüste« unternahm. In den Bordellen wurde Sex als unpersönlicher Akt erlebt, denn es ging nicht um Beziehungen, sondern um den Sex an sich. Der Mann bisweilen auch die Frau erfuhr die unpersönliche Beziehung als eine die Ehe ergänzende Institution. Die Frau durfte sich in dieser Beziehung wild und sexuell zeigen und damit aus dem Mann das männliche Gefühl herauslocken. Sie lebte das Urbild der starken Frau* (Kali, rote Göttin, Archetyp der heiligen Hure wie Maria Magdalena), erfreute sich an ihrer Weiblichkeit und seiner Männlichkeit, wie er seine Männlichkeit und ihre Weiblichkeit genoß. Der Mann macht noch heute nur vorgeblich in dieser Situation die Frau zum Sexualobjekt – denn speziell in der Prostitution und deren Randbereichen bestimmt die Frau über den Mann. Au-

* Als moderner »Archetyp« würde ich hier Madonna sehen, die besonders in ihrem Kultfilm »Im Bett mit Madonna« gerade das zeigt, was den Archetypen der roten Göttin ausmacht: eine starke Frau im Umgang mit den Männern und der eigenen Sexualität zu sein.

ßerdem kann keine männliche Sexualität die Frau zu ihrem Objekt machen, wenn in ihr nicht etwas archetypisch Anziehendes wäre. Dieses archetypisch Anziehende ist das Fühlen der Frau, das der Mann braucht. Deswegen läßt sich das Männliche in uns so gerne verführen, es lernt so die eigene Gefühlsseite kennen. Auf der anderen Seite macht die Frau nicht minder den Mann zum Objekt und zwar zu dem ihres Fühlens, was den Mann genauso bedrängen mag, wie die männliche Sexualität die Frau bedrängen kann.

Die unpersönliche Beziehung, von der Mann und Frau öfters träumen, kann nicht einfach als eine Art Vergewaltigung abgetan werden. Es handelt sich hierbei vielmehr um den Versuch, eine Beziehung zu erleben, die einem in ihrer sexuellen Urgewalt packt. Es geht um den Versuch, sexuelle Ergriffenheit zu erleben, die man in heimischen Betten nicht hat.

Jener unpersönlichen Beziehung, fehlt die weibliche Psychologisierung. Man könnte das als die Begegnung mit der reinen Anima bezeichnen, bei der man sich jeglicher Identifizierung und emotionaler Bindung enthält. Seit dem Verbot der Tempelprostitution in Griechenland (und sehr viel später in Indien) ist Sex in der allgemeinen Moral ins Eindimensionale und Psychologische gerutscht. Sex wird nur in der Beziehung legitimisiert und im höchsten Maße psychologisiert. Es wird dabei mißachtet, daß sich die männliche Sexualität als triebhaft erlebt und daß daraus für den Mann das Problem entsteht, eine Frau zu finden, die sich an seiner triebhaften Stärke erfreuen kann.

Die Psychologisierung der Sexualität zeigt sich darin, daß wir die Betrachtung ihrer Gefühlsseite in den Vordergrund stellen. Dabei wird der Fehler gemacht, das Emotionale ausschließlich im Inneren des Menschen zu suchen. Es zeigt sich aber genauso gut im Außen. Ich habe an meinen Klienten und mir beobachten können, daß Männer ihre Emotionalität eher im Außen erleben und ausdrücken, das ist die Ebene der kollektiven Sinn- und Erklärungssysteme, also die des Mythos. Frauen dagegen erleben ihre Emotionalität weitgehend als innere Kraft, das ist die individualisierende psychologische Betrachtungsweise der Gefühle. Die große Gefahr bei der männlich mythologisierenden Sichtweise der Welt liegt in der Identifikation mit dem Mythos. Der Mann sieht sich als der Held, der in der Außenwelt für seine Vorstellung von einer besseren Welt kämpft und dabei eine Frau erobert. Diese mythologisierende Sicht seiner Realität läßt ihn großartig erscheinen. Beginnt sich der Mann mit dieser Großartigkeit zu identifizieren, wird er zu ihrem Opfer und eher lächerlich. Das führt ins kindliche Fühlen, bei dem der Mann vom Haben- und Vereinnahmenwollen fasziniert ist. Das ist der Schatten des achten Enneagramm-Typs, dessen »minderwertiges« Fühlen, ihn fordernd und despotisch und – in Verkennung seiner Lage – zum Spielball der Frauen werden läßt, nicht zuletzt dadurch, daß er sein gesamtes Fühlen auf die Frauen projiziert.

Der bessere männliche Umgang mit dem Mythos liegt darin, sich ständig bewußt zu bleiben, daß man an einem Mythos teilhat, aber keineswegs selbst der Mythos ist. Die große Chance liegt heute darin, daß wir uns der in Liebe und Sexualität herrschenden Mythen bewußt werden können und uns nicht mit ihnen zu identifizieren brauchen.

Erst seit dem 18. Jahrhundert versuchte man Liebe und Sexualität in der Beziehung zu erleben und miteinander zu verbinden. Vorher sind sie streng voneinander getrennt gewesen. Es gab bis zum 18. Jahrhundert das meist verdörrte Feld der ehelichen Liebe, dem gegenüber die außereheliche Leidenschaft stand. Das Ideal leidenschaftlicher Sexualität in der Partnerschaft kam erst um die Wende zum 19. Jahrhundert durch die idealistischen deutschen Philosophen Johann Gottlieb Fichte (1762–1814), Friedrich von Schlegel (1772–1829) und Friedrich Schleiermacher (1768–1834) auf. Die Liebesheirat war in der langen Menschheitsgeschichte bis nach dem Ersten Weltkrieg die Ausnahme. Vorher nahm man das Individuum einfach nicht wichtig genug, als daß man auf persönliches Glück schaute. Das zeigt sich auch sehr gut im Islam, der im Gegensatz zum Christentum zumindest noch dem Mann den sexuellen Genuß zugesteht. In der islamischen Paradiesvorstellung, wie sie im Koran in über dreihundert Versen beschrieben wird, ist das Paradies weder der Ort des persönlichen Glücks noch der Liebe, sondern jener der nie endenden sexuellen Freude und des hochstilisierten sexuellen Genusses.

Noch heute wirkt die Trennung in leidenschaftliche Außenbeziehung und sexuell langweilige Ehebeziehung in unseren Köpfen nach, obwohl die sexuelle Leidenschaft in unserer asexuellen Gesellschaft eher in der Phantasie als in der Realität existiert.

Zu einem erfüllten sexuellen Liebesleben (Enneagramm-Punkte 3 – 5) gehört sowohl die Erfahrung der anonymen Sexualität (die rechte Enneagramm-Seite) als auch die Fähigkeit, eine dauerhafte Bindung einzugehen (linke Enneagramm-Seite).

Befriedigung, Technik und das erste Mal

Meistens stellt sich die Liebe erst ein, nachdem man miteinander geschlafen und dadurch einander schätzen gelernt hat. Unserer christlichen Moral entsprechend schlafen Erwachsene erst dann miteinander, nachdem sie sich verliebt haben. So ist Enttäuschung programmiert, weil der Sex nicht so schön ist, wie man ihn sich vorgestellt hat.

Im Schnitt geht man heutzutage bei der vierten Verabredung miteinander ins Bett. Oft ist man sich aber schon nach der ersten Viertelstunde sicher, ob man für Sex mit diesem Partner offen ist oder nicht. Soll man aber deshalb schon beim ersten Treffen den Partner dazu verführen?

Fragen Sie sich stets, wieweit Sie sich darüber im klaren sind, was Sie wirklich wollen. Hat man miteinander geschlafen, hat sich die Situation grundlegend geändert: Man kann nicht mehr bloß Freund sein. Sexuelles Einlassen läßt uns sofort in unserem Prozeßmodell einen Schritt weitergehen: Man fühlt sich einander näher und mehr verpflichtet, meistens will man nun regelmäßig Sex mit dem anderen. Aber dabei kommt es weniger darauf an, daß Sie auf Ihren Partner sexuell »abfahren«, sondern daß Sie auf Ihre eigene Sexualität »abfahren«. Jeder Partner, den man liebt, ist ein guter Liebhaber, wenn Sie sich selbst lieben.

Aber: Die vollständige Befriedigung aller sexuellen Wünsche ist weder eine Basis für das Glück noch garantiert sie seelische Gesundheit. So wichtig das Ausleben der Sexualität ist, so wichtig ist es auch zu lernen, sexuelle Befriedigung aufzuschieben und als Spannung zu erleben; so entsteht Bewußtsein.

Erfüllung durch Sex kann man erlernen, obwohl die einzige mir bekannte Institution, die die altehrwürdige Idee der Liebesschule in Europa in klassischer Form wieder aufgegriffen hat, das ZEGG ist, das in seinem Zentrum »La Massilia« auf Lanzarote vergessene Liebeskünste wieder lehrt.*

Statt mehr solche »Liebesschulen« zu eröffnen, geht der Trend in unserer heutigen Gesellschaft dahin, selbst die Berührungen zwischen Eltern und Kindern zu problematisieren. Unsere heutige Zeit liebt es, sich der Erotik und Sexualität unter dem schrillen Aspekt des Mißbrauchs zu nähern.

Es ist aufschlußreich zu beobachten, wie in den letzten fünfzig Jahren die Sexualität betrachtet wird: Zuerst war die Gesellschaft oder »das kapitalistische System« an allen sexuellen Problemen schuld, später die vereinnahmende Mutter, dann der ständig abwesende Vater und heute sind wir bei den falschen Berührungen angelangt.

Ich will hier beileibe nicht wie Freud den Mißbrauch von Kindern als reines Phantasieprodukt abtun. Es ist mir jedoch wichtig, auf das Bewußtsein derer zu verweisen, die die Diskussion des sexuellen Mißbrauchs zur Mode haben werden lassen. Was früher die sexuelle Folter in Ländern der Dritten Welt war, ist heute der Mißbrauch in Ländern der Ersten Welt: ein Medienhit und geeignetes Deckmäntelchen für pornographische Phantasien. Sind wir sexuell so ungeschickt geworden, daß jede Berührung gleich in den Verdacht des Mißbrauchs gerät?

Einschlägige »New-Age«-Zeitschriften sind voll von Anzeigen aller möglichen Therapeuten, die einem sexuelle Techniken unter dem Decknamen »Tantra« anbieten. Techniken werden so wichtiger als emotionale Beziehungen: In Kontaktanzeigen bietet man sich als Liebhaber und Geliebte an, die bestimmte Techniken in Workshops erlernt haben; das steigert den persönlichen Marktwert enorm.

* Information über »La Massilia«: Ina Meyer-Stoll, Rosa-Luxemburg-Str. 39, 14806 Belzig.

Aber die Technik ist nicht alles, wenn auch Sex ohne jede Technik leicht zur unerotischen »Herumwurschtelei« verkommt. Wird Sex nur als Technik und reine Lustbefriedigung praktiziert, wird er wie das tägliche Joggen zum Leistungssport, in dem es Punkte für Geilheit, Potenz und Orgasmus gibt. Darin liegt der Ansatz zu Funktionsstörungen wie Frigidität und Impotenz. Ist der Partner nicht sportlich und leistungsbereit genug, straft man ihn durch Impotenz und Frigidität, indem man ihm keine Befriedigung gibt.

In unserem Kulturkreis ähnelt das Liebesspiel leider nur noch wenig einem Spiel mit der Liebe oder gar einem lieben Spiel. Wir »arbeiten« im Bett auf Anerkennung hin. Die eigene Befriedigung ist nicht mehr so wichtig, wie vor dem anderen als brillanter Liebhaber oder Geliebte dazustehen.

Die Befriedigung kommt heutzutage mit der Leistung und das einzige Tierische am Sex ist der tierische Ernst, mit dem man dem Partner den vollkommenen Orgasmus liefert. So haben auch Versagensängste und der Leistungsdruck in unsere Betten Einzug gehalten.

Die Hardcore-Pornographie liefert die Verhaltensnormen oder gar Spielregeln zu diesem bitterernsten Spiel. Eigentlich sollte man beim Sex wirklich spielen und wieder mit seiner kindlichen Seite Kontakt aufnehmen (ohne auf längere Zeit zu regredieren). Wir vergessen immer wieder, daß Sex mit Liebe eine lustvolle Lockspeise und der Orgasmus Gottes Dank für unsere Mitarbeit an der Erhaltung der Menschen darstellt.

Befriedigende Sexualität hängt weder von der Technik, noch von bestimmten Ritualen ab, sondern eher davon, ob es beiden wichtig ist, sich und dem anderen Vergnügen zu bereiten. Das ist eine Frage der Emotionalität. Diese Emotionalität stellt sich im ursprünglichen Tantra dadurch ein, daß beide Partner sich bewußt gehenlassen. Normalerweise verlieren wir in der Sexualität unser Bewußtsein und gleiten in mehr oder weniger unbewußten Bilderwelten ab. In solcher Situation gibt es keine mit dem Partner geteilte Emotionalität mehr.

Sexualität in der Beziehung

Das Zentrum von Mann und Frau ist die Sexualität und zwar die sexuelle Liebe. Aus diesem Zentrum heraus entsteht alles zwischen den Partnern, sei es gut oder böse. Hiervon hängt es ab, ob sie sich aufeinander freuen und in Gedanken beieinander verweilen. Die Kräfte der Erotik sind wichtig. Sie können sehr vergeistigt gelebt werden (linke Seite des Enneagramms) oder sehr körperlich (rechte Seite des Enneagramms). Wenn im erotischen Zentrum zwischen Mann und Frau Funkstille herrscht, müssen beide zu Ausweichstrategien wie Konsum greifen, um mit der Situation fertig zu werden.

Sex ist die magische Zutat jeder Beziehung, dennoch sind etwa die Hälfte aller Männer in ihrer Beziehung sexuell unzufrieden, bei den Frauen kommen wir langsam auf den gleichen Prozentsatz. Früher lehrten durch ihre prüde Erziehung geprägte Mütter ihren Töchtern: Männer wollen immer nur das Eine, Frauen finden »es« eigentlich ekelhaft. »Männer sind tierisch«, sagten sie und bemerkten gar nicht, wie positiv diese Aussage ist: In einer Zeit, in der alles Natürliche zerstört und unterdrückt wird, ist das Ausleben und die Besinnung auf die tierische Seite des Menschen sehr befreiend.

Heute dagegen werfen befreite Frauen den Männern vor, zu schlapp und müde zu sein. Der Mann ab Mitte dreißig ist nicht mehr am Sex interessiert und läßt damit eine ewig unbefriedigte Partnerin in seiner Beziehung zurück. Wo sind die Männer, die noch wollen? Glaubt man den Statistiken, sind sie in den Beziehungen jedenfalls kaum noch zu finden. Vielleicht wenden sich zur Zeit gerade deswegen so viele Bücher dem Thema des wilden Mannes zu, da er vom Aussterben bedroht ist.

Die Sexualität des Menschen beschränkt sich nicht nur auf genitalen Sex. Sexuelle Lust wohnt nicht einzig im Unterleib. Es ist ein Verdienst Freuds, die Sexualität aus dem Primat des Genitalen befreit zu haben. Sexualität ist auch: Genuß der Nacktheit des anderen, Vergnügen an der Haut, Streicheln, Bewegung und eine Sensibilisierung der Sinne.

Heutzutage setzt sich mehr und mehr die »nicht-penetrierende« Sexualität durch. Frau und Mann lieben sich, ohne daß der Mann in die Frau eindringt. Diese Form der Sexualität hat den Vorteil, die Lust am eigenen Körper und dem des Partners zu betonen, da man dabei nicht gleich in automatisierte Verhaltensweisen fällt. Diese Form der Sexualität, die unter anderem von der Aids-Angst geprägt ist, betont die kreative und spielerische Seite der sexuellen Liebe, in der Lebendigkeit und Freiheit gerade dadurch entstehen, daß man sich dasjenige versagt, dem man von seinen mechanischen und unbewußten Handlungen her zuneigt.

Es muß nicht unbedingt die Penetration beziehungsweise die Aufnahme des Penis sein, die man sich beim Sex versagt. Es können auch andere, mechanisierte Haltungen sein, die man bewußt aufgibt, um ein höheres Bewußtsein und so auch einen höheren Lustgewinn zu erlangen.

Das ist das von Gurdjieff so gelobte freiwillige Leiden, das Fortschritt und Bewußtseinsklarheit erzeugt. Dadurch, daß wir uns in dem einen Punkt begrenzen, können wir in allen anderen Punkten völlig frei sein. Man ist so nicht mehr Sklave seines Körpers und seiner Triebe, sondern ein freier Mensch, was die Freude am Sex grundlegend verändert. Bleibt man während des sexuellen Aktes bewußt, verwandelt sich die Sexualität in eine tiefe Meditation beider Partner. Bei der Meditation wie beim Sex geht es darum, seine Sinne zu öffnen und wach zu sein. Man lernt dabei, die einseitige Fixierung auf Konzepte, wie »schöne Sexualität« auszusehen habe, loszulassen und sich so erst wirklich für die Außen- und Inneneindrücke zu öffnen.

Der Mensch sucht allerdings nicht nur die sexuelle Lust, sondern auch die Selbstbestätigung. Deswegen ist die häufige Frage im Bett: »Liebst du mich?« Diese Frage wird nicht nur als »*Liebst* du mich?« in bezug auf die Liebe gestellt, sondern auch als »Liebst du *mich*?« Man möchte hören, was das Besondere an einem ist. Man sucht beim anderen stets Anerkennung, Aufwertung und sein Spiegelbild.

Sexualität gehört neben dem Thema Geld mit Abstand zum größten Streßpunkt in den meisten Beziehungen. Eine Beziehung kann dem

Alltagsstreß nicht standhalten, wenn sie nicht in einem Grundgefühl der sexuellen Befriedigung verankert ist. Auf der anderen Seite nimmt die Häufigkeit des Verkehrs im Laufe einer Beziehung unweigerlich ab, behaupten alle mir bekannten Beziehungsbücher. Meine Erfahrung ist jedoch, daß dies keineswegs zu sein braucht. Probleme zeigen sich in einer Beziehung oft zuerst im Bett. Beim Sex spüren wir uns intensiv selbst, wir leben ganz in unserem Körper und im Hier und Jetzt. Aus diesem Grunde kann man auch die bei allen Psychologen verpönte Technik anwenden, mit positiv gelebtem Sex seine Beziehung zu verbessern. Durch liebevolles Liebemachen kann man eine Atmosphäre schaffen, in der selbst die schwierigsten Beziehungsprobleme zu lösen sind. Leider geht es in Beziehungen jedoch meistens umgekehrt zu: Man verstärkt mit seiner taktisch eingesetzten sexuellen Verweigerung den Machtkampf in der Beziehung.

Sie können Ihre Sexualität nicht ignorieren und sich ewig verweigern. Wenn Sie sie verdrängen, gerät er außer Rand und Band. Die Masturbation hilft dabei, körperliche Reaktionen besser zu verstehen und sich in Phantasien fallen zu lassen, die man in der Beziehung nicht auszuleben wagt. Mich hat immer wieder verwundert, wenn ich Frauen nach ihren sexuellen Phantasien fragte, daß diese oft antworteten, die Vorstellung der Selbstbefriedigung sei schon geil genug für sie. Männer scheinen dagegen meistens erregende pornographische Vorstellungen beim Onanieren zu haben. Sollte die männliche Sexualität sich eher im Kopf und in der Phantasie abspielen?

Gerade in Bezug auf Selbstbefriedigung und sexuelle Phantasien ist zu betonen, daß jede Bewertung und jede Vorstellung von gut und böse aus der Sexualität herauszuhalten ist. Sexualität ist eine starke Energie, die einfach in jedem von uns angelegt ist, sie ist einfach vorhanden.

Phantasie

Was uns erregt, ist weniger das sinnlich Wahrgenommene als das Eingebildete und Vorgestellte. Die sexuelle Stimulation nährt sich aus unserer Phantasie. Schon der französische Kulturphilosoph Jean-Jacques Rousseau (1712–1778) stellte fest, daß die Einbildungskraft bestimmt, ob Liebe und sexuelle Anziehung entstehe oder nicht. Das Verhältnis zwischen Phantasie und Realität ist wichtig: Je mehr wir unsere Phantasien dazu benutzen, die Realität nach unserem Bild zu formen, um so größere Glückschancen haben wir.

Zuviel Phantasie entfremdet uns vom Partner und führt im Extrem zur Selbstbefriedigung als Beziehungsform. Wir verlieben uns egoistisch wie Narziß in unser eigenes Bild und in unsere eigenen Vorstellungen und sind nicht mehr bereit, unsere sexuellen Freuden mit einem realen Partner zu teilen.

Nachruf auf die Sexualität

Wir sehen uns gern als sexuell attraktive und aktive Wesen, aber die heutige Realität sieht anders aus. Im Zeitalter von Aids, das jeden Rückzug aus der Sexualität rationalisieren läßt, lebt man »cool« gestylt und unverbindlich. Ein besitzergreifender Zweiter unter der Bettdecke, der gar noch schwitzt, riecht und schnarcht, ist ekelhaft. Nähe ist heute nicht mehr behaglich sondern bedrohlich. Das Single-Dasein ohne viel Nähe ist das Verhaltensmuster einer narzißtisch unterkühlten Generation, die es keimfrei liebt.

Die normale heterosexuelle Erotik ist tot, man ist Voyeur, Fetischist oder liebt saubere, glatte Pornographie. »Nicht machen, sondern zuschauen«, lautet die Devise und propagiert das Konsumieren in der Sexualität. Man tendiert zum risikolosen Beziehungspartner, den man im Telefonsex, in seiner Phantasie und Videofilmen findet. Auch wird zunehmend mehr »Maschinen-Sex« angeboten: Menschen werden im sexuellen Bereich durch Maschinen wie Vibratoren und anderes ersetzt, um die »Befriedungsfunktion« besser und konfliktfreier zu erfüllen. Diese Verhaltensweise rührt von der hohen Zahl der in unserer Gesellschaft von Beziehungen Enttäuschten her. Außerdem ändern Porno-Videos, wie die Sexologen schon vor langer Zeit voraussagten, grundlegend unser Sexualverhalten.

Das Enneagramm der Sexualität

Sinnvollerweise sammeln wir erst mit einer Anzahl von Partnern Erfahrungen, ehe wir uns mehr oder weniger auf einen Partner sexuell festlegen. Für diese Auswahl sind folgende Kriterien besonders wichtig:

1. Aussehen,
2. Herkunft, Ausbildung, Interessen,
3. wie hoch wird (meist unbewußt) die Wahrscheinlichkeit eingeschätzt, vom anderen geliebt zu werden.

Mit den »Probe-Partnern« durchläuft man nur einige Anfangsabschnitte des Enneagramms, und man gibt die Beziehung vor dem Erreichen des dritten Tertials des Enneagramms auf.

Wir leben in einer zumindest nach außen hin monogamen Gesellschaft. Damit gehören wir im Weltmaßstab zu einer Minderheit. Ethnologische Studien zeigen, daß nur 15 Prozent von 185 untersuchten verschiedenen Kulturen (die als repräsentativ gelten können) ihre sexuellen Verbindungen auf langfristig monogame Beziehungen zu beschränken suchen.* Die Schwierigkeit mit dieser »unnatürlichen« Situation umzugehen, zeigen sich in den sexuellen Krisen, die sich oft nach drei Monaten der Partnerschaft einstellen. Diesen Krisen, die den Enneagramm-Punkten 4 und 5 entsprechen, entgeht kein Paar, auch wenn es regelmäßigen und ganz befriedigenden Sex erlebt. Es taucht nämlich nun die Frage nach der Treue auf. Alle verpaßten Gelegenheiten und die Freiheit, die man vorher hatte, werden einem bewußt und sofort steigt der Zweifel auf, ob der Partner der richtige ist.

* Vgl. dazu genauer: C. B. Ford/F. A. Beach: Patterns of Social Behaviour, London 1952.

Die »gewöhnliche Liebe«, die auf automatischer Sexualität und mechanischen Emotionen beruht, befindet sich auf der rechten Seite des Enneagramms (1. und 2. Tertial), eine höhere geistige Form der Liebe gehört seiner linken Seite an (3. Tertial). Dabei bildet der fünfte Enneagramm-Punkt (2. Tertial) den Übergang zum geistigen Verständnis der Liebe. An den beiden Punkten 4 und 5 besteht in unserer Gesellschaft die Gefahr, daß wir unseren Gefühlen keine Zeit zur Entwicklung geben und dadurch in der Sexualität nicht selten eine Situation entsteht, in der die Gefühle ejakuliert, das heißt, schnell hinausgeschleudert werden. So kann sich ein befriedigendes sexuelles Leben nicht entfalten und der Zugang zum dritten Tertial des Enneagramms bleibt verschlossen.

1. Tertial der Sexualität:	biologische Wirklichkeit physisch
2. Tertial der Sexualität:	erotische Wirklichkeit psychologisch
3. Tertial der Sexualität:	Verwirklichung spirituell

Man sieht ein klar gegliedertes System, in dem die spirituelle Verbindung über der psychologischen steht: Man ist nur wenigen Menschen eng spirituell verbunden, auch wenn man vielen psychologisch verbunden ist. Die psychologische Verbindung steht über der physischen: Man liebt nur wenige Partner, auch wenn man mit vielen aus rein körperlicher Lust gemeinsame Freuden erlebt. Die psychologische Seite der Liebe geht über den Geschlechtsakt hinaus, genauso wie spirituelle Liebe über die psychologische Liebe hinausgeht.

Im dritten Tertial des Enneagramms erkennen wir, daß Sexualität eine meditative Qualität besitzt. Bei der Sexualität kommt es wie bei der Meditation darauf an, daß man lernt loszulassen und sich hinzugeben. Das ist keineswegs eine passive Haltung, sondern ein aktives Bemühen. Man muß, um die Sexualität als Einssein und Meditation zu erleben, alle Erwartungen und Vorstellungen aufgeben und sich für etwas Neues, Unbekanntes öffnen.

Sehen wir uns die drei Tertiale des Enneagramms der Sexualität an, bemerken wir, daß das erste Tertial wie das dritte Tertial von der

Verschmelzung geprägt ist. Dabei ist jedoch das erste Tertial von der präpersonalen Verschmelzung gekennzeichnet. Das heißt, daß es auf der unteren Stufe der Sexualität zu regressiven Wünschen kommt. Wir können uns und unseren geliebten und begehrten Partner nicht mehr klar voneinander trennen. Auf dem dritten Tertial dagegen wissen wir um die Selbständigkeit von uns und dem Partner, aber wir bemühen uns aktiv um das Loslassen aller unserer Vorstellungen und Erwartungen, so daß wir den Weg zu einem Einheitserlebnis freimachen.

Enneagramm-Punkt 1

Hat man keinen Sexpartner, spürt man deutlich seine sexuellen Bedürfnisse. Damit beginnt etwas Neues, noch nicht Festgelegtes. Man zeigt ein sexuelles Anfängerbewußtsein und in diesem Sinne sind »Jungfräulichkeit« oder »Unschuld« zu verstehen. Gerade dieses Anfängerbewußtsein öffnet einem viele Möglichkeiten.

Eine unerklärliche Anziehung zwischen Mann und Frau findet statt. Man beginnt einen Partner kennenzulernen, bevor es am sechsten Enneagramm-Punkt zum körperlichen (genitalen) Sex kommt. Denken Sie in dieser Anfangsphase daran, daß Ihr Partner genauso unsicher wie Sie ist.

Diesem Enneagramm-Punkt entsprechen die sexuellen Phantasien. Sie sollten als Erforschung der eigenen Sexualität angesehen und in den Dienst der Sexualität gestellt werden:

1. um sich auf Geschlechtsverkehr vorzubereiten und
2. um sich während des Geschlechtsverkehrs noch mehr zu erregen, um zu einem tieferen Orgasmus zu kommen.

Macht man sich seine sexuellen Phantasien bewußt, erkennt man, welch aufregende Dimensionen sich einem in der Sexualität eröffnen.

Ob man seine sexuellen Phantasien auslebt oder nicht, muß jeder selbst entscheiden. Was in der Phantasie funktioniert, das braucht noch lange nicht in der Wirklichkeit zu funktionieren. Die Vorstellung erregt einen vielleicht nur gerade deswegen, weil sie im geschützten Raum der eigenen Phantasie stattfindet.

Der Romantiker beschäftigt sich übrigens am liebsten mit der vorsexuellen Sinnlichkeit und bleibt oft sehr lange auf diesem Enneagramm-Punkt stehen.

Enneagramm-Punkt 2

Die ersten flüchtigen Berührungen finden statt, Begierde wird geschürt. Inszenieren Sie an diesem Anfangspunkt nicht eine zu romantische Atmosphäre beispielsweise mit einem Kerzenmeer und Düften wie im orientalischen Freudenhaus. Das schreckt ab.

Enneagramm-Punkt 3

Es wird geküßt, umarmt und gestreichelt, man genießt die Anwesenheit des anderen. Man erkundet den Partner.

Bei der ersten sexuellen Annäherung zeigt sich ein wichtiger Unterschied zwischen dem Jungen und dem Mädchen: Der Junge geht viel natürlicher mit seinem Sexualorganen um als das Mädchen. Er berührt seinen Penis mehrere Male am Tag, wenn er pinkelt und bemerkt sofort seine Erektionen. Mädchen sind nicht daran gewöhnt, ihre Genitalien zu berühren, und sie sehen sie auch nicht so leicht wie ein Junge. Das läßt den Jungen eine viel engere Verbindung zu seiner Genitalität spüren, als es beim Mädchen üblich ist, zumal es häufig den ersten Kontakt mit seiner Weiblichkeit durch die Menstruation machte, die nicht unbedingt positiv besetzt ist.

Die »sexual correctness«-Welle, die zur Zeit das amerikanische College-Leben beherrscht, will mit Strenge und erhobenen Zeigefinger die sexuellen Spiele in ihrer Ambivalenz zwischen Macht und Zärtlichkeit verdrängen. Die Einwilligung zu Berührungen der Geschlechtsorgane müssen möglichst mit Unterschrift und Siegel zuvor eingeholt werden. Solche klar ausgehandelten Berührungen verscheuchen die Lust.

Enneagramm-Punkt 4

Nachdem man sein Gegenüber näher kennengelernt hat, sucht man sich entweder einen neuen »Spielpartner«, was die Linie 4 → 2 oder 4 → 1 des Enneagramms verdeutlicht, oder man versucht, mit dem alten Partner weiterzugehen. Jetzt kommt es zum massiveren Petting oder zu oraler Befriedigung. Man lernt, sich völlig auf die eigene Sexualität und auf seinen Körper zu konzentrieren.

Hier treten die Unterschiede zwischen Jungen und Mädchen dramatisch zu Tage: Wer kennt nicht die Situation aus seiner ersten Liebe, bei der das Mädchen unter dem tollen Gefühl des Händchenhaltens und des Küssens dahinschmelzen möchte, wohingegen der Junge sexuell erregt ist, und ihr zwischen die Beine greifen will. Das wiederum kann das Mädchen nicht verstehen, da es für sie die Zerstörung dieses tollen Gefühls darstellt.

Und nicht nur in der ersten Liebe, sondern auch ganz allgemein ist heutzutage der »Sexprotz«, der sich ohne Rücksicht an die Frau heranmacht »mega-out«. Der Trend geht wieder zur Romantik, zum Händchenhalten und »soft-petting«. Dieser Zärtlichkeitstrend kommt speziell der Physiologie der Frau entgegen, die für Berührungen wesentlich empfindlicher ist als der Mann, da ihre Haut weit mehr Berührungsrezeptoren als die des Mannes aufweist.

Allerdings kann man in diesem Trend auch bedenkliche regressive Tendenzen sehen: In den USA spricht man heute vom sogenannten »Cocooning« (sich einspinnen), bei dem in einer als bedrohlich und verroht empfundenen Außenwelt Jugendliche sich in eine Art übertriebenen Nestbau flüchten und vor lauter Zärtlichkeit die Umwelt und auch ihre Sexualität vergessen.

Die Lernaufgabe besteht an diesem krisengefährdeten Enneagramm-Punkt darin, daß jeder der beiden Partner den anderen versteht und es dadurch zu einer erträglichen Anpassung kommt.

Die Linie 1 → 4 → 2 entspricht der pornographischen Sicht der Sexualität oder dem, was wir in Sex-Handbüchern finden. Hier wird die erotische und sexuelle Berührung gelernt. Die Sexualität wird auf das Physische und die Technik begrenzt. Dieser Linienzug

1 → 4 → 2 drückt die physiologische Seite der Sexualität aus, die die rechte Seite des Enneagramms prägt. Wer an der Kunst der Verführung und der technischen Ausführung des sexuellen Akts interessiert ist, wendet sich dieser Seite zu. Es geht hier um die Positionen der Körper zueinander.

Die psychologische Dimension beginnt mit dem Enneagramm-Punkt 4 zunehmend wichtiger zu werden. Die Sexualität hat zwei Seiten: die mechanische (1 → 4 → 2) und die psychologische Seite (7 → 5 → 8), was durch die rechte und linke Seite des Enneagramms betont wird. Der Linienzug 8 → 5 → 7 charakterisiert die bewußte Seite der Sexualität, die die linke Seite des Enneagramms einnimmt. Wer seine sexuelle Beziehung in der Partnerschaft vertiefen möchte, muß sich dieser Seite zuwenden. Hier geht es um die Welt der Bilder, unter denen sich Mann und Frau wahrnehmen. Nach Jung ist das die Seite der Individuation in der sexuellen Begegnung.

Enneagramm-Punkt 5

Man beschließt, miteinander zu schlafen, verständigt sich sinnvollerweise über Verhütungsmaßnahmen und über den Aids-Schutz. Das ist ein Feld, in dem es leicht zu Spannungen kommen kann, da jeder der beiden Partner oft unsicher ist, wie er solche »heiklen Themen« angemessen ansprechen kann. Tip: je offener und klarer, um so besser.

Diese fünf Schritte bis es am sechsten Enneagramm-Punkt zum Sex kommt, können in einer Viertelstunde oder in Monaten durchlaufen werden. Wieviel Zeit Sie sich dafür nehmen, kommt nur auf Sie selbst und Ihren Partner an. Sexuelle Anziehung ist häufig Sache eines Augenblicks und es ist eine Schande, den Moment nicht zu nutzen. Je mehr sexuelle Erfahrungen man besitzt, um so spannender kann es sein, mit den Zeitpunkt des ersten Beischlafs zu spielen.

Wichtig ist, daß man sich diese fünf Schritte bewußt macht – egal wie schnell oder langsam sie auch immer ablaufen mögen. Je bewußter man seine sexuellen Kontakte lebt, um so weniger angstbesetzt und umso lustvoller können sie erlebt werden.

Enneagramm-Punkt 6

Nun schläft man zum ersten Mal miteinander – entweder mit diesem Partner oder überhaupt in seinem Leben. Man nimmt den anderen in sich auf und »erkennt« ihn, wie es in der Bibel heißt. Hier wird die spirituelle (im Gurdjieffschen Sinne die dritte) Kraft geboren.

Der voreheliche Geschlechtsverkehr stellt ein wichtiges Experimentierfeld für Jungen und Mädchen dar. Er wird erst seit dem 16. Jahrhundert von der Kirche bekämpft. Besonders auf dem Lande fand erst dann die kirchliche Trauung statt, wenn die Frau schwanger war; voreheliche Beziehungen galten als notwendiger Fruchtbarkeitstest. Vom 16. bis ins 19. Jahrhundert hinein heiratete die Frau im Schnitt im Alter zwischen 14 und 16 Jahren, also direkt nach der Geschlechtsreife. Heute liegen zwischen der Geschlechtsreife der Frau und ihrem Heiratsalter mindestens zehn Jahre.

Nach dem sechsten Enneagramm-Punkt beginnt der Bereich der persönlichen Beziehungen. An den Punkten 7 und 8 steht es an, sich emotional auf den Partner einzulassen, um mit ihm eine tragfähige Beziehung aufzubauen. Der Enneagramm-Punkt 9 kennzeichnet dann den Übergang zu einem neuen Zyklus, in dem man lernt, eine feste Beziehung zu leben und eventuell eine Familie zu gründen.

Die Enneagramm-Punkte 7 und 8

Innerhalb seiner sexuellen Entwicklung lernt man am siebten Enneagramm-Punkt die Kunst, die sexuelle Spannung fast bis ins Unerträgliche zu steigern, um so zu einem höheren Lustgewinn zu gelangen. Man lernt als Mann seine Ejakulation zu beherrschen, um für beide die sexuelle Freude erlebbar zu machen.

Erstaunlicherweise ist für uns das Erlebnis des Orgasmus selten trivial, sondern immer göttlich. Der Orgasmus stellt nämlich eine der wenigen Wesensbeziehungen dar: Es wird durch ihn etwas Bleibendes in den beiden Partnern erzeugt. Aus diesem Wissen heraus sollte man sich seine Sexualpartner aussuchen, denn je mehr man mit dem Wesenskern des Partners übereinstimmt, desto eher kann man sich fallenlassen.

Orgasmen sind sehr individuell; kein Orgasmus gleicht dem anderen. Manche Orgasmen sind wild und von körperlicher Ekstase geprägt, andere haben eine mehr ruhige und intime Qualität. Eine der größten Sünden ist es, seine Orgasmen zu bewerten. Die Hauptsache ist, daß Ihnen die Hingabe und das Loslassen Spaß machen. Alles andere ist nebensächlich.

Beachten Sie auch, daß viele Menschen nicht gleich beim ersten Mal zum Orgasmus kommen. Versuchen Sie niemals, sich zwanghaft zu einem Orgasmus zu treiben, er ist nicht erzwingbar. Täuschen Sie auch niemals Orgasmen vor, da sie eine Lüge darstellen. Sie trennen sich damit von Ihrem Partner, anstatt sich mit ihm zu verbinden.

Die Enneagramm-Punkte 7 und 8 geben den Partnern die Chance, höhere Stufen der Liebeskunst zu erlernen. Man beachtet in unserer Gesellschaft leider viel zu selten, daß eine Kultivierung der eigenen sexuellen Ausdruckskraft eine enorme Leistung darstellt. Ein wichtiger Schritt für die Entwicklung der spirituellen Dimension der Sexualität besteht darin, daß man während des Orgasmus sein Bewußtsein aufrechterhält. Das heißt, daß man den Orgasmus zugleich so entspannt und so bewußt wie möglich erlebt. Wir pflegen Entspannung und Bewußtsein oft als Gegensätze zu sehen, in der Sexualität können wir lernen, daß Entspannung und Bewußtsein die beiden unterschiedlichen Aspekte von Wachheit darstellen. Im Deutschen sagt man oft »miteinander schlafen«, wenn man den sexuellen Akt bezeichnen möchte. Das drückt die Unbewußtheit in der Sexualität aus, die weitgehend die ersten Enneagramm-Punkte prägt. Die Verbindungslinien der Enneagramm-Punkte 7 → 1 und 8 → 2 weisen daraufhin, daß die zunächst unbewußte Sexualität, die durch den Schlaf gekennzeichnet wird, zu einer bewußten Sexualität, die durch die Qualität der Wachheit charakterisiert werden kann, entwickelt werden muß. Der Enneagramm-Punkt 7 stellt eine Erhöhung des ersten Enneagramm-Punkts dar, indem er Phantasien und Bedürfnisse bewußt macht und damit Projektionen abbaut. Der Enneagramm-Punkt 8 stellt eine Erhöhung des zweiten Enneagramm-Punkts dar, indem er das Verschmelzungsbedürfnis der Verliebtheit in eine bewußte sexuelle Erfahrung umwandelt.

In der indischen Yoga-Tradition spricht man von dem Aufsteigen der als Kundalini bezeichneten Lebensenergie. Das bedeutet unter anderem, daß man während des Sex voll bewußt bleibt. Bei unbewußter Sexualität fällt man wieder auf die Enneagramm-Punkt 1 oder 2 zurück. Nutzen wir den Orgasmus als eine Gipfelerfahrung, die unsere Wahrnehmung und unser Bewußtsein erweitert, haben wir den sexuellen Zyklus des Enneagramms abgeschlossen.

Je mehr Erfahrung man mit seiner Sexualität sammelt, um so eher kann das dritte Tertial des Enneagramms als tiefe Ruhe und Zufriedenheit erlebt werden. Im Ideal ist es von einer inneren Stille gekennzeichnet, in der sich eine ungeahnte Kreativität entfalten kann.

Der männliche Samen

In diesem letzten Tertial des Enneagramms liegt es an, sich als Mann über das Zurückhalten seines Samens Gedanken zu machen. Diese Technik wird nicht nur im hinduistischen Tantra, sondern auch im europäischen Karezza* angewandt, um seine Sexualität zu verfeinern und sie automatischer Unbewußtheit zu entreißen (erstes Tertial des Enneagramms), um sie damit zu spiritualisieren (letztes Tertial des Enneagramms).

Ein kurzer Ausflug in die Mythologie mag uns hier weiterhelfen. Schauen wir uns den Begriff »Liebestod« an: Er bezeichnet bei den Germanen die Tötung des Königs bei dessen Hochzeit, nachdem er die Göttin oder als ihre Stellvertreterin die Priesterin befruchtet hat. Der königliche Jüngling muß mit der Erde (der Hohen Priesterin) schlafen. Sobald er seinen Samen gegeben hat, wird er geköpft. Das wurde als glückseligste Todesform angesehen oder zumindest versuchte man, es den Männern als solche zu verkaufen.

Diese Situation klingt noch in der Artus-Sage nach, nur daß dort nicht mehr der König, sondern der Hirsch geopfert wird und Artus

* Karezza ist eine dem hinduistischen und taoistischen Tantra ähnelnde sexuelle Technik, bei der der Mann versucht, einen Orgasmus ohne Ejakulation zu erleben. Diese Technik kam in den dreißiger Jahren von Italien nach Deutschland.

mit noch blutigen Händen von der Tötung des Hirschen mit der Priesterin als Symbol der Erde schlafen muß.

Diese Vorstellungswelt scheint auch im deutschen Märchen durch, wo beispielsweise im Märchen vom Machandelbaum* die Frau sich sehnsüchtig ein Kind wünscht, der Mann jedoch außer bei der Befruchtung keine Rolle spielt. Nach der Befruchtung ist er für das Märchen gestorben: Er tritt nicht mehr auf. Ebenso verhält es sich im Märchen »Rapunzel«**. Auch hier wird der Mann benutzt, um seiner biologischen Funktion als Befruchter der Frau nachzukommen.

Dieser Mythos vom Liebestod dokumentiert unter anderem die enge Verbindung von Orgasmus und Tod. Der Mann, der diese Ideologie durchschaut, hält den Samen zurück und wird nicht getötet. Man kann aber auch die Zurückhaltung des Spermas als Geiz und Vorenthaltung ansehen. Der Mann übt Macht und Kontrolle aus, indem er seine Körpersäfte sich nicht mit denen der Frau mischen läßt.

Worauf basiert der Mythos vom Liebestod?

Der Mann erlebt, wie ihn bei der Ejakulation seine Lebensenergie in Form des Spermas verläßt, das die Frau aufnimmt. Er verliert die Kontrolle darüber, was mit seiner kreativen Lebensenergie (Sperma) geschieht. Genau diese Erfahrung versucht der Mythos unter dem Aspekt des Liebestods zu verdeutlichen. Die bisweilen depressive Stimmung nach dem Orgasmus verweist darauf, daß solche archetypischen Bilder von Liebe und Tod in jedem von uns leben. Ist man als Mann in der Lage, seinen Samen als bewußtes Geschenk seiner Geliebten zu übergeben, drückt das nicht nur männliche Hingabe, sondern auch eine Bewußtmachung und damit eine Spiritualisierung der Sexualität aus. Unbewußtes Ejakulieren dagegen wird als Verlust und somit als Tod im weitesten Sinne erlebt.

Die Enneagramm-Linie 7 → 5 ist diejenige des Todes: Der Orgasmus wird im Volksmund als »kleiner Tod« bezeichnet. Er ist der

* »Von dem Machandelboom«. Brüder Grimm: Kinder- und Hausmärchen, Nr. 47.

** Brüder Grimm: Kinder- und Hausmärchen, Nr. 12.

kurze Moment zwischen Sehnsucht und Sättigung, in dem wir wunschlos sind. Speziell der Mann muß lernen, daß Hingabe und Aufgabe nicht den Tod der Männlichkeit darstellen und dem kraft- und lustvollen Nehmen der Frau widersprechen, da in der Psyche und im Unbewußten die Gegensätze gleich sind. Aber auch für die Frau ist es notwendig, die Hingabe als Geschenk der Lebendigkeit und nicht als Bild des Todes und der Auslöschung zu sehen.

Dieses Lernen der Ejakulationskontrolle führt dazu, daß man am achten Enneagramm-Punkt die sexuelle Vereinigung auf der spirituellen Ebene erleben kann. Man versteht, daß die sexuelle Erfahrung niemals nur rein körperlich abläuft, sondern stets mit der rauschhaften Erhöhung des Lebensgefühls verbunden ist und so ein Wandlungsmysterium darstellt, das über das individuelle Leben hinausweist.

Enneagramm-Punkt 9

Neue kreative Möglichkeiten der Ergänzung von Mann und Frau werden an diesem letzten Enneagramm-Punkt erlebt. Es entsteht das, was C. G. Jung »Coniunctio« nannte, die geistige Vereinigung der Gegensätze. Die Rosenkreuzer sprechen von der »Chymnischen Hochzeit«, die man als die Vermählung der Willen beider Partner ansehen kann, um etwas Neues zu schaffen. Die Begriffe »Coniunctio« als auch »Chymnische Hochzeit« betonen beide, daß die Verbindung des Männlichen mit dem Weiblichen nicht nur im Außen, also mit dem Partner, erlebt wird, sondern auch im Innen als Verschmelzung der eigenen weiblichen und männlichen Seite. Was wir im Außen mit dem Partner lernen konnten, das spiegelt sich in unserem Inneren dadurch wider, daß wir die gegensätzliche Erfahrung von männlich und weiblich erlebnis- und gefühlsmäßig verbinden können. Im alltäglichen Leben zeigt sich das darin, daß man nicht mehr neurotisch in seinen Beziehungen reagieren muß. Streng genommen ist derjenige als neurotisch zu bezeichnen, der immer nur als Mann oder immer nur als Frau reagiert. Die Coniunctio am neunten Enneagramm-Punkt gibt uns die Möglichkeit, uns bewußt als männlich oder weiblich zu verhalten. Wir merken dabei mehr und mehr, daß Männlich und Weiblich zwei Pole darstellen, zwischen denen viele Übergänge und Mischungen möglich sind. Durch die Coniunctio als Vereinigung des Ungleichen entsteht stets etwas Neues, eine neue Qualität, die in dem abermaligen Durchlaufen des Enneagramms erlebt wird.

Das Enneagramm der Sexualität sagt also: Wenn Sex in einer Beziehung aufregend und wichtig ist, ist die Beziehung paradoxerweise nicht beständiger, als eine Beziehung, in der Sex eher langweilig ist und nicht eine solche Rolle spielt. Bei aufregendem Sex ist man zu einseitig auf die rechte Seite des Enneagramms fixiert und meistens in Wiederholungen verstrickt (1 → 4 → 2 → 4 → 1 etc.). Eine langfristige Beziehung bedarf der Konzentration auf die linke Seite des Enneagramms (besonders des dritten Tertials). Psychologisch ausgedrückt besagt das: Wenn Sexualität große Erregung oder Gier bedeutet, handelt es sich häufig um eine von der Neurosen geprägte Sexualität. Dabei ist allerdings zu sagen, daß wir alle bis zu einem gewissen Grad »gesunde Neurotiker« sind. Diese neurotische Seite der Sexualität hängt mit der Macht der Verführung (Machtspiel), mit sadistischen und masochistischen Spielen, mit Klammern und sich im anderen verlieren zu wollen, zusammen. Um aus einer solchen neurotischen Sexualität herauszutreten, muß man derartige Verhaltensweisen erkennen und die mit ihnen verbundenen sexuelle Erregung auflösen. Dadurch ergibt sich oft eine Krise, die von den Enneagramm-Punkten 4 und 5 beherrscht wird, da man den anderen zu langweilig findet. Aber nur dann, wenn man durch diese Langweile geht, die mit dem Abbau der Neurose verbunden ist, hat man eine Chance, daß sich die Beziehung angenehm gestaltet und langfristig hält. Das ist der Übergang vom vierten zum fünften Enneagramm-Punkt, der als der schwierigste Schritt im Enneagramm anzusehen ist. Durch das Fehlen der Neurose wirken langanhaltende, tief befriedigende Beziehungen für Neurotiker oft langweilig. Die linke Seite des Enneagramms führt einen zur geistigen und überpersönlichen Dimension seiner Beziehung, wo es zunächst darum geht, sich ein tiefes emotionales Grundverständnis des anderen und auch von sich selbst zu erarbeiten, um später die spirituelle Dimension seiner Sexualität erleben zu können.

Feinde der Sexualität

Die beiden größten Feinde der Sexualität sind Langeweile und die Eifersucht. Das Prozeßmodell der Partnerschaft zeigt, daß gerade die unteren beiden Enneagramm-Punkte 4 und 5 sehr gefährdet sind, den Kräften der Langeweile und der Eifersucht eine freie Entfaltung zu bieten. Langeweile und Eifersucht halten Sie unweigerlich auf der rechten Seite des Enneagramms fest. Dazu, wie man mit diesen beiden »Dämonen« produktiv umgeht, möchte ich Ihnen einige Denkanstöße vermitteln. Es ist zunächst wichtig zu erkennen, daß Langeweile und Eifersucht zwei Geistesgifte darstellen. Das heißt, es sind Konzepte, die wir meist unbewußt wählen, um unsere Umwelt wahrzunehmen. Wir können auch stets andere Wahrnehmungskonzepte wählen. Machen Sie sich das bei jedem Eifersuchtsanfall und immer, wenn sie die Beziehung vor Langeweile nicht mehr auszuhalten meinen, klar.

Langeweile

Die sexuelle Langeweile stellt sich oft nach einer gewissen Zeit mit ein und demselben Partner ein. Das sagt nichts über die Qualität Ihrer Beziehung aus. Es ist eine Herausforderung, mit der zunehmenden Gewöhnung an den Partner umgehen zu können. So schön diese Gewöhnung auch ist und zu Innigkeit und Vertrauen führen kann, so deutlich zeigt sich aber auch ihr Schatten: die Langeweile. »Sex-Spezialisten« raten in diesem Fall die Abwechselung: Ändern Sie die Tageszeit Ihres Beischlafes, die Stellungen, ihre Kleidung und am besten noch Ihre Persönlichkeit. Die einen schwören auf atemberaubende Dessous, andere wiederum auf die neue Frisur. Es wird hier jedoch ein Problem »technisch« zu beheben versucht, das emotional gelöst werden sollte. Dennoch ist an diesen Ratschlägen schon etwas Richtiges und bisweilen funktionieren sie sogar für einen gewissen, leider oft nur sehr kurzen, Zeitraum.

Die echte Überwindung der Langeweile in der Beziehung liegt darin, daß man sich trotz aller Unlust zwingt, in der betreffenden Beziehung zu bleiben, um von der rechten auf die linke Seite des Enneagramms fortzuschreiten. Geben Sie beim Anflug der Langeweile auf, werden Sie in der nächsten Beziehung abermals an diesen Punkt gelangen und dann wahrscheinlich wieder den Partner verlassen. Geht es Ihnen um rein sexuelle Beziehungen, ist dieses Verhalten angemessen. Wollen Sie jedoch eine Beziehung aufbauen, in der Sie (und auch Ihr Partner) wachsen, dürfen Sie sich von der Langeweile nicht beeinträchtigen lassen. Sehen Sie diese als das, was sie wirklich ist: Ein Gedankenkonzept, hinter dem sich Ihre Unfähigkeit zu einer längerfristigen Bindung und zu einem tieferen Einlassen versteckt.

Im Enneagramm erleben wir die Langeweile im zweiten Tertial, in dem wir mit unseren Begrenzungen hart konfrontiert werden. Meiner Erfahrung nach kommt die unselige Langeweile am vierten Enneagramm-Punkt auf. Dort pflegen sich diejenigen Gefühle zu zeigen, die mit unserer Abwehr des Partners und unserer Unfähigkeit, sich einzulassen, zusammenhängen. Langeweile ist eines dieser Gefühle, die Abstand und Distanz schaffen und beim näheren Betrachten auf der Angst vor einer engeren Bindung beruhen. Der vierte Enneagramm-Punkt weist die Besonderheit auf, daß seine beiden Verbindungslinien zum ersten und zweiten Enneagramm-Punkt nicht nur zurückweisen, sondern auch auf der gleichen, der rechten Seite des Enneagramms bleiben. Damit ist die Gefahr dieses Enneagramm-Punkts deutlich gekennzeichnet: Man sehnt sich zurück an den Beginn der Beziehung, der niemals langweilig ist und fällt dabei in seiner Entwicklung auf das Anfangsstadium des ersten Tertials zurück. Das ist eine reine Regression auf einen früheren Bewußtseinsstand, den man eigentlich am vierten Enneagramm-Punkt überwunden haben sollte. Durch diese Regression gelingt es einem nicht, im Enneagramm vorwärtszuschreiten, man bleibt auf die rechten Enneagramm-Hälfte fixiert. Das führt zu einer typischen neurotischen Wiederholung, indem man ständig die gleichen Schritte auf der rechten Enneagramm-Seite wiederholt.

Bemerken Sie die aufkommende Langeweile, sollten Sie sich darüber Gedanken machen, wie und wann Sie in vorangegangenen Beziehungen diese Langeweile gespürt haben und wie sie mit ihr umgegangen sind. Achten Sie auf Wiederholungen gleicher Verhaltensstrukturen und fragen Sie sich so objektiv wie möglich, ob Sie mit diesen Wiederholungen glücklich werden. Wenn die beiden inneren Linien des Enneagramms am Punkt 4 zurückweisen, deuten sie damit nicht nur auf die Gefahr der ewigen Wiederholung hin, sondern sie zeigen zugleich den Weg zur Aufhebung dieses Unglücks auf: Man muß sich auf die Vergangenheit besinnen und zu erkennen suchen, wie man sich durch permanente Wiederholungen unglücklich macht. Die möglichst objektive Erkenntnis der eigenen Situation bietet die Möglichkeit der Veränderung.

Die Aufgabe am vierten Enneagramm-Punkt besteht darin, Spannungen aushalten zu können. Sie müssen also lernen, Ihre Langeweile auszuhalten und nicht mehr so ernst zu nehmen. Das heißt auch, daß Sie in der Beziehung bleiben müssen, um von der rechten auf die linke Seite des Enneagramms überzuwechseln, wo der sexuelle Genuß sich verfeinert und Ihre Beziehung eine tiefere emotionale Grundlage bekommt.

Eifersucht

Die Eifersucht wird von den Buddhisten als das am schwersten zu bekämpfende Geistesgift angesehen, da sie meist ein Produkt der Phantasie darstellt. Eifersucht benötigt nicht unbedingt reale Hintergründe. Auf jeden Fall sollte man sie nie schüren, indem man beispielsweise Tagebücher des Partners heimlich liest.

Die Eifersucht ist die Krankheit der Informationslosigkeit. Wenn man keine Information hat, reimt man sich vieles zusammen; den Projektionen werden Tor und Tür geöffnet. Eifersucht sagt im Grunde mehr über Ihre eigenen Wünsche und Phantasien aus, als daß sie mit der realen Beziehungssituation und Ihrem Partner verbunden ist.

Inszeniert man Eifersuchtsdramen immer dann – meistens am fünften Enneagramm-Punkt –, wenn man sich trennen möchte?

Bei vielen meiner Klienten konnte ich beobachten, daß die Eifersucht am fünften Enneagramm-Punkt dazu herhalten sollte, die aufgekommene Langeweile des Enneagramm-Punkts 4 zu überwinden. Die Eifersucht ist dramatisch und ganz und gar nicht langweilig. Aber Eifersucht und Langeweile besitzen trotz dieses Gegensatzes die gleiche Wirkung, nämlich – zumindest auf Dauer – eine Beziehung unweigerlich zu zerstören. Mit der Eifersucht verhält man sich radikal gegen die Gesetze des Enneagramms, die nämlich am fünften Enneagramm-Punkt sagen, daß man sich progressiv auf das Ziel hin orientieren sollte. Genau das ist der Ausweg aus der Misere: Sobald Sie bemerken, daß Eifersucht in Ihnen aufkommt, konzentrieren Sie sich auf Ihr Ziel. Werden Sie sich bewußt, was Sie mit Ihrer Beziehung zu erreichen wünschen. Sie malen sich dazu am besten die beiden Enneagramm-Punkte 7 und 8 so konkret wie möglich aus. Visualisieren Sie Ihr Ziel und sprechen Sie mit Ihrem Partner über Ihr Problem mit der Eifersucht. Die linke oder spirituelle Seite des Enneagramms sollte Ihnen das Bewußtsein geben, zu erkennen, daß die Eifersucht Ihr persönliches Problem ist. Die Gründe für die Eifersucht beim anderen zu suchen, entspricht der egoistischen Haltung der rechten Enneagramm-Seite und bedeutet fast stets ein Zurückfallen auf die Stufe des ersten Tertials.

Fragen Sie sich immer, welche Funktion Ihre Eifersucht hat. Und mit einem müssen wir uns alle abfinden: Unseren geliebten Partner werden wir nie vollständig besitzen können. Die Eifersucht bindet keinen Partner, sondern verscheucht zumindest auf die Dauer jede Frau und jeden Mann.

Das andere Extrem lautet: Wir wollen nicht eifersüchtig sein. Das wurde besonders in den sechziger und siebziger Jahren gelebt.

Da Männer Liebe und Sexualität besser voneinander trennen können, geschieht der »Seitensprung« des Mannes meist aus einer momentanen Laune heraus. Frauen können das oft nicht verstehen und dramatisieren ihn, da bei ihnen das Fremdgehen Ausdruck einer tiefen Unzufriedenheit mit ihrer Beziehung ist. Das trifft aus der Sicht des Mannes häufig nicht zu. Sei es nun aus biologischen Gründen oder wegen der unterschiedlichen Sozialisation reagieren Männer und Frauen in bezug auf die Treue äußerst unterschiedlich. Ich bin der Ansicht, daß man damit leben muß.

Die systematische Betrachtung der Sexualität im Enneagramm

Wenn man die Sexualität im Enneagramm betrachtet, fällt auf, daß bei Mann und Frau meist unterschiedliche Prioritäten herrschen. Betrachten wir das Enneagramm des Mannes, finden wir die drei Enneagramm-Tertiale wie folgt besetzt:

1. Tertial: Körper
2. Tertial: Gefühl
3. Tertial: Bewußtsein

Bei der Frau ergibt sich im Gegensatz dazu folgende Besetzung:

1. Tertial: Gefühl
2. Tertial: Körper
3. Tertial: Bewußtsein

Beim Mann bietet die körperliche Harmonie in der Sexualität die Voraussetzung für eine tiefere gefühlsmäßige Bindung, während bei der Frau die gefühlsmäßige Bindung die Voraussetzung für die körperliche Harmonie bildet. Der Mann projiziert die körperliche Erlösung auf die Frau. Der männliche Archetyp wird aus seiner Starrheit durch die weibliche Körperlichkeit erlöst. Der weibliche Archetyp wird vor dem Verströmen bewahrt, indem er durch den männlichen Geist auf ein Ziel hin ausgerichtet wird.

Die weibliche Seite in Mann und Frau reagiert primär gefühlsmäßig und wird vor dem Verströmen durch den Kontakt mit der männlichen Seite in Mann und Frau erlöst, der in seiner Rigidität dieses Verströmen eindämmt. Die Frau projiziert das Gefühl auf den Mann, weil es sie tief berührt und körperlich öffnet.

Die beiden unterschiedlichen Enneagramme für Mann und Frau zeigen, daß bei der Frau der Körper im Konfliktbereich (2. Tertial) steht. Das ist ein Ergebnis der patriarchalisch geprägten Neuzeit. Ursprünglich stand die Frau dem Körperlichen näher als der Mann. Die (weibliche) Körperlichkeit wird in der männlichen Gesellschaft entwertet, da bei den Männern eine Angst vor dem weiblichen Körper vorherrscht. Das drückt sich auf der niedersten Ebene darin aus, daß der Mann die Frau dafür ablehnt, daß sie angeblich ständig zur Sexualität bereit ist, wohingegen er nicht immer eine Erektion haben kann. So fühlt er sich, vom Leistungsdenken geprägt, der Frau unterlegen. Diese Körperfeindlichkeit des Mannes führte nach der Abschaffung der mit dem Artemiskult verbundenen Tempelprostitution zur römischen Zeit zur Hexenverfolgung im Zeitalter der Aufklärung, bei der der Körper zu Asche verbrannt wird. Diese Dämonisierung des weiblichen Körpers ist oft von der Frau verinnerlicht worden, so daß für viele Frauen heute der Körper im zweiten Tertial des Enneagramms, also im Konfliktfeld anzusiedeln ist.

Beim Mann dagegen liegt der Gefühlsausdruck im Konfliktbereich des Enneagramms, da er Angst vor dem Chaos des Gefühls hat, das ihn als undurchschaubar erscheint.

Glücklicherweise scheinen sich diese Enneagramme von Frau und Mann allmählich zu ändern. In post-feministischer Zeit sind es die Frauen, die wieder zunehmend ihr Interesse am Körper und somit an der Sexualität entdecken. Männer scheinen im gleichen Maße, wie die modernen Frauen sich wieder dem Körper zuwenden, diesen zu meiden. So sind wir auf dem Weg dahin, daß sich das Enneagramm von Frauen und Männern wieder austauscht: Die Männer haben Probleme mit dem Körper und die Frauen mit ihrem Gefühl. An diesem Wechsel der Enneagramm-Zuordnung sieht man deutlich, daß die inhaltliche Zuordnung zu den einzelnen Enneagramm-Punkten keineswegs starr ist, sondern dem geschichtlichen Wandel unterliegt.

Will man ein Beziehung als Sozialsystem analysieren, muß man das Enneagramm von Mann und Frau betrachten, um zu einem dritten Enneagramm zu gelangen, in welchem die Unterschiede der Sichtweisen von Frau und Mann eingehen.

Am Enneagramm-Punkt 1 steht beispielsweise der Konflikt, daß einer der Partner mehr oder eine qualitativ andere Sexualität zu seiner Befriedigung braucht. Das ist der Punkt der Unzufriedenheit.

Am Enneagramm-Punkt 2 wagt zumindest einer der Partner seine Unzufriedenheit auszudrücken, wodurch die Spannung in der Beziehung kurzfristig erhöht wird.

Am Enneagramm-Punkt 3 wendet sich das Paar nach außen. Entweder spricht man mit einem Therapeuten oder jeder der beiden wendet sich an einen Freund oder eine Freundin, von denen wichtige Hinweise zur Veränderung der Situation kommen. Hier beginnt man, falls dieser Außenimpuls vorbildlich aufgenommen wird, mit regelmäßigen Beziehungsgesprächen.

Am Enneagramm-Punkt 4 können beide Partner mehr oder weniger offen über die Probleme in ihrer Beziehung reden. Wichtig ist, daß bei diesen Gesprächen die unterschiedliche Bewertung der Beziehungssituation und die verschiedenartigen Bedürfnisse beider Partner deutlich werden. Das Erkennen dieser Unterschiedlichkeit macht zunächst einmal sehr betroffen und traurig – im Extremfall reagiert man verzweifelt.

Am Enneagramm-Punkt 5 sucht man vorsichtig und behutsam mit neuen Ausdrucksformen der Sexualität und Emotionalität zu experimentieren. Beide Partner sind sehr unsicher und verletzlich.

Am Enneagramm-Punkt 6 findet man abermals Hilfe durch Freunde oder einen Psychotherapeuten.

Am Enneagramm-Punkt 7 hat man einen gemeinsamen Weg in seinem sexuellen und Gefühlsausdruck gefunden, um am Enneagramm-Punkt 8 zufrieden als Paar zusammenzuleben.

Allerdings können die beiden letzten Enneagramm-Punkte im Zielfeld des Enneagramms auch eine klare und bewußte Trennung bezeichnen. Anstelle eines unseligen Beziehungsabbruchs können die Erfahrungen der Beziehung konstruktiv aufgearbeitet werden, so daß in folgenden Beziehungen (neues Enneagramm) Fehler und Wiederholungen umgangen werden können.

Am Enneagramm-Punkt 9 geht man zu einer neuen Herausforderung über – entweder in dieser oder in einer neuen Beziehung. Bei einer Trennung kann diese Herausforderung auch im Alleinleben bestehen.

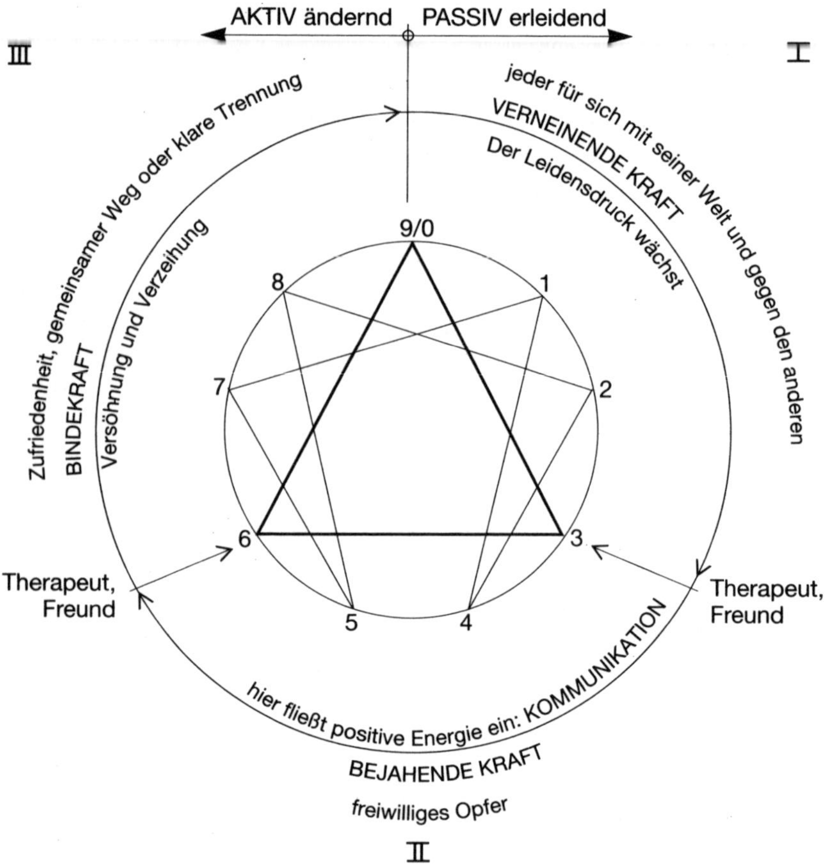

Abbildung 7: Das Enneagramm einer dynamischen Beziehung

Hiermit ist der Ausdruck der Sexualität im Enneagramm so beschrieben worden, daß jeder sich nach diesen Vorbildern eigene Enneagramme bilden kann, mit denen er die Sexualität in seiner Beziehung deutlicher sehen wird.

Der Weg oder das Kreuz mit der Hingabe

Die wirkliche Freude an Sex liegt weder in der gedanklichen Stimulation noch in der emotionalen Erregung, sondern in verzauberter Klarheit, Kraft und Stärkung der Erfahrung auf allen Ebenen.

J. G. Bennett

Ich habe in diesem Buch ständig anklingen lassen, daß nicht die Art der Beziehung oder der Partner das Wichtigste in der Liebe sind, sondern daß man sich für eine Beziehung bewußt entscheidet. Diese einmal gefällte Entscheidung ist für einen längeren Zeitraum beizubehalten, da man sonst hin- und herschwankt und sich und den anderen unglücklich macht. Ist diese Entscheidung bewußt getroffen, kann man sich seinem Mut und seiner Angst ausliefern, die einen dorthin bringen, wo man nie zuvor gewesen ist. Nur aus dieser Haltung heraus traut man sich, sich dem Begehren, den »Macken«, den Stärken, Schwächen und Ängsten des Partners auszuliefern. Diese Liebe, so kurz oder lang sie auch sein mag, bringt jene verzauberte Klarheit, von der der Gurdjieff-Schüler Bennett in dem vorangestellten Zitat spricht. Jede andere Liebe ist dagegen trivial. Wenn wir nach dieser Auffassung leben – und dazu gehört eine gehörige Portion Kühnheit und Disziplin –, laufen die Ereignisse viel leichter ab, und es scheint uns etwas Unbekanntes in unserer Liebe zu unterstützen.

Das Enneagramm gibt eine höhere Gesetzmäßigkeit wieder, die durch uns wirkt. Es stellt dabei natürlich nur eine Modellvorstellung dar, die uns Arbeitsbegriffe liefert. Im letzten Schritt, der Überwindung intellektueller Konzepte, muß auch die Vorstellung des Enneagramms mit allen seinen Tücken selbst überwunden werden. Vorstellungen sind eben Vorstellungen, die, wenn sie uns zur Erkenntnis geholfen haben, uns sogleich behindern. Die letzten Schritte des Wegs sind nur vorstellungslos zu gehen, da dieselben

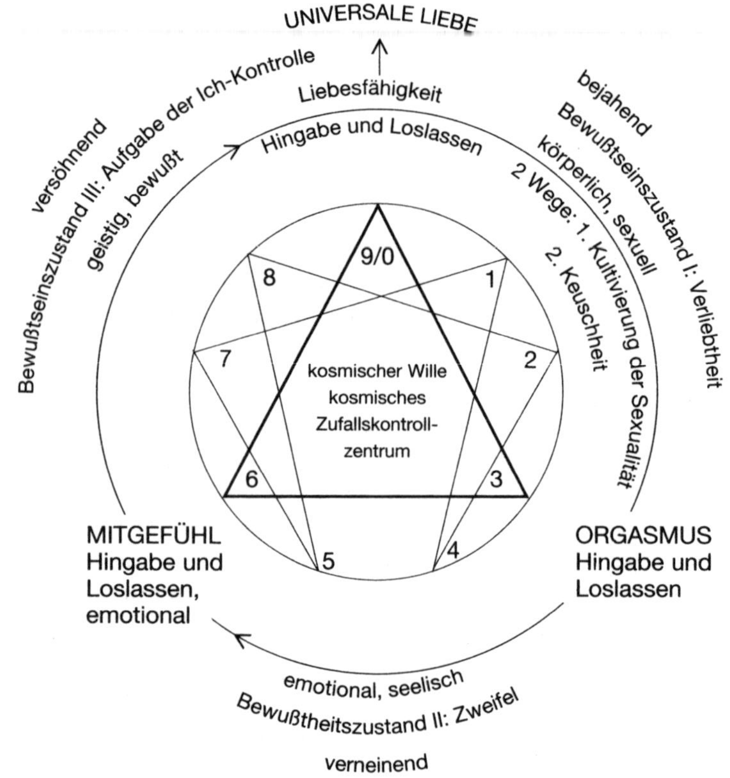

Abbildung 8: Das Enneagramm der Liebe

Vorstellungen, die vorher Klarheit schufen, sich jetzt zwischen uns und die Wirklichkeit stellen und so den Blick vernebeln.

Normalerweise sehen wir Vorstellungsbilder statt der Wirklichkeit. Verschwinden diese Bilder, tritt die Wirklichkeit hervor. Was bis dahin als Befreiung wirkte, wird zur Fixierung, die unseren Fortschritt behindert. Das Enneagramm stellt also keineswegs ein Dogma dar, welches befolgt werden muß. Es ist vielmehr ein Hilfsmittel zur Erkenntnis, wo wir uns auf unserem Weg befinden und was wir als nächstes zu erwarten haben. Damit ist es weitgehend vom männlichen Archetypen geprägt, der sich stets bemüht, das alles verschlingende Chaos zu ordnen.

Ich hoffe, Ihnen vermittelt zu haben, daß das Enneagramm als Modell des »kosmischen Willens« Hilfestellungen bei der differenzierten Beschreibung von Erfahrungen und Bewußtseinszuständen leistet – nicht mehr und nicht weniger!

Entscheiden wir uns für die Liebe, laufen schwer verstehbare Gesetzmäßigkeiten ab, die uns zu neuen Erfahrungen und Bewußtseinszuständen bringen – falls wir uns diesem Prozeß rückhaltlos hingeben. Diese Hingabe ist jedoch keineswegs als eine passive Haltung mißzuverstehen, sondern es bedarf aktiver innerlicher Kämpfe, um dorthin zu gelangen. Wenn man sich für die zwischenmenschliche Liebe entschieden hat, stellt man den inneren Sender auf Empfang der höheren Gesetze ein, die das Enneagramm verdeutlicht. In diesem glücklichen Fall öffnet uns die Liebe die Pforten zum Paradies. Können wir uns nicht auf die Liebe einlassen, wird sie uns dennoch herausfordern, und uns Widerständigen die Pforten zur Hölle öffnen. Wenn man sich nicht mit seinen eigenen inneren Begrenzungen konfrontiert, werden einem diese zum Schicksal.

Bei der Hingabe geht es keineswegs alleine darum, daß ein Partner sich dem anderen hingibt. Das würde nur zu Machtkonflikten führen. Es kommt vielmehr darauf an, sich einer höheren Macht, nämlich der Liebe, hinzugeben. Man überläßt sich dem Unbekannten und Unfaßbaren der Liebe und dadurch versklavt man sich nicht und wird auch nicht fatal abhängig voneineinder.

Wir können das Enneagramm der Liebe auf zwei unterschiedliche Weisen durchlaufen:

1. in einer inklusiven Beziehung und
2. in einer exklusiven Beziehung.

In beiden Beziehungsformen haben wir die Chance, zu unserem Ziel zu kommen. Kann der Weg der exklusiven Beziehung als die breite Straße angesehen werden, die viel begangen ist und auf der man sich so leicht verirren kann, so bietet die inklusive Beziehung einen steilen, steinigen Pfad, den nur wenige beschreiten und der die Anforderung großer Wachheit an uns stellt.

Das Zentralproblem bei der Betrachtung von inklusiven und

exklusiven Beziehungen stellt die Treue dar: In exklusiven Beziehungen ist man einem Partner treu, in inklusiven Beziehung ist man mehreren Partnern und sich selbst treu. Wie kann eine Frau oder ein Mann in der Partnerschaft vermeiden, die Schönheit und Erotik anderer Frauen und Männer wahrzunehmen? Der einzige Weg ist der, seinen Sinn für die sexuelle Ausstrahlung abzutöten. Aber genau damit schafft man eine Situation, in der man auch nicht mehr für die Magie des Partners erreichbar ist. Man verliert seine eigene Lebendigkeit und wird seinen Partner mehr oder weniger bewußt dafür ablehnen. Das ist die Realität der Treue. Sie erinnert mich stets an einen Witz, den mir eine kluge Freundin erzählte:

Zwei Freunde treffen sich: »Hallo, Karl, wie geht's mit deiner großen Liebe?«
»Das ist leider aus«, antwortet er bedrückt.
»Warum denn das?«
»Wir haben geheiratet.«

Der indische Meister Osho (Bhagwan Shree Rajneesh) hielt in den achtziger Jahren viele Vorträge, die das Thema Sexualität und Spiritualität behandelten. Er machte in ihnen immer wieder darauf aufmerksam, daß Treue gegen die menschliche Natur ist. Sie mag zwar in früheren Zeiten ein notwendiges Übel gewesen sein, heute können wir jedoch darauf verzichten, wenn wir Treue als einen Besitzanspruch formulieren. Aus diesem Argument folgt natürlich, daß langfristig einzig eine inklusive Beziehung Überlebenschancen hat. Man ist sich selbst und vielen anderen dabei treu. Allerdings gibt es auch seltene Fälle, in denen die Treue nicht aus der Angst vor dem anderen und sich selbst geboren und nicht von Besitzansprüchen geprägt ist, wo es nicht ums Festhalten und Klammern geht. Diese exklusiven Beziehungen können genauso weiterführen, wie die inklusiven Beziehungen. Bei den inklusiven Beziehungen besteht die Gefahr, daß die Beschäftigung mit der eigenen Eifersucht und die der Partner einem gar nicht mehr die Liebe erfahren lassen. Krishna, als der gefeiertste Held und Gott der indischen Mythologie, und der Prophet Mohammed brachten es fertig, in solchen inklusiven Beziehungen zur Erleuchtung zu gelangen. Fast alle anderen Erleuchteten lebten ohne Partner.

Die Liebe ist zweifelsohne die beste Veräußerung des Menschen. Allerdings ist damit die Liebe ohne Erwartungen gemeint, eine Liebe, die weder Besitzansprüche anmeldet noch Bedingungen stellt. Diese Art der nicht neurotischen, erwachsenen Liebe fällt uns allen ungeheuerlich schwer.

Dasjenige Enneagramm, das sich dem Enneagramm der Liebe anschließt und die Liebe auf einer Stufe erfahrbar macht, die wir auf unserer Ebene noch nicht erfassen können, baut sicherlich auf Inklusivität auf. Gemäß allen Weisheitslehren kann ich mir die höheren Formen der Liebe nur als alles umfassend und als nichts ausschließend vorstellen.

Die einzelnen Enneagramm-Abschnitte

Jeder Enneagramm-Abschnitt kann als ein spezieller Bewußtseinszustand angesehen werden. Das erste Tertial gibt den Bewußtseinszustand der Verliebtheit, das zweite den des Zweifels und das dritte den der Hingabe oder der Liebesfähigkeit (Mitgefühl) wieder.

Bewußtseinszustand I
1. Tertial des Enneagramms

Der Bewußtseinszustand der Verliebtheit ist rauschhaft, sinnlich und von unbeschwerter Positivität gemischt mit charmanter Naivität. Diesen Bewußtseinszustand möchte man gerne festhalten. Er wird von der körperlichen Anziehung geprägt und ist im höchsten Maße sexuell.

Der Körper steht bei der Lernerfahrung des Ennneagramms der Liebe am Anfang. Auf der körperlichen Ebene könnte man den bewußten und zugleich tief entspannten Orgasmus als das Lernziel ansehen. In ihm verbinden sich auf der körperlichen Ebene Hingabe und Loslassen.

Der einflußreiche arabische Sufi-Mystiker Ibn al Arabi (1164–1240), der über dreißig Jahre in Sevilla wirkte, ging schon davon aus, daß die körperliche Vereinigung von Mann und Frau die

Seele für die universale Liebe vorbereitet. Dabei gab es immer zwei mystische Wege des bewußten Umgangs mit den Körper:

1. der Weg der Kultivierung der körperlichen Sexualität und
2. der Weg der Keuschheit.

Beide Wege führen zu einer Erweiterung der Körpererfahrung und somit zu einem neuen Bewußtseinszustand.

Zu Beginn des Liebeswegs, im ersten Tertial des Enneagramms, muß man sich fragen, ob man lernen möchte, seine Sexualität ohne Schuldgefühle auszuleben. Das ist nämlich die Voraussetzung für den ersten Pfad. Dieser Pfad kann niemals erfolgreich begangen werden, wenn Schuldgefühle die sexuelle Energie degenerieren. Hier lernen wir, die landläufige Abgrenzung zwischen Ich und Körper zurückzunehmen, auf der letztlich alle Schuldgefühle beruhen. Normalerweise identifizieren wir uns nämlich nicht mit unserem Körper, sondern wir gehen davon aus, daß wir einen Körper *besitzen*, den wir entweder durch besondere Pflege loben oder durch Schuldgefühle strafen. Wir sind nicht unser Körper, sondern wir behandeln unseren Körper wie ein von uns getrenntes Objekt. Damit verhindern wir es, uns den Lüsten des Körpers völlig hinzugeben. Wir haben im Kulturprozeß den Körper aus Angst vor unkontrollierten sexuellen Begierden, vor überwältigenden Emotionen und Schmerzen abgespalten. Der Körper wirkt auf das Ich bedrohlich, da er eine undurchschaubare Ansammlung unwillkürlicher Prozesse darstellt und eine Quelle des Leidens sein kann. Um diesen abgespaltenen Körper wieder in uns zu integrieren, verhilft die Übung der Selbsterinnerung, bei der wir uns unter anderem völlig auf unsere Körperempfindungen konzentrieren. Damit geben wir die Kontrolle des Kopfes auf, indem wir durch die Zentrierung auf unserem Körper dem inneren Monolog seine Energie entziehen. Durch diese Zentrierung auf unseren Körper machen wir uns auch unsere Widerstände klar, die sich immer auch körperlich als Verspannungen niederschlagen.

Die körperliche Seite der Sexualität erfüllt nur unter anderem und sicherlich nicht an erster Stelle die Funktion der Reproduktion. Sexualität als menschlicher Weg des Lernens bereitet uns sowohl auf die göttliche Ebene der transpersonalen Erfahrung als auch auf die Todeserfahrung vor. Sexualität ist der natürliche Fluß der Lebensenergie. Wenn wir sie verfeinern, kultivieren wir damit zugleich unser Bewußtsein, das wiederum eine Widerspiegelung unseres Umgangs mit unserer Lebensenergie darstellt.

Im zweiten Weg der Keuschheit klingt das an, was Sigmund Freud Sublimation nannte. Hierbei werden körperlich sexuelle Impulse in nicht-sexuelle, meist kulturelle Impulse verwandelt. Die Spontaneität und Unberechenbarkeit, die wir normalerweise in der Sexualität erleben, versuchen wir für unseren kreativen Ausdruck zu nutzen. Je bewußter dies geschieht, desto kreativer ist das Ergebnis der Sublimation. Ob jedoch für den heutigen westlichen Menschen das Nicht-Ausleben der Sexualität (Keuschheit) einen sinnvollen Weg darstellt, wage ich – wie Gurdjieff – zu bezweifeln.

Genau betrachtet, paßt der Freudsche Sublimationsbegriff hier nicht. Ihm haftet zu sehr der Geschmack des Ringens, Kämpfens und Verzichtens an. Keuschheit als Bewußtseinsweg wird nicht durch innere Kämpfe erreicht, sondern vielmehr dadurch, daß sich der Bewußtseinszustand des entsprechenden Menschen auf eine Ebene verlagert hat, auf der Sexualität nicht mehr wichtig ist. Das Interesse an der Sexualität löst sich von alleine auf und macht den Weg zur Keuschheit frei. Auf bestimmten Bewußtseinsstufen wird die Sexualität nicht verdrängt oder umgewandelt, sondern sie wird zurückgelassen, sie wird einfach belanglos. Jeder Kampf um Keuschheit, Unterdrückung und Umwandlung von Sexualität wird nur in Spannungen und somit in einem zerrütteten, unzufriedenen Leben münden. Keuschheit stellt sich von alleine ein, oder sie kommt gar nicht. Keuschheit zu erzwingen, halte ich für eine Perversität.

Bewußtseinszustand II
2. Tertial des Enneagramms

Der zweite Bewußtseinszustand verhält sich konträr zum ersten. Schlug das Pendel erst ganz zum Positiven aus, hat es sich nun auf die negative Seite hinbewegt. Wir entdecken fürchterliche und nicht länger zu akzeptierende Eigenschaften an unserem gerade noch so geliebten Partner und in unserer Beziehung. Dieser Bewußtseinszustand weist oft eine depressive oder zumindest enttäuschte Färbung auf. Er wird durch emotionale Verwicklungen aber auch durch Reinigung des Gefühls charakterisiert.

Auf dieser Ebene der Gefühle geht es um die Rücknahme der Schattenprojektionen speziell auf den Partner. Alles, was wir an uns nicht ausstehen können, spalten wir aus unseren eigenem Selbst ab und erleben es als zum anderen, zum Partner, gehörig. Durch die genaue Selbstbeobachtung, ohne zu bewerten und verändern zu wollen, kann diese Schattenprojektion erkannt und zurückgenommen werden. Jede Schattenprojektion schafft Symptome wie beispielsweise Schuldgefühle, Traurigkeit, Angst, Haß und Neid. Indem wir das Symptom bemerken und unseren Schatten erkennen, löst sich die Schattenprojektion auf. Man beginnt zu lernen, wie man negative Bewertungen und damit Abspaltungen und Schattenprojektionen aufgeben kann.

Auf der emotionalen Ebene geht es um das Erlernen der bedingungslosen Liebe als rückhaltlose Akzeptanz des Partners. Man steht zu seinem Partner – wie unausstehlich er scheinen mag. Dabei ist es notwendig, sein Ich zu transzendieren, was im Dienst an der Beziehung gelernt wird.

Die »Transzendierung des Ich«, jener anspruchsvoll spirituelle Begriff, bedeutet auf der Beziehungsebene, daß man nicht ständig darauf achtet, selbst alle möglichen Vorteile zu haben. Es ist ein Paradox und eine psychologische Weisheit zugleich, daß der direkte Weg ins Unglück über die Wahrung des eigenen Vorteils verläuft. Wer in der Beziehung seine Interessen, seinen Standpunkt und Vorteil stets im Auge behält, der schafft sich mit absoluter Sicherheit eine höllische Beziehung. Wer seinen eigenen Standpunkt aufgeben und den gierigen Blick auf die eigenen Interessen vergessen kann, der wird in seiner Beziehung wahrscheinlich Glück und Erfüllung erleben. Man muß sich letztlich bewußt werden, daß man nicht für sich selbst diesen Weg zur Liebesfähigkeit geht. Man strebt der Liebesfähigkeit zu, um den anderen in sein Leben einzubeziehen.

Die inneren und äußeren Kämpfe, die das zweite Tertial des Enneagramms prägen, sind ein Ausdruck dessen, daß unser Ich zu verstehen beginnt, daß es auf dem weiteren Entwicklungsweg hintangestellt werden soll. Gegen eine derartige Aussicht wehrt sich unser Ich mit aller List und Tücke. Nimmt man dagegen sein Ich nicht mehr so wichtig, das heißt, identifiziert man sich weniger mit ihm, kann uns im dritten Enneagramm-Tertial das Herz aufgehen.

Den möglichen Verwicklungen auf der emotionalen Ebene wendet sich die moderne Tiefenpsychologie zu. Therapien wie die Psychoanalyse und die der humanistischen Psychologie, die uns unsere emotionalen Blockaden und Schattenprojektionen bewußt machen und uns somit zeigen, wo wir uns selbst im Weg stehen, sind ein wichtiges Hilfsmittel, um den zweiten Enneagramm-Abschnitt bewußt durchlaufen zu können. Und nur wenn wir ihn bewußt durchlaufen, haben wir die Chance, uns zu verändern und etwas dazuzulernen.

Bewußtseinszustand III
3. Tertial des Enneagramms

Der dritte Bewußtseinszustand ist der der Klarheit und der Liebesfähigkeit (oder der des Mitgefühls). Die hier geübte Hingabe bringt Einfachheit ins Leben. Auf der geistigen Ebene wird das vorläufige Ziel der Liebesfähigkeit dadurch erreicht, daß wir unsere Konzepte, Vorstellungen und Ich-Kontrolle loslassen und uns dem Augenblick ergeben.

Der letzte Enneagramm-Abschnitt betrachtet unsere Geistigkeit. Damit ist unsere wache Aufmerksamkeit und unsere Bewußtheit gemeint. Diese kann meiner Erfahrung nach nur in der Meditation erlernt werden. Und hier schließt sich wieder der Kreis, indem nämlich in der Meditation wie auch im Orgasmus das Loslassen und die Hingabe gelernt wird. Dabei können wir das Ziel, das durch Orgasmus und Meditation erreicht wird, nur erfahren, jedoch nicht benennen. Bilde ich bestimmte Vorstellungen und Bilder beim Orgasmus, wehre ich die völlige Hingabe ab. Ich bleibe in meinen Konzepten hängen und befinde mich nicht mehr im Hier und Jetzt. Zwischen mir und der Wirklichkeit stelle ich das Bild als Schutzwand. Ebenso verhält es sich in der Meditation: In dem Augenblick, in dem ich mir bewußt bin, daß ich gerade meine Ich-Kontrolle abgelegt habe, ist sie wieder da. Wenn ich mir darüber klar werde, daß ich mich hingebe, ist die Hingabe verschwunden. Hingabe als der Kern wahrer Weisheit liegt jenseits aller Konzepte und Begriffe, sie ist unbenennbar, was schon die Taoisten Chinas seit etwa 2500 Jahren betonen. Wahre Liebeserfahrungen im Orgasmus oder der Meditation sind nicht mitteilbar; das ist »verdichtete Gegenwart«, da ist man vollständig bei sich. Wie der taoistische Philosoph Li (ca. 604–517 v. Chr.) – bekannter unter seinem Ehrennamen Lao-tse (chinesisch für »alter Meister«) – lehrt uns auch das Enneagramm, daß der Weg und nicht das Ziel wichtig ist. Es gibt einen Weg zur Hingabe und Liebesfähigkeit, aber auf der anderen Seite läßt sich die Hingabe nicht strebend erarbeiten. Liebesfähigkeit ist ein Geschenk der Gnade, das uns allerdings nur gegeben wird, wenn wir uns mit geeigneten Mitteln um sie bemühen. Wenn wir nämlich unser Ziel – in diesem Fall das Loslassen der Ich-Kontrolle und die Liebesfähigkeit – genauer zu beschreiben beginnen, ist es nicht mehr das Ziel, das wir erreichen wollen. Es ist die Herausforderung der Liebe, daß wir uns dem hingeben können, von dem wir nicht wissen, was es ist. Das kränkt unser Ich, denn wer gibt schon in unserer berechnenden Gesellschaft etwas auf, wenn er nicht weiß, was er dafür bekommt.

Die drei Bewußtseinszustände zwischenmenschlicher Liebe

Diese drei Bewußtseinszustände zwischenmenschlicher Liebe können auch als bejahend, verneinend und versöhnend angesehen werden. Der bejahende Zustand der Verliebtheit und körperlichen Attraktion stellt die antreibende Kraft dar, ohne die das Erlebnis zwischenmenschlicher Liebe nicht zustande käme. Das ist der Sog der sexuellen Liebe.

Der verneinende Zustand fordert uns auf der emotionalen Ebene heraus, uns selbst zu erkennen und uns über unsere Bedürfnisse und Ziele klarzuwerden.

Der versöhnende Zustand führt uns zur Einheit mit dem Partner und uns selbst. Damit sind zugleich drei Stadien der Liebe bezeichnet:

1. die körperliche Liebe,
2. die gefühlsmäßige Liebe und
3. die bewußte oder spirituelle Liebe.

Diesen unterschiedlichen Bewußtseinszuständen der Liebe entsprechen drei Schritten auf dem Pfad der Selbsterkenntnis, der zunächst einmal in der Liebesfähigkeit am neunten Enneagramm-Punkt endet. Hier hat man seine Aufgabe, Hingabe und Loslassen, gelernt. Jeder dieser drei notwendigen und aufeinander aufbauenden Lernschritte erzeugt in uns eine innere Schwingung, man könnte auch sagen einen Lebensstil, der uns auf die nächst höhere Ebene hebt. Die bewußte Verfeinerung unserer Sexualität beispielsweise läßt uns emotional offener werden, so daß wir auf der emotionalen Ebene die Hingabe und das Loslassen lernen können. Wir müssen uns nicht mehr ständig vom Partner bedroht fühlen und uns behaupten. Das wiederum ist eine wichtige Voraussetzung dafür, daß uns die Begrenzungen unserer vorgeprägten Ansichten und Vorstellungen bewußt werden.

Die drei Bewußtseinszustände der zwischenmenschlichen Liebe	
Bewußtseinszustand I: Verliebtheit, körperliche Liebe erstes Enneagramm-Tertial: Enneagramm-Punkte 1 und 2	
bejahend sexuell, körperlich, rauschhaft, sinnlich, naiv	
Lernziel:	entspannter Orgasmus Sexualität ohne Schuldgefühle Integration Ich und Körper
Übung:	Selbsterinnerung (Konzentration auf Körperteil)

1. Schockpunkt
Enneagramm-Punkt 3

Lernziel der körperlichen Hingabe und des Loslassens ist erreicht

---

Bewußtseinszustand II: Widerstand, Zweifel, emotionale Liebe
zweites Enneagramm-Tertial: Enneagramm-Punkte 4 und 5

verneinend
emotional, depressiv verstimmt, enttäuscht, wütend bis aggressiv

Lernziel:	Rücknahme der Schattenprojektion bedingungslose Akzeptanz und Liebe Auflösen der Identifikation mit der eigenen Persönlichkeit
Übung:	Selbstbeobachtung ohne zu werten moderne tiefenpsychologische Techniken und Therapien der humanistischen Psychologie

---

2. Schockpunkt
Enneagramm-Punkt 6

Lernziel der emotionalen Hingabe und des Loslassens ist erreicht

---

Bewußtseinszustand III: Bewußtsein, Klarheit, Mitgefühl, bewußte Liebe
drittes Enneagramm-Tertial: Enneagramm-Punkte 7 und 8

versöhnend
geistig, bewußt, wach, offen

Lernziel:	Konzepte auflösen Ich-Kontrolle loslassen
Übung:	Meditation moderne tiefenpsychologische Techniken und Therapien der humanistischen Psychologie

3. Schockpunkt
Enneagramm-Punkt 9: Liebesfähigkeit

Das Lernziel der Liebesfähigkeit ist erreicht. Die Einheit des Bewußtseins ist geschaffen. Man ist zur höchsten Stufe der Selbsterinnerung fähig.
Es wird kein Widerstand mehr aufgebaut, erster Schritt auf die »All-Einheit« oder höhere (überpersönliche) Form der Liebe zu.
Man lebt im Hier und Jetzt. Übergang zu einem neuen Enneagramm der überpersönlichen Liebe.

Um das Enneagramm der Liebe zu vollenden, müssen alle drei Aspekte der Liebe gelernt werden, da sie derart miteinander verflochten sind, daß man nicht durch die Kultivierung eines Aspektes allein zur Liebesfähigkeit fortschreiten kann. Wir können nicht nur körperlich, nur emotional oder nur geistig unsere Liebesfähigkeit entwickeln. Dort beispielsweise, wo die körperliche Liebe atemberaubend ist, verwickeln wir uns auch stets emotional. Unpersönliche Liebe ist nur – wenn überhaupt – über relativ kurze Zeiträume mit einem Partner möglich.

Das war zusammengefaßt in Kurzform der Weg durch das Enneagramm der Liebe. Die Landkarte liegt vor, nun kommt es darauf an, den ersten Schritt zu tun, um diesen Weg auch wirklich zu gehen. Als »Wegzehrung« möchte ich Ihnen einen wirkungsvolles Mantra mitgeben:

gaté, gaté, paragaté, parasamgaté, bodhí svahá.*

* Dieses Sankrit-Mantra wird so ausgesprochen, wie es geschrieben wird. Die von mir gesetzten Akzentzeichen zeigen an, daß jedes Wort auf seiner letzten Silbe betont wird. Die Bedeutung des Mantras lautet: gehe, gehe, gehe dahinter, gehe hinter das Dahinter, gelobt sei der Gehende.

Literatur

Elisabeth Badinter: Ich bin Du. Die neue Beziehung zwischen Mann und Frau oder Die androgyne Revolution, München, Zürich 1987 (Piper Verlag)
[Die französische Philosophin betrachtet die Beziehungen zwischen Mann und Frau im heutigen Zeitalter nach Überwindung der Frauenbewegung (im »post-feministischen Zeitalter«).]

Hans Eckehard Bahr/Verena Kast: Lieben. Loslassen und sich verbinden, Stuttgart 1990 (Kreuz Verlag)
[Dieses Buch eines Theologen und einer Psychologin gibt viele Denkanregungen.]

Wolfgang Bartholomäus: Unterwegs zum Lieben. Erfahrungsfelder der Sexualität, München 1988 (Kösel Verlag)
[Ein aufschlußreiches Buch für Leser, die an der christlichen Sicht des Themas Sexualität interessiert sind.]

Urs Baumann: Utopie Partnerschaft, Düsseldorf 1994 (Patmos Verlag)
[Ein Buch, das eine auf Emanzipation aufbauende Beziehungsvorstellung entwickelt.]

Anton Baumeister (Hrsg.): Mit den Augen der Liebe. Unvergeßliche Liebesgeschichten aus aller Welt, Freiburg/Br. 1985 (Herder Verlag)
[Diese sorgfältig ausgewählten Liebesgeschichten kann man sich abends im Bett gegenseitig vorlesen.]

Maria Beesing/Robert J. Nogosek/Patrick H. O'Leary: The Enneagram. A journey of self discovery, Denville/NJ 1984 (Dimension Books)
[Mönche und Nonnen stellen in diesem Buch die christliche Sicht des Enneagramms dar.]

Anthony G. E. Blake: Das intelligente Enneagramm. Gurdjieffs Instrument der Wahrnehmung, Südergellersen 1993 (Verlag Bruno Martin)
[Wenn man verstehen möchte, was das Enneagramm jenseits der starren Typenlehre bedeutet.]

Jean Shinoda Bolen: Göttinnen in jeder Frau. Psychologie einer neuen Weiblichkeit, Basel 1986 (Sphinx Verlag)
[Ein an der Archetypenlehre Jungs ausgerichtetes Buch, das die Vorstellung der sieben griechischen Göttinnen als Instrument der Selbsterkenntnis benutzt.]

Jean Shinoda Bolen: Götter in jedem Mann. Besser verstehen, wie Männer leben und lieben, Basel 1991 (Sphinx Verlag)
[Das Nachfolgebuch zu »Göttinnen in jeder Frau«, das die acht griechischen Götter als männliche Archetypen betrachtet.]

Alain de Botton: Versuch über die Liebe, Frankfurt/Main 1994 (S. Fischer Verlag)
[Ein intellektueller Roman über die Liebe, dem jegliche Sinnlichkeit abgeht.]

Tobias Brocher: Von der Schwierigkeit zu lieben, Stuttgart 1976 (Kreuz Verlag)
[Brocher gibt eine tiefsinnige Einführung in das Thema »Liebe« und »Projektion« aus psychoanalytischer Sicht.]

Leo Buscaglia: Das Elixier des Lebens. Liebe – das größte Abenteuer, München 1986 (Goldmann Verlag)
[Der Autor geht davon aus, daß man zu lieben erlernen kann. Er gibt mit diesem Buch einen typisch kalifornischen Liebes-Workshop wieder.]

Stephen Chang: Das Tao der Sexualität. Von der tieferen Weisheit des Liebens, Genf, München 1992 (Ariston Verlag)
[Dieses Buch beschränkt sich auf die medizinische Sicht der Sexualität.]

Guy Corneau: Abwesende Väter – verlorene Söhne. Suche nach der männlichen Identität, Solothurn, Düsseldorf 1993 (Walter Verlag)

Magaret Frings-Keyes: Enneagramm und Partnerschaft. Ein Arbeitsbuch für Einzelne, Paare und Gruppen, München 1993 (Claudius Verlag)
[Das Buch besitzt keinen Arbeitsbuch-Charakter und entspricht eher einem amerikanischen Fragespiel über Beziehungen.]

Magaret Frings-Keyes: Transformiere deinen Schatten. Die Psychologie des Enneagramms, Reinbek 1992 (Rowohlt Verlag)
[Obwohl die Autorin die starre Typenlehre des Enneagramms vertritt, stellt sie diese so dynamisch wie nur möglich dar. Leider betrachtet sie nicht das Prozeßmodell des Enneagramms, obwohl es in ihren transaktionsanalytischen Ansatz gut passen würde.]

Erich Fromm: Die Kunst des Liebens, Frankfurt/M., Berlin, Wien 1979 (Ullstein Verlag)
[Ein philosophischer Klassiker über die verschiedenen Erscheinungsformen der Liebe, der die meisten hier angeführten Bücher stark beeinflußt hat.]

Maria-Anne Gallen/Hans Neidhardt: Das Enneagramm unserer Beziehungen. Verwicklungen, Wechselwirkungen, Entwicklungen, Reinbek 1994 (Rowohlt Verlag)
[Ein sehr konventionell psychologisch, an der Focusing-Theorie ausgerichtetes Buch, das von der klassischen Typenlehre des Enneagramms ausgeht.]

Allan Guggenbühl: Männer, Mythen, Mächte. Was ist männliche Identität? Stuttgart 1994 (Kreuz Verlag)
[Sehr umstrittenes Buch über männliche Identität.]

Tad und Noreen Guzie: Archetypisch Mann und Frau. Wie verborgene Urbilder unser Schicksal gestalten und Beziehungen prägen, Interlaken 1987 (Ansata Verlag)

[Ein hervorragendes Buch, das Jungs Ansatz von Animus und Anima produktiv weiterdenkt und ausbaut.]

Reinhard Haas/Axel Thorer: Das neue Männerbuch, München 1994 (C. Bertelsmann Verlag)
[Ein flott zu lesendes Männerbuch über Karriere, Frauen, Styling, Gesundheit, Auto und Kultur.]

John R. Haule: Heilige Verzauberung. Archetypen und Stadien der romantischen Liebe, Interlaken 1991 (Ansata Verlag)
[Im Mittelpunkt dieses lesenswerten Buchs stehen die Symbole der gemeinsamen Suche eines Paars und die innerseelische, romantische Bedeutung der Liebe.]

Cynthia Heimel: Sex Tips für Girls, München 1988 (Goldmann Verlag)
[Die Playboy-Kolumnistin schreibt unterhaltsam über Zen und die Kunst, ein Diaphragma einzuführen, wie man flirten lernt und Männer-Krisen überwindet. Ein praktisches Buch aus der Sicht einer erfahrenen Frau.]

Cynthia Heimel: Männer, Frauen und Frisöre, Berlin 1989 (Sympathie Verlag)
[Hier finden Sie eine Auswahl von Kolumnen, die die Autorin zwischen 1984 und 1989 für den »Playboy« schrieb.]

Kathleen V. Hurley/Theodore E. Dobson: Wer bin ich? Persönlichkeitsfindung mit dem Enneagramm, Augsburg 1993 (Pattloch Verlag)
[In diesem Buch stehen viele gesicherte und ungesicherte Fakten untrennbar nebeneinander. Es stellt übersichtlich die christliche Sicht des Enneagramms dar.]

Eli Jaxon-Bear: Die neun Zahlen des Lebens. Das Enneagramm – Charakterfixierung und spirituelles Wachstum, München 1989 (Droemer-Knaur Verlag)
[Eine locker geschriebene, übersichtliche Einführung in die Typenlehre des Enneagramms.]

Hans Jellouschek: Die Kunst als Paar zu leben, Stuttgart 1992 (Kreuz Verlag)
[Es geht hier um eine realitätsnahe, psychologisch hoch differenzierte Auseinandersetzung mit den bekannten Fallstricken in jeder Beziehung. Der Autor tendiert zur moralischen Betrachtung, besonders der Ehe.]

Robert A. Johnson: The Psychology of Romantic Love, London 1983 (Routledge & Kegan Paul)
[Ich halte Johnsons Arbeit über Tristan und Isolde für das beste Buch über die Verliebtheit, das ich kenne.]

Das Kamasutram. Orientalische Liebeslehre, München 1990 (Goldmann Verlag)
[Ungekürzte Ausgabe des klassischen Liebeslehrbuchs Asiens.]

Verena Kast: Paare. Beziehungsphantasien oder Wie Götter sich in Menschen spiegeln, Stuttgart 1984 (Kreuz Verlag)

[Ein hervorragendes Buch, das an verschiedenen Mythen die befreiende Kraft von Beziehungsphantasien darstellt. Diese Beziehungsphantasien zeigen, wenn sie bewußt gemacht werden, welch positives Potential in der Beziehung durch die Liebe befreit werden kann.]

Verena Kast: Vater-Töchter Mutter-Söhne. Wege zur eigenen Identität aus Vater- und Mutter-Komplexen, Stuttgart 1994 (Kreuz Verlag)
[Die Autorin analysiert prägnant, wie sich im Leben von erwachsenen Menschen Vater- und Mutterkomplexe auswirken.]

Stan J. Katz/Aimee E. Liu: Im siebten Himmel ist die Luft so dünn. Die große Liebe und andere romantische Illusionen, Zürich 1992 (Kreuz Verlag)
[Dieses sehr langatmig geschriebene Buch möchte Wege zur Desillusionierung in der Partnerschaft aufzeigen.]

Peter Lauster: Die Liebe. Psychologie eines Phänomens, Reinbek 1982 (Rowohlt Verlag)
[Lauster gibt eine leicht lesbare Einführung in das psychologische Phänomen der Liebe.]

Peter Lauster: Die sieben Irrtümer der Männer, Reinbek 1989 (Rowohlt)
[Ein lesenswertes Buch über Sexualität, Vernunft und Gefühl.]

John und Antonietta Lilly: Der Dyadische Zyklon. Innere und äußere Entwicklung zweier Zentren – eines Paares, Basel 1983 (Sphinx Verlag)
[Ein hervorragendes Buch über die systemtheoretische Betrachtung der Zweierbeziehung und verschiedener Bewußtseinszustände.]

Alexander Lowen: Liebe, Sex und dein Herz, München 1989 (Kösel Verlag)
[Grundlegendes Biogenetik-Buch zu Liebe, Sex und Partnerschaft.]

Ramon Llull: Das Buch vom Freunde und Geliebten, Freiburg, Basel, Wien 1992 (Herder Verlag)
[Llull ist ein mittelalterlicher Ritter (1232–1316), der über alle Aspekte der Liebe innige Gedichte schrieb.]

Karin Mager: Faires Streiten – lebendige Partnerschaft, München 1994 (Gräfe und Unzer)
[Ein äußerst praktisches und wichtiges Buch für jedes Paar.]

Lisa Mainiero: Liebe im Büro. Was betroffene Paare, Kollegen und Führungskräfte wissen sollten, Frankfurt/M. 1994 (Zweitausendeins)
[Ein praktischer Ratgeber für alles, was man bei der Liebe am Arbeitsplatz bedenken sollte.]

Bonnie Maslin/Yehuda Nir: Die Kunst der Ehe, Düsseldorf 1988 (Econ Verlag)
[Ein stark von der amerikanischen Kultur geprägtes Buch, das im Grunde nur wegen seines Fragebogens zum Entfremdungsquotienten von Paaren interessant ist.]

Michael Lukas Moeller: Die Liebe ist das Kind der Freiheit, Reinbek 1984 (Rowohlt Verlag)

[Ein sehr lesenswertes Taschenbuch über Bindung, Freiheit und das Beziehungsgespräch.]

Tilmann Moser: Stufen der Nähe. Ein Lehrstück für Liebende, Frankfurt/M. 1981 (Suhrkamp Verlag)
[Ein Monolog, der in differenzierter tiefenpsychologischer Reflexion eine Liebesgeschichte wiedergibt. Es ist gleichzeitig die Geschichte zunehmender Reife und des Erwachsenwerdens.]

Claudio Naranjo: Erkenne dich selbst im Enneagramm. Die neun Typen der Persönlichkeit, München 1994 (Kösel Verlag)
[Ein unkritisches, sehr theoretisch psychologisch gehaltenes Enneagramm-Buch, das nur eine starre Typenlehre kennt und leicht zum Schubladendenken verführt.]

Margo Anand Naslednikov: Tantra oder Die Kunst der sexuellen Ekstase, München 1990 (Goldmann Verlag)
[Das wohl umfangreichste Tantra-Buch, das diese Liebeskunst aus der Sicht der humanistischen Psychologie betrachtet.]

Simone Odierna: Was Männer von Frauen wollen, Reinbek 1990 (Rowohlt Verlag)
[Reportagen mit Männern aus den unterschiedlichsten Schichten zu den Themen Liebe, Sexualität und Beziehung.]

Helen Palmer: Das Enneagramm. Sich selbst und andere verstehen lernen, München 1991 (Droemer-Knaur Verlag)
[Umfangreiche Einführung in die Typenlehre des Enneagramms aus Sicht der amerikanischen Schule. Eines der wenigen Bücher dieser Schule, das sich der Begrenzung der Typenlehre bewußt ist.]

Peter Michael Pflüger (Hrsg.): Das Paar. Mythos und Wirklichkeit. Neue Werte in Liebe und Sexualität, Olten, Freiburg 1988 (Walter Verlag)
[Eine Sammlung lesenswerter Aufsätze zum Thema Sexualität und Partnerschaft von Theologen und Psychotherapeuten geschrieben.]

Bhagwan Sree Rajneesh (Osho): Beziehungsdrama oder Liebesabenteuer, Zürich 1993 (Osho International Foundation)
[In diesen Aufsätzen schildert Osho in klarer und anschaulicher Weise die Verwicklungen der Liebe und warnt dabei ausdrücklich vor der Ehe.]

Fritz Riemann: Die Fähigkeit zu lieben, Stuttgart 1984 (Kreuz Verlag)
[Ein tiefenpsycholgisch ausgerichtetes Buch, das das Phänomen der Liebe von seinen krankhaften Erscheinungsformen her betrachtet.]

Don Richard Riso: Die neun Typen der Persönlichkeit und das Enneagramm, München 1989 (Droemer-Knaur Verlag)
[Riso versucht die Typenlehre des Enneagramms auf Freuds, Jungs und andere psychologische Typenlehren zu beziehen, wobei er erschrekkend undifferenziert ist und besonders Freuds und Jungs Typenlehre teilweise verfälschend, teilweise extrem einseitig darstellt, damit sie in sein System paßt.]

Don Richard Riso: Das Enneagramm-Handbuch, München 1993 (Droemer-Knaur Verlag)
[Im Grunde besteht dieses Buch nur aus einem Test und dessen Auswertung.]
Richard Rohr/Andreas Ebert: Das Enneagramm. Die 9 Gesichter der Seele, München 1989 (Claudius Verlag)
[Eines der einflußreichsten Enneagramm-Bücher im deutschsprachigen Bereich, das die Typenlehre des Enneagramms aus christlicher Sicht präsentiert.]
John A. Sanford: Unsere unsichtbaren Partner. Von den verborgenen Quellen des Verliebtseins und der Liebe, Interlaken 1986 (Ansata Verlag)
[Ein an C. G. Jung ausgerichtetes Buch über die Psychologie der Geschlechter und Partnerschaftsprobleme, das sich auch als Ratgeber zu lesen lohnt.]
Wolfgang Schmidbauer: «Du verstehst mich nicht!» Die Semantik der Geschlechter, Reinbek 1993 (Rowohlt Verlag)
[Der Autor zeigt typische Kommunikationsprobleme in der Beziehung auf.]
Hans Joachim Schultz (Hrsg.): Liebespaare, Frankfurt/M. 1994 (Zweitausendeins)
[Eine Sammlung von Geschichten, die sich mit dem Verhältnis von Eros, Sexualität und Moral beschäftigen.]
Judith Sills: Liebe nach dem ersten Blick. Ein Handbuch für Romantiker, Reinbek 1993 (Rowohlt Verlag)
[Ein Buch gegen die romantische Liebe und für glückliche Beziehungen, das einige praktische Hinweise für die Werbung um den anderen und für Verhalten im Beziehungsstreß gibt.]
Heide Soltau: Pfeifen aufs Duett. Von Singles, Alleinstehenden und anderen Solisten, Köln 1993 (Verlag Kiepenheuer & Witsch)
[Eine sehr soziologisch gehaltene Studie über Singles, die zu dem Schluß kommt, daß die meisten Allein-Lebenden sich auf der Partnersuche befinden.]
Jutta Ströter-Bender: Liebesgöttinnen, Köln (Dumont) 1994
[Ein informationsreiches Buch, das sich besonders mit der Geschichte von Aphrodite und Venus beschäftigt.]
Janice M. Swanson/Katherine A. Forrest: Die Sexualität des Mannes, Köln 1987 (Deutscher Ärzte-Verlag)
[Sehr informatives, wissenschaftliches Buch über männliche Sexualität in all ihren Erscheinungsformen.]
Esther Vilar: Heiraten ist unmoralisch, Bergisch Gladbach 1994 (Verlag Gustav Lübbe)
[Ein äußerst witziges und lesenswertes Buch über die Ehe, das jedem heiratswilligen Paar unbedingt als Lektüre zu empfehlen ist.]

Joyce und Barry Vissell: Der gemeinsame Weg. Die partnerschaftliche Beziehung als Weg zur spirituellen Entfaltung, Südergellersen 1985 (Verlag Bruno Martin)
[Eines der schönsten Beziehungsbücher, das die Paarbeziehung als einen spirituellen Prozeß betrachtet. Dieses Buch weist kleine, hilfreiche Übungen auf.]

Klausbernd Vollmar: Das Enneagramm. Praktische Lebensbewältigung mit Gurdjieffs Typenlehre, München 1993 (Goldmann Verlag)
[Der Autor führt leicht verständlich und mit anschaulichen Beispielen in das intelligente Enneagramm jenseits der starren Typenlehre ein.]

Klausbernd Vollmar: Das Arbeitsbuch zum Enneagramm, München 1994 (Heinrich Hugendubel Verlag)
[Dieses Buch stellt ein unerläßliches Handwerkszeug für den dar, der mit dem Enneagramm im alltäglichen Leben arbeiten möchte. Das Enneagramm wird sowohl auf Prozesse als auch auf psychologische Typen bezogen.]

Lorenz Wachinger: In Konflikten nicht verstummen. Wie Paare wieder reden lernen, Düsseldorf 1993
[Der Autor führt als Theologe und Psychologe in die Methoden der Gesprächsführung für Paare ein. Diese Buch kann Paaren in Krisen weiterhelfen.]

Bärbel Wardetzki: Weiblicher Narzißmus. Der Hunger nach Anerkennung, München 1991 (Kösel Verlag)
[Ein informatives psychologisches Buch über das Selbstwertgefühl bei Frauen.]

Ken Wilber: Mut und Gnade. In einer Krankheit zum Tode bewährt sich eine große Liebe – das Leben und Sterben der Treya Wilber, München, Wien 1993 (Scherz Verlag)
[Ein ergreifendes Dokument einer Liebesgeschichte, die vom Tod überschattet wird.]

Jürg Willi: Die Zweierbeziehung. Analyse des unbewußten Zusammenspiels in Partnerwahl und Paarkonflikt: Das Kollusions-Konzept, Reinbek 1975 (Rowohlt Verlag)
[Die Zweierbeziehung wird als Zusammenspiel der neurotisierenden Aspekte beider Partner betrachtet.]

Der Autor

Klausbernd Vollmar, Diplompsychologe und Heilpraktiker, wurde am 22. 11. 1946 im Rheinland geboren. Abgeschlossenes Studium der Germanistik, Linguistik und Philosophie, Lektor des Goethe-Instituts in Finnland, Forschungsstipendiat des Canada Council und Lehrauftrag an der McGill University/Montreal. Zweitstudium der Psychologie mit Ausbildung in tiefenpsychologischen Techniken nach C.G. Jung. Leiter eines Therapiezentrums in Amsterdam, längere Aufenthalte in Findhorn und ausgedehnte Reisen in Asien mit langen Aufenthalten in Indien und Nepal. Schüler von Freifrau Dr. Olga von UngernSternberg und dem Schamanen Black Horse Chavers, langjähriges Mitglied einer englischen Gurdjieff-Gruppe. Er gibt regelmäßig Enneagram-Kurse in Europa und Nordamerika und hält Vortrage und Seminare zu den Themen Enneagramm, Traumdeutung, Chakras. Er ist Grunder und Leiter der Beratungsfirma Traumonline. Klausbernd Vollmar lebt in England.

Über die Website **www.kbvollmar.de** können Daten von Vorträgen, Kursen und Reisen abgerufen werden.
Wenn Sie sich für Seminare, Workshops, Kurse und Vorträge zum Thema Enneagramm-Arbeit interessieren, wenden Sie sich bitte an folgende Adresse:

Klausbernd Vollmar
Rhu-Sila
Cley next the Sea
Holt, Norfolk NR25 7UD
England

Telefon	0044 1263 740304
Email	mail@kbvollmar.de
Homepages	**www.kbvollmar.de**
	www.traumonline.de

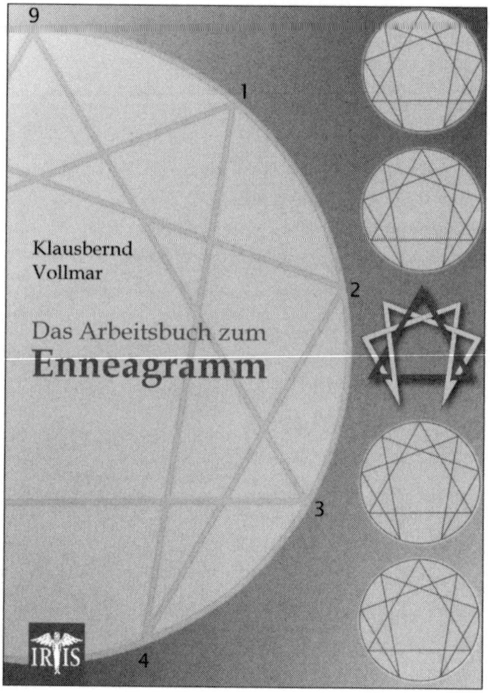

Klausbernd Vollmar

DAS ARBEITSBUCH ZUM ENNEAGRAMM

ISBN 90-76274-58-4

Ein systematisches Grundlagen- und Nachschlagewerk zum Enneagramm, ein Symbol und zugleich ein Welterklärungsmodell, das von tiefer Menschenkenntnis geprägt ist. Dieses Arbeitsbuch stellt die unterschiedlichen Aspekte des Enneagramms auf das tägliche Leben bezogen dar, gibt einen Überblick über die verschiedenen Anwendungsmöglichkeiten, beschreibt seine einzelnen Punkte und Typen ausführlich, schlägt Bewusstseinsübungen vor und zeigt, wie das Enneagramm kreativ zur Bewusstseinserweiterung genutzt werden kann. Das erste Buch über das Enneagramm, das die Typenlehre mit dem Prozessmodell des Enneagramms verbindet.

Klausbernd Vollmar

DAS ARBEITSBUCH ZU DEN CHAKRAS

ISBN 90-76274-48-7

Klausbernd Vollmar führt aus heutiger Sicht in die Chakras als Energiezentren des menschlichen Körpers ein und verweist auf die Parallelen zur modernen Psychologie. Das Neuartige dieser Chakra-Darstellung ist die Zuordnung der häufigsten Krankheiten und Beschwerden zu den einzelnen Chakras. Die in diesem Buch enthaltenen Körper-, Atem- und Bewusstseinsübungen können vorbeugen, lindern oder sogar heilen. Sie sind einfach und wirksam und mit geringern Aufwand auch ohne Lehrer durchzuführen. Darüber hinaus kann man nachschlagen, bei welcher Krankheitsneigung mit welchen Übungen zu arbeiten ist – oder wie man es vermeiden kann, krank zu werden.

Dieses Arbeitsbuch zu den Chakras kann deshalb sowohl von Laien als auch von Übungsleitern und Therapeuten nicht zuletzt durch sein ausführliches Glossar als Handbuch und Nachschlagewerk benutzt werden.

Klausbernd Vollmar

Das Arbeitsbuch zur Traumdeutung

Traumarbeit als Richtlinie im Alltagsleben und zur persönlichen Entwicklung

Dieses Arbeitsbuch führt einfühlsam, praktisch und umfassend in die unterschiedlichen Aspekte und die historischen Hintergründe der Traumdeutung ein. Anfängern wie auch Fortgeschrittenen vermittelt das Arbeitsbuch sinnvolle Wege, einen selbständigen Zugang zum Nachtbewusstsein zu finden. Es zeigt, wie man sich den Traumbildern am besten nähern und diese für das Alltagsleben und den persönlichen Entwicklungsprozess fruchtbar machen kann. Klausbernd Vollmar möchte den Leser dazu anleiten, die kreative Seite des Traums spielerisch zu nutzen. Er zeigt leicht anwendbare Methoden auf, Träume besser zu erinnern, und plädiert für eine Kultur des Einschlafens und des Aufwachens.

ISBN 90-76274-28-2

Klausbernd Vollmar

Träume als Wegzeichen auf der Reise des Lebens

Eine praktische Einführung in die Welt der Traumsymbole

Dieses Buch zeigt in anschaulicher Weise, wie Sie die Symbole Ihrer Träume und Phantasien nutzen können, um sich selbst besser kennen zu lernen und Neues zu entdecken. Es ist ein Grundlagenbuch für diejenigen, die sich differenziert mit ihren Träume auseinandersetzen wollen und ein unterhaltsames Einführungsbuch in die Sprache der Symbole. Dauernd werden wir mit Veränderungen konfrontiert. Wer hätte da nicht gern eine verlässlichen Führer? Solch ein Führer ist dieses Buch, das am Beispiel der Reise aufzeigt, wie man Veränderungen nicht nur glücklich überstehen, sondern auch nutzen kann.

Wenn Sie nicht wissen, wohin Sie sich auf Ihren Lebenweg wenden sollen, schauen Sie hier nach. Sie werden praktische Hinweise und verblüffende Tipps finden. Neben persönlichen Hilfen wird Sie dieses Buch spielerisch in das Denken Carls Gustav Jungs einführen und Sie mit anderen Größen der Traumdeutung bekannt machen.

ISBN 90-76274-57-6

Klausbernd Vollmar

Helfende Träume

Mit Träumen Probleme lösen und Beziehungen beleben

Träume können helfen, festgefahrene Strukturen und Krisen zu lösen: wenn einem das Leben sinnlos erscheint, der Lebenspartner einen verlassen hat, man sich in der Midlife-crisis befindet oder sich als Versager fühlt. Diese Situationen machen sich früh durch spezielle Traumsymbole oder besondere Traumsitationen bemerkbar – meist zu einem Zeitpunkt, zu dem die Probleme noch relativ leicht zu lösen sind.
Klausbernd Vollmar beschreibt, wie man an seinen Träumen sieht, ob eine Situation reif zur Veränderung ist und wohin eine sinnvolle Veränderung gehen könnte.

ISBN 90-76274-47-9